한국 고대 정전의 계보와 도성제

● 지은이

양정석

고려대학교 사학과 졸업
고려대학교 대학원 석사과정 사학과 졸업
고려대학교 대학원 박사과정 사학과 졸업
현 용인시 문화재전문위원
수원대학교 사학과 조교수

논문 및 저서

『皇龍寺 造營과 王權』
「寺址考古學序說」
「皇龍寺 中金堂의 造成과 丈六尊像」
「新羅 皇龍寺・北魏 永寧寺 그리고 日本 大官大寺」
「皇龍寺址 調査와 研究의 推移」
「皇龍寺 伽藍變遷過程에 대한 再檢討 -東・西建物址의 土層分析을 中心으로-」
「신라 궁궐구조에 대한 시론 - 東西堂制의 採用問題를 중심으로 -」
「松廣寺 制大禪師誥에 대한 再檢討」
「新羅 中古期 皇龍寺의 造營과 그 意味」
「용인의 불교유적」(공저)
「용인의 분묘문화」(공저)
「처인성주변지역 지표조사 보고서」(공저)
「용인서리 고려백자편 과학적 분석」(공저) 등 다수가 있다.

한국 고대 정전의 계보와 도성제
韓國 古代 正殿의 系譜와 都城制

초판인쇄일	2008년 10월 28일
초판발행일	2008년 10월 30일
지 은 이	양정석
발 행 인	김선경
발 행 처	도서출판 서경문화사
	주소 : 서울 종로구 동숭동 199 - 15(105호)
	전화 : 743 - 8203, 8205 / 팩스 : 743 - 8210
	메일 : sk8203@chollian.net
인 쇄	한성인쇄
제 책	반도제책사
등 록 번 호	제 1 - 1664호

ISBN 978-89-6062-034-6   93900

• 파본은 본사나 구입처에서 교환하여 드립니다.

정가 15,000원

한국 고대 정전의 계보와 도성제

양정석 지음

서 경 문 화 사

들어가기 전에

　　조선시대의 正宮이었던 景福宮에 가면 누구나 다른 여타의 전각과는 구별되는 독립된 위치와 높은 기단 위에 거대한 규모로 조성된 正殿인 勤政殿에서 감동을 받게 된다. 그러나 중국의 북경으로 해외여행이라도 가게 되면 의례적으로 紫禁城에 들리게 되고, 거기에서 마주하게 되는 太和殿이라는 정전의 어마어마한 규모에 놀라고 만다. 그리고는 이것에 대비되는 경복궁의 정전에 실망감을 갖게 되는 것은 일반인이라면 누구나 느끼는 감정이 아닐까 한다. 정면 5칸, 측면 5칸의 重層建物인 근정전은 동서 30m, 남북으로 21m의 규모인데 비하여 정면 11칸, 측면 5칸의 중층건물인 태화전의 동서 60m에 남북으로 약 33m에 이르러 보는 사람으로 하여금 경외감마저 들게 한다.

　　한편 일본에서는 平城遷都 1300주년기념사업의 일환으로 2010년 일반공개를 목표로 大極殿 正殿에 대한 복원공사가 한창 진행되고 있다. 이 平城宮址는 지난 1961년 近鐵車庫의 건설계획과 1963년 국도 24호선 우회도로 건설계획 등으로 인해 두 차례에 걸쳐 파괴될 위기에 있었으나, 전국적인 보존운동으로 전역이 特別史蹟으로 지정되어 보존되었다는 것으로 유명하다. 그런 평성궁지의 대극전은 關野貞이 기단부를 확인하고 이를 1907년에『平城京及大內裏考』라는 글로 발표한 이래 100년이 넘는 기간 동안 이루어진 조사와 연구를 바탕으로 현재 정면 9칸, 측면 5칸의 중층건물로 복원작업이 이루어지고 있는 것이다.

　　전근대 도성에 있어서 궁궐이 차지하는 위치, 그리고 그 궁궐의 중심부라고 할 수 있는 정전에 있어서 이러한 칸수와 규모가 가지고 있는 의미가 무엇인지에 대한 궁금증은 한편으로 우리에게는 그러한 정전이 조영되던 시대가 없었는가 하는 생각이 들게 하였다.

　　필자는 지금까지 한국 고대 建築遺構의 분석을 통해 당시 建築物의 平面形態가 가지고 있던 位階에 대한 연구를 진행시켜 왔다. 이를 통해 宮闕의 正殿과 같이 하나의 單位建築群領域 안에서 가장 높은 權威를 가지고 있는 중심 건축물의 조영은 단순히 거대한 규모만을 가지고 이해할 수 있는 것이 아니라 나름대로의 위계에 대한 원칙을 바탕으로 하고 있다는 점을 알게 되었다. 그 결과 권위건축물의 최정상부를 차지하는 것이 바로 9칸 내지 11칸의 태극전형태의 정전이라고 할 수 있는 것이며, 안학궁과 상경성 궁궐 등을 통해 태극전형태의 정전이 우리 고대 궁궐에도 존재하였음을 알 수 있었다. 더불어 이러한 正殿의 平面構造와 正殿廓을 중심으로 한 配置構造가 시기에 따라 변화하고, 이에 따른 건축물 사이의 계보를 확인할 수 있었다.

이 책은 동아시아 도성제에서 한국고대 도성의 정전이 갖는 위상을 중심으로 정리한 것이다. 이 책을 만드는 과정에서 많은 분들의 도움을 받았다.

우선 이 책의 기저에 흐르는 고대사회에 대한 인식의 틀을 만들 수 있었던 것은 전적으로 김정배 선생님과 최광식 선생님에 힘입었다고 할 수 있다. 안학궁에 대한 종합적인 이해도 두 분 선생님이 아니었으면 불가능하였을 것이다. 신라 왕경과 도성제에 대한 접근은 김복순 선생님, 최맹식 선생님, 그리고 김성범 선생님의 후의에서 시작되었다. 발해 상경성은 전적으로 한규철 선생님의 학은에 기인하는 것이다. 일본의 궁궐과 도성에 대해서는 도성관련 보고서 자료를 정리해준 시노하라 히로카타 선생님과 타후쿠 료 선생님, 일본 조사에 대한 조언을 주신 김무중 선생님, 아스카궁 발굴에 참여할 수 있는 기회를 만들어주신 기노시타 와타루 선생님, 그리고 현장 책임자로서 아스카궁 연구의 깊이를 느끼게 해 준 하야시베 히도시 선생님의 도움이 없었다면 시작도 하지 못하였을 것이다.

또한 고운학원 이인수 학원장님, 수원대학교 사학과의 정일동 선생님, 노경채 선생님, 강일휴 선생님, 이영림 선생님, 박한 선생님의 격려와 배려는 이 책을 만드는 데 힘이 되었다. 그리고 수원대학교 박물관에서 同居同樂하였던 고 박순호 선생님, 김정례 선생님과 같이 공부하고 있는 최인창, 오경태, 윤성호, 김진홍, 남기천, 강아름 등 연구원들에게도 감사드린다. 또 이 책을 만드는 과정에서 많은 도움을 준 서효승, 이현태 학형에게도 고마움을 전한다. 특히 여기에 실린 글을 하나로 모아 책이 될 수 있게 해 주신 서경문화사 김선경 사장님과 편집부 여러분에게도 감사드린다.

끝으로 이 책이 나오기까지 항상 힘이 되어주신 부모님, 나의 아내, 그리고 아들 승원, 승준에게 무한한 고마움을 표하고 싶다.

문수산방에서 **양 정 석**

차 례

서론 _ 9

1부 - 韓國 古代 正殿의 構造와 系譜

Ⅰ. 高句麗 安鶴宮 南宮 正殿廊의 宮闕構造 _ 15

1. 安鶴宮에 대한 研究史的 檢討 ······················ 15
2. 安鶴宮 南宮 正殿廊에 대한 分析 ···················· 24
3. 魏晋南北朝 都城의 宮闕構造와 安鶴宮 ················ 35
4. 安鶴宮 南宮 正殿廊의 構造와 新羅 皇龍寺 重建伽藍 ······· 43

Ⅱ. 新羅에 있어서 太極殿과 東西堂 _ 51

1. 『三國史記』 '西堂' 記事의 檢討 ····················· 51
2. 新羅 中古期 都城制와 太極殿 ······················ 57
3. 皇龍寺를 통해 본 宮闕의 東西堂制 採用問題 ············ 64

Ⅲ. 渤海 宮闕構造의 系譜와 太極殿 _ 71

1. 渤海 宮城에 대한 研究史的 檢討 ···················· 71
2. 渤海 宮城遺蹟에 대한 分析 ························· 75
3. 唐 長安城 宮殿과의 比較에 있어서 認識의 問題 ·········· 92
4. 安鶴宮과의 比較를 통해 본 上京城 正殿의 意味 ··········· 101

Ⅳ. 高麗 宮闕 正殿廊의 變形과 意味 _ 114

1. 滿月臺 調査와 研究의 現況과 正殿廊의 問題 ············ 107
2. 滿月臺와 安鶴宮의 正殿廊 構造의 比較 ··············· 111

3. 滿月臺 宮闕 正殿의 變形構造와 意味 …………………………………… 120

4. 宮闕內 二重正殿과 便殿의 系譜 ………………………………………… 128

2부 - 都城制를 보는 몇 가지 觀點

Ⅴ. 開發이라는 觀點에서 본 新羅王京研究 _ 139

1. 土地調査事業, 地籍圖 그리고 新羅王京研究 ……………………………… 140

2. 慶州觀光開發計劃과 槪念으로서의 朱雀大路 …………………………… 148

3. 都市開發에 따른 救濟發掘과 王京道路 ………………………………… 156

Ⅵ. 都城制에 대한 두 가지 視覺 : 新羅 王京과 日本 藤原京 _ 171

1. 最近 日本 藤原京 認識의 問題點 ………………………………………… 174

2. 新羅 王京과의 關係에 대한 再檢討 ……………………………………… 180

3. 日本 藤原京 營造計劃과 二重太極殿制 採用 …………………………… 191

Ⅶ. 日本 渤海都城研究의 系譜 _ 203

-『東아시아의 都城과 渤海』에 보이는『東京城』의 흔적들 -

1. 東亞考古學會가 남긴 遺産의 再照明 …………………………………… 203

2. 渤海都城研究와 새로운 研究者들 ……………………………………… 206

3. 東아시아 都城制에 대한 日本 研究者들의 認識과 上京城 ……………… 211

4. 日本의 渤海史 研究 認識의 出發點,『東京城』 ………………………… 221

결론 _ 225

참고문헌 _ 231 / 찾아보기 _ 243

서 론

　최근 들어 부쩍 늘어난 韓國의 古代國家에 대한 관심은 한 걸음 나아가 그 시대 정치와 문화의 중심지라고 할 수 있는 都城에 대한 연구에 까지 이르고 있다. 일반적으로 도성에 대한 연구가 진행될수록 도성의 중추부이자 핵이라고 할 수 있는 宮闕에 대한 관심 또한 깊어지게 된다. 이는 동아시아 前近代에 있어서 궁궐이 단순히 왕의 居住地로서의 역할만 하는 곳이 아니라 한 국가의 모든 權力이 모이는 장소이자, 그 권력의 實現을 象徵的으로 보여주는 空間이기 때문이다. 따라서 궁궐의 平面이나 配置 構造는 당시 국가의 기본적인 정치체계를 이해하는데 중요한 단서가 되며, 그러한 의미에서 궁궐은 그 자체로의 역사성도 갖고 있다고 볼 수 있는 것이다. 즉 궁궐에 대한 연구는 그 국가의 특징을 명확하게 해석할 수 있는 가시적인 기초 자료를 제공한다는 면에서 큰 의미가 있는 것이다.

　이러한 중요성에도 불구하고 현재 都城의 中心部에 위치하였던 宮闕에 대해서는 그다지 많은 연구가 이루어지고 있다고 볼 수 없다. 慶州지역 전반에 대한 지속적인 발굴을 통해 이루어진 다양한 성과를 바탕으로 都城에 대한 이해의 폭을 넓히고 있는 신라의 경우도 궁궐에 대한 논의는 거의 이루어지지 못하고 있는 것이 현실이다. 물론 이는 현재 신라의 궁궐지로 여겨지고 있는 月城에 대한 전면적인 발굴조사가 이루어지지 않고 있는데 기인하는 것으로, 향후 월성 중심부에 대한 체계적인 발굴조사가 이루어지기 전까지는 더 이상의 진척이 어려운 상황이라고 할 수 있다.

그렇다고 하여 이에 대한 연구를 미룬다면, 최근 활기를 띠고 있는 新羅 都城에 대한 연구와 이를 통한 復原도 중요한 중심부를 제외한 주변만을 맴도는 결과를 가져 올 수밖에 없다. 이 문제를 해결하기 위해서는 다른 방향으로의 접근방식을 상정할 필요가 있다. 이때 고려할 수 있는 것이 신라에 다양한 방면으로 영향을 미치고 있던 백제와 고구려 등 주변 국가의 도성에서 조영되었던 궁궐이다. 그러나 백제 도성의 경우 최근에 들어 발굴조사를 통해 많은 연구성과를 내고 있기는 하지만, 아직은 궁궐의 구조를 이야기하기에는 부족한 점이 많기 때문에 이를 이용하여 신라를 이해하기는 어렵다. 따라서 검토의 대상은 자연스럽게 신라 도성제의 모델이었다고 여겨지는 고구려의 경우라고 할 수 있다.

그런데 고구려의 경우에도 도성제에 있어서 가장 핵심적인 부분인 궁궐에 있어서는 아직 해결되지 않은 부분이 남아 있다. 바로 安鶴宮과 관련된 문제이다.

한국의 三國時代 뿐 아니라 韓·中·日 諸國의 5~7세기 도성의 궁궐 중에서 거의 유일하게 발굴조사를 통해 완벽에 가까운 유구가 밝혀져 있음에도 안학궁이 고구려 도성제 연구에 있어서 그 위상을 제대로 확립하지 못하는 이유는 기본적으로 안학궁 유적을 평양천도 직후의 고구려 도성으로 보는 견해만 있는 것이 아니기 때문이다. 견해를 달리하여 고구려의 늦은 시기로 보거나 심지어는 高麗時代 西京의 궁궐 중 하나로 보고자 하는 연구자까지 있는 것이 현실이라고 할 수 있다.

이렇게 안학궁의 축조연대를 발굴조사보고서와 다르게 보는 견해가 나오게 된 근본적인 이유는 출토기와의 편년을 전제로 전기평양의 都城을 淸岩洞土城으로 상정한 데 있다. 그런데 단순히 기와라는 특정 출토유물의 편년을 중심으로 안학궁이 가지는 歷史的 意味를 명확히 한다는 것은 조금 어렵지 않을까 한다. 안학궁의 경우 기와가 출토되는 절대량이 적거니와 그 편년도 특정한 시기에 한정되었다고 보기에는 어려움이 있다. 실제로도 최근의 조사를 통해 고구려 기와가 안학궁에 존재하였음을 확인할 수 있었다. 이러한 문제를 해결하기 위해서는 기존의 특정 유물을 중심으로 한 연구 방식에서 벗어나 기존의 연구 성과에 대한 정확한 이해를 바탕으로 유적으로서의 궁궐 자체에 대한 밀도 있는 분석이 선행되어야 할 것이다.

한편 안학궁의 궁궐구조와 관련된 기존의 연구에서 가장 많이 주목하고 강조하여 왔던 점은 고구려, 발해, 고려로 이어지는 계보적 전통이다. 이는 어떻게 보면 지극히 당연한 이해이지만, 자세히 검토해 보면 연구자들마다 이를 이해하는 방향은 전혀 다르다고 할 수 있다.

우선 발해의 경우 당시 수도였던 상경성에 대한 연구는 일본학자들을 시작으로 하여 중국, 북한의 학자들에 의해 조사된 내용을 바탕으로 이해되기 때문에 건축물의 배치구조에 대해서는 큰 차별성을 가지고 있지는 않다. 그런데 그것을 해석하는데 있어서는 연구자들 사이에 현격한 시각의 차이를 가지고 있는 것이 현실이다. 북한과 남한의 연구자들은 기본적으로 고구려 안학궁과 구조적으로 연결하여 이해하는 것이 일반적인데 비하여, 중국의 연구자들은 당 장안성의 궁궐의 영향을 중심에 놓고 이해하고 있기 때문이다. 게다가 일본의 일부 학자들은 고구려 안학궁과의 계보적 연결을 이야기하면서 이를 통해 고구려 안학궁의 조영시기를 고구려가 아닐 가능성과 연계하여 이해하기도 하였다.

고려 궁궐에 대한 기왕의 연구 역시 공통적으로 만월대의 궁궐배치에 있어서 安鶴宮과의 유사성에 대한 인식을 공유하고 있었다. 그러나 조사가 궁궐 전역에 대하여 완전하게 이루어지진 것이 아니었기 때문에 연구에는 일정한 한계가 있을 수밖에 없었다. 특히 기존의 연구에서 고구려의 안학궁을 고려의 궁궐 중에서도 상대적으로 늦은 시기에 건설된 것으로 생각되는 회경전 구역과 그대로 비교하였다는 것은 한국 궁궐의 변천 과정과 그 계보를 고려할 때 문제가 없는 것은 아니다. 이러한 문제는 고 구려의 멸망이후 고려가 성립할 때까지 이 지역을 지방으로 하여 영향력 을 행사하고 있었던 통일신라에 대한 인식이 개성 궁궐에 대한 연구에서 존재하지 않았다는 것도 한 원인이 될 수 있을 것이다.

본서는 이러한 궁궐에 대한 근본적인 방향의 변화를 기본적인 출발 점으로 하여 논지를 전개하고자 한다. 우선 궁궐의 중심부라고 할 수 있는 正殿으로 비교의 대상을 통일하여 이에 대한 계보적 접근이 가능한가에 대한 검토를 해보고자 한다. 만약 도성의 중추부인 궁궐 그 중에서도 정전 구역에서 배치구조의 변화가 확인된다면 그것이 갖고 있는 의미도 같이 논의할 수 있을 것이다. 궁궐의 배치구조는 그 안에서 이루어지는 정치적 행위를 설명할 수 있는 중요한 요소로서 여기에서의 변화는 정치공간의 변화를 의미하기 것이기도 하다. 여기에서는 이 부분을 1부로 하여 논의 를 진행하고자 한다.

한편 이와는 별도로 도성제와 관련하여 정리할 필요가 있는 부분이 있다. 한국 고대 도성제 뿐 아니라 동아시아 도성제에 대한 연구의 저변에 는 隋唐代의 도성인 長安城을 중심으로 형성된 인식이 깔려 있다는 점이 다. 이는 도성제 연구가 비교적 발전한 일본의 연구방향에 기인하는 것이 다. 그런데 만약 한국 고대 궁궐의 특징 중에 수당대 도성의 궁궐과는 다 른 보다 이전의 양상을 보여주는 배치구조 등의 요소가 확인된다면, 이에 대한 전반적으로 재논의는 불가피 한 것이 될 수밖에 없다. 따라서 여기에 서는 이 부분을 2부로 하여 논의를 진행하는데, 주로 신라 왕경, 그리고 그 와 관련된 일본 등원경, 마지막으로 발해 상경성을 중심으로 한국과 일본 에서 진행되어 온 연구방향을 연결하여 재검토하고자 한다.

1부 韓國 古代 正殿의 構造와 系譜

Ⅰ. 高句麗 安鶴宮 南宮 正殿廓의 宮闕構造

1. 安鶴宮에 대한 研究史的 檢討

일반적으로 발굴 조사된 건물지의 경우 구조적 특징이나 그 성격 등이 주로 논의되어 온데 비하여, 안학궁에 대해서는 거의 대부분의 연구가 그 축조연대를 중심으로 이루어졌다는 점은 특징적이라고 할 수 있다. 따라서 안학궁에 대한 연구사 정리는 사실상 안학궁의 축조연대를 둘러싼 연구자들의 논쟁을 검토하는 것이라고 할 수 있다.

잘 알려져 있는 바와 같이 평양 천도 이후 고구려 도성에 대해서는 『周書』卷49 列傳41 異域上 高麗傳에 나오는 기사의 해석을 어떻게 할 것인가를 가지고 논의가 이루어졌다. 여기에 나오는 平壤城이 현재의 평양시 중심부가 아니라 大成山城 일대라는 것을 논증한 것은 關野貞이었다.[1] 그는 도성에 대한 연구를 이전과는 다른 방향에서 접근하였는데, 대성산성과 세트를 이루었던 왕궁을 그가 설정한 기와의 편년에 맞추어 안학궁보다 고식의 와당이 출토되었던 청암동토성이라고 주장한 것이다.

---

[1] 關野貞, 1928,「高句麗の平壤城及び長安城に就いて」; 1941,『朝鮮の建築と藝術』, 岩波書店, 353쪽.

이러한 견해에 대해서는 이미 1949년 황욱에 의하여 산성 - 궁성과의 관계에서 중요한 것은 방향이 아니라 거리라는 반론이 나온 바 있으며,[2] 1957년에는 채희국에 의해서도 다시 비판되었다.[3] 이때까지 비판의 초점은 발굴조사가 아닌 지표조사를 통해 채집한 몇 개의 기와에 대한 편년설정으로 안학궁의 조영시기를 언급하는 것은 무리가 있다는 것에 맞추어졌다. 따라서 1958년부터 1961년까지 진행된 안학궁 1차~5차 발굴조사 성과를 정리한 채희국은 이러한 문제점에 대한 종합적인 비판을 가하게 된다.[4] 여기에서는 장군총에서 채집된 막새와 같은 질과 문양을 가진 막새가 대성산성에서도 나오기 때문에 대성산성은 4세기 말~5세기 초에는 축성사업이 완료되었다고 보고, 안학궁성의 축조도 이와 같은 시기에는 이루어졌을 것으로 보았다.[5] 이 주장은 채희국이 정리하여 5차 조사에 이어 1962년부터 1971년까지 이루어진 10차의 조사내용을 정리한 1973년 발간된 발굴조사보고서를 통해 427년에 천도한 평양성이 바로 이 대성산성이며 왕궁은 안학궁이었다는 것으로 최종 정리되었다.[6]

　　당시 북한은 전후 일본학계의 연구성과가 전래되기 시작하여 이에 대응할 수 있는 논리를 만드는데 힘을 다하였던 것으로 생각된다. 그 중 대표적인 것이 소위 후기 평양성인 장안성의 문제였다. 사실 평양지역에 대한 고고학적인 정리가 시작된 것은 이보다 먼저였다. 해방 이후 앞에서 언급한 황욱에 의해 이 지역에 대한 간단한 고고학적 리뷰가 이루어졌고,[7] 채희국 역시 『三國史記』, 『新唐書』 및 평양성벽에서 발견된 '刻字石' 등

2 황욱, 1949, 「고구려고도 -평양성잡고-」, 『문화유물』1.
3 채희국, 1957, 「평양부근에 있는 고구려시기의 유적」, 『문화유산』1957-5.
4 채희국, 1964, 『대성산 일대의 고구려유적에 관한 연구』, 사회과학원출판사.
5 채희국, 1964, 위의 책, 52~56쪽.
6 김일성종합대학 고고 및 민속학강좌, 1973, 『대성산의 고구려유적』, 김일성종합대학출판부, 99~100쪽.
7 황욱, 1949, 앞의 글.

사진 1 _ 안학궁 모형(정면)

을 방증자료로 하여 장안성이 고구려 후기의 도성인 평양성(현재의 평양
시 지역)과 같은 곳일 가능성을 제기하였다.[8] 그런데 중국사료를 통해 『三
國史記』의 '평양성 2차 천도설'을 비판하고 長安城이 고구려성이 아닐 가
능성도 고려하였던 三品彰英의 논문이[9] 소개되면서 이에 대한 반론이 필
요하게 되었다. 얼마 후 채희국·정찬영 등에[10] 의하여 비록 세부적으로
는 논지가 차이를 보이기는 하지만, 三品彰英의 견해에 대한 전면적인 비
판이 이루어졌다. 그리고 1967년에는 최희림에 의해 평양성(장안성)에 대
한 북한학계의 통설이라고 할 수 있는 견해가 제기되기에 이른다.[11]

이렇게 북한학계에서는 안학궁의 문제와 평양성(장안성)의 문제가
거의 같은 시기에 많은 논의가 이루어졌는데, 그 중심에는 일본학자들의

---

8 채희국, 1957, 앞의 글.
9 三品彰英, 1961, 「高句麗王都考」, 『朝鮮學報』1.
10 채희국, 1965, 「평양성(장안성)의 축성과정에 대하여」, 『고고민속』1965-3 ; 정찬영, 1966,
  「평양성에 대하여」, 『고고민속』1966-2.
11 최희림, 1967, 「평양성을 쌓은 년대와 규모」, 『고고민속』1967-3 ; 1967, 「고구려 평양성(장
  안성)의 성벽축조형식과 시설물의 배치상태」, 『고고민속』1967-3 ; 1978, 『고구려 평양성』,
  과학백과사전출판사.

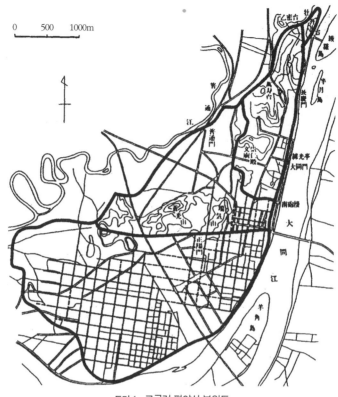

도면 1 _ 고구려 평양성 복원도

견해에 대한 비판이 자리 잡고 있었던 것이다.

　한편, 일본에서는 한동안 고구려의 도성에 대한 논의가 이루어지지 않다가 1973년 발간된 『대성산의 고구려유적』이 입수된 것을 계기로 다시 안학궁에 대한 관심이 생기기 시작하였다.[12] 우선 그 내용이 간단하게 소

12　이보다 먼저 채희국의 『대성산 일대의 고구려유적에 관한 연구』(1964)가 田村晃一에 의해 간단하게 소개된 바 있다(1976, 「高句麗の山城-大成山城の場合-」, 『考古學ジャナル』 121).

개되고[13] 얼마 후 안학궁 부분만 抄譯되었는데,[14] 이를 바탕으로 본격적인 논의가 田村晃一에 의해 이루어진다. 그는 유구에 대해서 직접 조사에 참가한 것이 아니기 때문에 논의를 하기 어렵지만 대성산성 출토의 수막새 문양이 전체적으로 보아서 청암동토성의 것들과 공통성이 많다고 하면서, 關野貞의 지적대로 청암동토성과 관련시키는 것이 좋을 것이라고 하였다.[15] 다시 말해 청암동토성을 대성산성과 한 세트를 이루던 長壽王代의 왕성으로 보았던 것이다.[16]

이에 따라 안학궁에 대한 일본에서의 논의는 자연스럽게 고구려 말기 別宮說을 제기하였던 關野貞의 견해를 따르는 것으로 귀결되었다. 그는 청암동토성 내에서는 고식의 와당들이 출토되는데 반해 안학궁성에서는 늦은 시기의 와당들이 출토된다는 점을 지적하고, 특히 국내성이나 평양에서도 발견되지 않고 고구려 말기에 사용되기 시작한 唐草瓦가 출토되는 점을 들어 이곳이 고구려 말기의 별궁이라고 보았다.[17] 田村晃一 역시 안학궁에서 출토된 와당들이 대성산성에서 출토된 와당의 문양과는 크게 다르다는 점을 지적하면서 늦은 시기로 보는데 동의하였다.[18]

千田剛道도 이러한 논의를 이어 암막새는 안학궁을 제외하고는 집안이나 평양지방에서 출토된 바 없으며, 한국에서 암막새가 성행한 것은 통일신라 및 발해때이기 때문에 암막새는 7세기 말 내지 8세기로 떨어진다고 보았다. 또 수막새에서도 안학궁에서 출토된 것 중에는 周緣에 連珠文을 가진 것이 많고, 中房이 원형을 이루지 않고 4葉의 花瓣狀을 이룬 것이

---

13 永島暉臣慎, 1981,「高句麗の都城と建築」,『難波宮址の研究』7(論考篇), 大阪市文化財協會.
14 水谷昌義, 1983,「安鶴宮址發掘調査報告」,『朝鮮學報』109.
15 田村晃一, 1988,「高句麗の城郭について」,『百濟研究』19, 155~156쪽.
16 田村晃一, 1976, 앞의 글, 121~121쪽.
17 關野貞, 1928, 앞의 글 ; 1941, 앞의 책.
18 田村晃一, 1988, 위의 글, 155~156쪽.

있는 것은 고구려의 일반적인 예가 아니고, 차라리 통일신라의 와당과 공통된 특징이 있다고 하였다. 안학궁의 궁전배치를 통해 볼 때도 8세기의 발해 상경성의 것과 기본적으로 근사하기 때문에, 이러한 점을 종합할 때 안학궁의 창건은 후기 평양성시대이며 7세기 후반에서 크게 앞서기는 어렵다고 하였다.[19] 다만 그는 안학궁의 건축에 있어서 몇 종류가 方位를 달리하는 것이 포함되어 있는데, 이를 改築의 흔적으로 보아 안학궁의 하층에 초기 평양시대의 건축물이 존재할 수도 있을 것이라는 견해를 제기하여 이전의 연구자와는 거리를 두고 있는 점은 주목된다.[20]

이와 같이 일본에서 안학궁 발굴조사보고서를 바탕으로 자신들의 견해를 보강하고 있을 때 안학궁을 비롯한 대성산성 일대에 대한 발굴조사에 초기부터 참여하였던[21] 전제헌에 의해 안학궁에 대한 전론이 나오게 된다.[22] 여기서 그는 안학궁 유적과 유물의 유형과 특성을 분석하고 이를 바탕으로 안학궁유적의 성격과 연대에 대한 조사담당자로서의 견해를 제시하였다. 그 중 대표적인 것이 바로 토층을 통해 안학궁유적의 존속시기를 설정하고 있다는 점이다.

한편, 한국에서도 閔德植에 의해 안학궁 발굴조사보고서에 대한 분석작업이 체계적으로 이루어지기 시작하였다.[23] 여기에서 그는 안학궁성의 축성시기와 축조공법 등에 대한 검토를 통해 高句麗 中期都城으로서의 위상을 명확히 하였다. 나아가 와당의 文樣을 중심으로 한 논의에 대해서도 안학궁이 후기 평양성으로 천도한 후에도 別宮으로 계속 사용된 것으로

19 千田剛道, 1983, 「淸岩里廢寺と安鶴宮」, 『奈良國立文化財硏究所創立30周年記念 文化財論叢』, 1031~1034쪽.
20 千田剛道, 1983, 앞의 글, 1037쪽.
21 전제헌, 1964, 「대성산성 못 발굴 중간보고」, 『고고민속』64-3.
22 전제헌, 1985, 「안학궁유적에 대한 연구」, 『고구려역사연구 - 안학궁유적과 일본에 있는 고구려관계 유적·유물』, 김일성종합대학출판사.
23 閔德植, 1989, 「高句麗의 中期都城」, 『韓國史論』19.

사진 2 _ 안학궁 출토 막새 일괄

보이기 때문에, 초창 때부터 고구려가 멸망할 때까지 건물의 기와가 한번
도 改瓦되지 않았다고 단정하기는 어렵다고 하였다.[24] 즉, 기존의 논의와
같이 안학궁 기와들의 편년이 고구려 말이라고 한다면 고구려 말경에 대
대적인 보수와 改瓦가 이루어졌을 가능성을 말해주는 것으로도 볼 수 있
다는 것이다.

  이상에서 살펴 본 바와 같이 이들 논의는 비록 안학궁의 조영시기에
대한 편년관이 각기 다르다 할지라도 기본적으로는 고구려의 궁궐로 보는
데는 異論이 없었다. 그런데 이와는 달리 일본학계에서는 이미 안학궁 출
토기와에 대한 편년을 아예 고구려 시기가 아닌 것으로 보는 견해가 제기
된 바 있었다.[25] 이 논의는 한 동안 관심을 끌지는 못하였는데, 이후 關口

---

24 閔德植, 2003, 「高句麗 平壤城의 都市形態와 設計」, 『高句麗硏究』15, 123~124쪽.
25 永島暉臣愼, 1981, 앞의 글.

廣次가 주연에 장식된 連珠文과 암막새의 출토를 근거로 고구려의 계승의식을 가진 고려 와당으로 보면서 점차 부각되었다.[26] 고구려 말로 보던 千田剛道 역시 이들 견해를 받아들이면서 최근에 입장을 변화시켜 고려시대의 기와로 보기 시작하였다.[27] 한국에서도 일부 기와연구자에 의해 안학궁 출토 와당이 고려시대, 그중에서도 12~13세기라는 견해가 제기되기도 하였다.[28]

여기서 한걸음 나아가 전제헌이 작성한 안학궁지의 토층도가 전혀 다른 각도에서 이용되기도 하였다. 기존의 보고서인 『대성산의 고구려유적』에서도 안학궁 域內에 3기의 석실분이 존재하고 있다고 하였지만, 그 존재상태가 명확하지는 않았다. 그런데 전제헌이 작성한 도면에 의하면, 안학궁의 궁전유구로부터 지하로 120cm 정도 들어가면 석실분의 저부가 있는 것으로 되어 있다. 이는 유구의 상반부를 파괴하고 궁전이 조영되었다고 하는 것을 보여주므로 그 전후관계가 명확하게 되는 것이다. 이 석실분에 대해서 전제헌은 북한학계의 주장을 바탕으로 3세기 전반에 축조된 것으로 보았다.

그런데 田中俊明은 이를 일본학계의 고구려 橫穴式石室의 편년연구[29]를 바탕으로 5세기 말에서 6세기 초에 등장하는 형식이라고 보고, 이는 안학궁이 427년 遷都時의 왕궁이 아니라는 것을 보여주는 것일 뿐만 아니라 고구려시대의 유구도 아니라는 것을 시사한다고 하였다.[30] 즉 대성산성이라고 하는 왕도의 중심이 되는 성의 기슭에 조성된 고분군이라면 비

26 關口廣次, 1987, 「瓦當文樣雜考-高句麗の瓦當文樣を中心として」, 『考古學ジャ-ナル』 285.
27 千田剛道, 1996, 「高句麗・高麗の瓦」, 『朝鮮の古瓦を考える』, 帝塚山考古學研究所.
28 朴銀卿, 1988, 「高麗瓦當文樣의 編年研究」, 『考古歷史學志』4.
29 東潮, 1997, 「高句麗における橫穴式石室墳の出現と展開」, 『高句麗考古學研究』.
30 田中俊明, 2004, 「高句麗の平壤遷都」, 朝鮮學報190.

록 왕릉이 아니라고 해도 왕과 가까운 세력의 분묘군이라고 볼 수 있기 때문에, 궁전유구가 그것을 파괴하고 조영되었다는 것은 같은 왕권이 계속되었던 고구려시대의 것이라고 생각할 수 없게 한다는 것이다.

이와 같이 안학궁에 대한 논의가 시작된 이래 지금까지 다양한 방향에서 논의가 이루어져 왔지만, 결국 안학궁을 고구려 전기 평양성과 관련시켜 이해할 것인지 아닌지에 대한 兩端의 견해가 서로 極으로 달리고 있음을 알 수 있다. 그리고 그 중심에는 유구 자체에 대한 논의보다는 출토유물, 그 중에서도 기와의 편년에 대한 논의가 있음을 알 수 있다.

현재 개개의 연구자마다 안학궁에서 얼마 출토되지도 않은 동일한 기와에 대한 편년인식이 달라도 너무 다르다는 점은 더욱 논의의 접점을 찾기 어렵게 한다. 안학궁 출토 기와의 경우는 연구자의 기와편년 인식에 따라 각각 4~5세기설,[31] 7세기설,[32] 10세기설,[33] 그리고 12~13세기로[34] 나누어지고 있기 때문이다. 한 유적에서 출토된 거의 비슷한 시기로 편년되는 유물에 대한 이해의 차이가 900년에 이른다는 것은 문제가 있다고 하겠다.

다만 고려로 보는 설은 그 근거로 여러 가지를 들고 있지만, 결국 이러한 기와가 다른 지역에서는 보이지 않는 것을 평양지역을 중심으로 성립한 극히 지역색이 강한 와당문이며 이 지역이 고구려의 수도였던 것과 무관하지 않다고 하는 것으로 정리하고 있다.[35] 그러나 이러한 견해는 안학궁 출토 청회색 기와가 고구려 궁성용으로 상징적 의미가 있다고 주장하는 견해보다[36] 정황근거에 있어서 더 설득력이 있다고 보기는 어렵다.

31 채희국, 전제헌.
32 關野貞, 千田剛道(初), 田村晃一, 閔德植.
33 永島暉臣愼, 千田剛道(現).
34 朴銀卿.
35 千田剛道, 1996, 앞의 글, 22~23쪽.

더불어 안학궁에서 확인된 기와를 모두 같은 시기로 볼 필요도 없는 것이다. 출토된 양도 적을 뿐 아니라 황룡사지나 미륵사지에서도 알 수 있듯이 기존의 대형 건물지일 경우 초창의 유물은 오히려 매우 적으며, 중건 및 중창 과정, 그리고 폐기 이후의 과정 등에서 많은 새로운 유물이 혼입될 수밖에 없기 때문이다. 그런데 최근 일본 동경박물관에서 수장하고 있는 고구려기와에 대한 재정리 과정에서 안학궁출토 기와 중 5세기대로 편년할 수 있는 것이 확인되어[37] 더이상 기와의 편년으로 안학궁에 대해 논의하는 것에 무리가 있음이 밝혀졌다. 따라서 안학궁에 대한 논의는 유물이 아닌 유구, 그리고 그 유구 중에서도 건물지 자체로 다시 돌아가서 검토되어야 할 것으로 생각한다.

2. 安鶴宮 南宮 正殿廓에 대한 分析

기존의 연구에서 유구와 관련하여 안학궁에 대한 논의가 전혀 없었던 것은 아니었다. 이 때 가장 많이 언급되었던 점은 渤海 上京龍泉府의 궁궐구조와의 유사점이다. 1973년에 발간된 『대성산의 고구려유적』에서도 이미 "발해의 수도 상경용천부의 황성유적은 안학궁터의 건축술을 그대로 계승하였으며 개성 만월대의 고려왕궁터에도 안학궁의 건축술을 많이 본받은 것을 보게 된다"고 하여 그 계승관계를 논한 바 있다.

千田剛道도 개개의 殿舍를 검토하여 翼廊狀建物을 공반하는 건물이 많다거나 그것을 회랑에 의해 연결하는 많은 구획으로 구성되어 있다는

---

36 채희국, 1964, 앞의 글, 56~58쪽.
37 고구려연구재단, 2006, 『고구려 안학궁 조사보고서 2006』 ; 谷豊信, 2005, 「平壤遷都前後の高句麗瓦に關する覺書」, 『MUSEUM』596.

점 등을 들어 안학궁과 상경 용천부의 유적은 동일한 계보에 있는 궁전으로 이해할 수 있다고 보았다.[38]

　배치구조와 관련하여 전제헌은 상경용천부의 궁전건축을 보면 중심축상의 궁전은 어느 것이나 다 집터를 높이 쌓았으며, 5개의 중심궁전이 모두 회랑으로 연결되어 있다고 하였다.[39] 더불어 안학궁에서와 같이 2등변삼각형의 도형을 적용하여 궁전건물과 회랑건물을 배치하였으며, 제2궁전을 중심으로 동심원상에 배치되어 있는 것으로 보았던 것이다. 김봉건도 상경용천부의 궁성에서 5개의 궁전터가 중심축선상에 대칭으로 배치되어 있는데, 그 중 1 · 2 · 3 궁전터는 회랑으로 에워싼 형태로 회랑의 크기가 진입하면서 점점 줄어들고 있어 고구려 안학궁과 유사하다고 이해하였다.[40]

　이렇게 이들 안학궁과 발해 상경용천부의 궁궐을 비교하는 논의는 모두 궁궐의 기본적인 배치구조를 남북을 축으로 하는 종방향으로 이해한다는 것에서 공통점을 가지고 있다.

　그러나 이것은 안학궁이 가지고 있는 특징 중의 한 가지일 수는 있겠지만 안학궁 전체를 造營하는 핵심 배치계획이었다고 하기는 어렵다. 안학궁에서는 종방향으로의 궁궐배치만큼이나 독특한 특징이 있기 때문이다. 그것은 안학궁에서 가장 큰 규모로 조성된 남궁이 "중앙에 있는 큰 궁전을 중심으로 동쪽과 서쪽에 대칭되게 작은 궁전이 하나씩 있어 3개의 부분으로 구성되어" 있다는[41] 점이다.

　현재까지 조사된 바에 의하면 발해 상경용천부의 궁궐에서는 안학궁

---

38 千田剛道, 1983, 앞의 글, 1033~1034쪽.
39 전제헌, 1985, 앞의 글, 102쪽.
40 김봉건, 2002, 「궁궐」, 『北韓文化財說集』III, 국립문화재연구소.
41 김일성종합대학 고고 및 민속학강좌, 1973, 앞의 책, 148쪽.

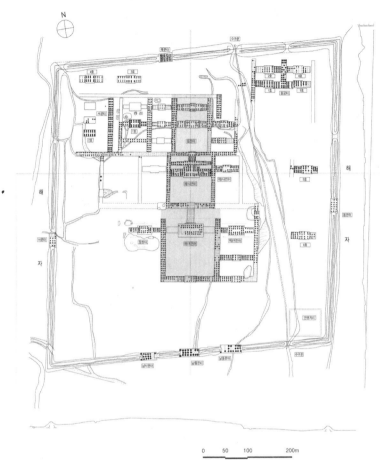

도면 2 _ 안학궁 평면의 종방형 인식

의 남궁과 같이 옆으로 나란히 축조된 제1호 궁전, 제2호 궁전, 제3호 궁전
의 존재에 비견될 만한 유구는 확인할 수 없다. 이렇게 배치구조에 있어서
양자 사이에 존재하는 큰 차이점에 대한 정확한 究明없이 안학궁을 발해
상경용천부의 궁궐과 동일한 배치구조를 가진 것으로 이해하기는 어렵
다. 궁궐과 같이 造營에 있어서 意圖性이 높은 權威建物의 경우 그 배치구

사진 3 _ 안학궁 남궁 모형(측면)

사진 4 _ 안학궁 남문(대성산 방향)

조의 차이는 궁궐 조영의 意味 또는 時期의 차이를 보여준다고 할 수도 있기 때문이다.

    따라서 여기서는 기존의 연구에서 주로 다루지 않았던 都城의 中心部에 위치하였던 宮闕 자체에 대한 논의를 진행하고자 한다. 그 중에서도 궁궐의 특성을 가장 잘 볼 수 있는 곳이 正殿을 중심으로 한 궁궐의 中樞廓이기 때문에, 이 구역에 대한 기존 연구의 설명을[42] 바탕으로 유구를 분석해 보고자 한다.

    안학궁의 궁궐 건물이 모두 남궁 제1호 궁전을 중심으로 하는 동심원상에 배치되어 있다는 견해에서도[43] 알 수 있듯이 남궁은 안학궁에서 중심이라고 할 수 있다. 남궁은 남벽의 동쪽 성문과 서쪽 성문을 연결하는 선의 남쪽 중앙에 위치하는데, 중앙에 있는 큰 정전을 중심으로 동쪽과 서쪽에 대칭되어 있는 작은 궁전 등 3부분으로 구성되어 있다.

    남궁의 대지면적은 88,500m²로서 여타의 궁과는 규모에서 큰 차이가 나며, 남궁 1호 궁전은 잔존기단높이가 1.5m이고, 남궁 제2호, 제3호 궁전 건물은 각기 1m에 다다른다. 이는 중궁과 북궁의 중심건물터의 높이가 0.8~1.2m이고 나머지 궁전건물터의 높이는 40~50cm내외인 것과 비교하면 큰 차이를 보이는 것이다.

    이와 같이 남궁은 다른 곽에 비하여 건물들의 높이가 기본적으로 높으며, 그 내부에서는 제1호 궁전과 2호 · 3호 궁전 사이에 格의 차이를 보이며 좌우로 나란히 배열되어 있음을 알 수 있다. 남궁의 제1호 궁전과 이를 중심으로 좌우로 배치된 2호 · 3호 궁전의 구조상 특징을 살펴보면 다음과 같다.

    우선 남궁의 1호 궁전터는 전면 57.1m, 측면 27.3m 규모의 장방형이

---

42 안학궁 궁전터에 대한 전반적인 설명은 『대성산의 고구려유적』에 자세한데, 이를 바탕으로 다양한 방향에서 정리한 글로는 다음과 같은 것이 있다. 전제헌, 1985, 앞의 글 ; 閔德植, 1989, 앞의 글 ; 김봉건, 2002, 앞의 글.
43 전제헌, 1985, 위의 글, 84쪽.

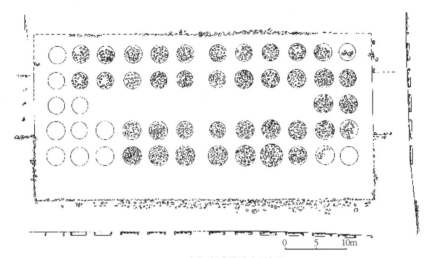

도면 3 _ 남궁 제1호궁전터 실측도

며 건물은 전면 11칸(49m), 측면 4칸(16.3m)의 규모인데, 전제헌은 이 건물을 곁채가 붙지 않은 단일건물로 이해하였다. 건물의 주위에는 동서 양쪽의 남북으로 길이 114.5m, 너비 13.8m의 회랑과 남쪽으로 총길이 128.75m, 너비 8.5m의 중앙에 1호 궁전의 정문자리가 있는 회랑으로 둘러 쌓여있다. 정문은 가운데 칸의 너비가 4.7m, 양쪽 2칸은 4.2m, 맨 옆의 칸은 각각 4m였다.

　이 궁전건물은 다른 궁전건물들과 달리 건물에 비하여 공간을 넓게 조성하였다. 현재 평면도를 통해 볼 때 차양칸 없는 11칸×4칸의 내외진 구조를 가지고 있으며 중심의 8개의 기둥을 제거하여 내부공간을 넓게 조성한 통칸 양식의 건물이라고 할 수 있다. 한편 초석의 적심부는 평면상으로 원형인데 직경이 2.5~3.3m이고, 현재의 잔존 기초깊이는 60~70cm이다. 여기에는 초석이 1개도 남아있는 것이 없으나 다른 기초 자료들에 근거하여 계산해 보면 초석의 직경이 적어도 1.2~1.6m는 되었을 것이라고 한다. 기둥 간격은 가운데 칸을 제일 넓게 잡고 좌우로 나가면서 점차 좁

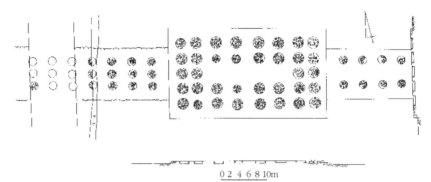

도면 4 _ 남궁 제2호 궁전터 실측도

사진 5 _ 안학궁 남궁(정전에서 서당으로)

게 하였다. 앞면 11칸에서 가운데 칸의 간격은 5.5m이고, 나머지 칸은 4.4m, 4.5m이다. 그리고 좌우 맨 옆칸은 4m이다. 옆면은 4칸인데 양쪽 끝 칸은 각각 4.2m이고 가운데 두칸은 각각 4.1m이다.

　건물 밖 전면은 비교적 넓은 공간을 가질 수 있도록 토방을 돌로 쌓았으며 앞뜰에 오르내리기 위한 계단이 있었다. 건물 앞에는 전면에 걸쳐 계단석이 있었고 건물 뒤에는 중심부분에만 2m 남짓한 폭으로 계단을 만들었던 자리가 있다. 건물 좌우로는 한단 낮게 집터와 같은 형식으로 터를 닦았다. 이는 남궁 제1궁전을 높은 집터 위에서 회랑과 연결시키지 않고 동떨어지게 배치함으로써 건물을 한층 더 두드러지게 한 것으로 볼 수 있다. 건물의 앞뒤에는 계단을 쌓았고 좌우 옆과 뒷면의 터에는 초석이나 기초시설이 전혀 없는 것으로 보아 판석이나 넓은 돌로 포장하여 깔았던 것으로 짐작된다. 이를 통해 볼 때 남궁 제1호 궁전은 안학궁의 여러 건물들 가운데 제일 웅장한 건물이었다고 할 수 있다.

이에 비하여 남궁 제2호 궁전은 1호 궁전 동쪽 50m에 위치하며 남궁 제1호 궁전을 중심으로 하여 그 좌우에 대칭으로 조성한 건물이다. 궁전 터는 전면 34m, 측면 18.5m이며 터의 높이는 90cm라고 한다. 원채(기본 건물)의 크기는 전면 7칸(28.5m), 측면 4칸(12.4m)으로서 건평은 353.4m² 에 이른다. 이 건물의 양쪽에는 한단 낮게 복도건물이라고 생각되는 곁채 (나래채)가 정면 4칸(12.6m), 측면 2칸(5m)의 규모로 조성되었다.

전제헌은 이 건물들을 4면 7칸의 원채에 2면 4칸의 곁채를 붙인 형식의 집으로서 44칸 집으로 복원하고 있으나, 앞에서도 언급하였듯이 도면을 통해 볼 때 원채와 곁채가 동일한 레벨이 아니라는 점을 확인할 수 있다. 따라서 이는 사실상 翼廊으로 보아야 하지 않을까 한다. 전제헌의 견해와는 달리 복원된 모형에서는 익랑으로 복원되어 있는 것을 알 수 있다. 초석 적심의 크기에서도 원채의 기초가 익랑의 기초보다 큰데, 제2호 궁전 적심의 크기는 원채가 직경 2~2.5m이고, 익랑은 1.6~1.8m이며, 기초깊이는 60cm라고 한다.

3호 궁전 역시 중심을 이루는 1호 궁전의 서쪽 50m 거리에 있어 2호 궁전과 대칭을 이룬다. 궁전터는 전면 33m, 측면 19m이며 건물은 전면이 7칸(28.5m), 측면이 4칸(12.4m)이다. 2호 궁전과 마찬가지로 원채(기본 건물)의 양쪽에는 1m 낮게 나래채가 있었으며 나래채는 전면 22m, 측면

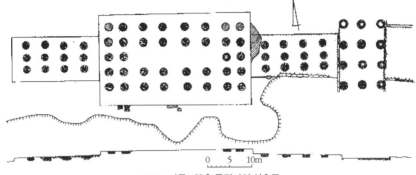

도면 5 _ 남궁 제3호 궁전터의 실측도

5m의 규모였다고 한다. 이 역시 翼廊으로 이해하고자 한다. 건물의 기초
배치상태를 보면 원채의 중심부가 넓고 좌우기둥간격은 좁으며, 가운데에
기둥 4개를 제거하여 건물의 내부공간을 넓혔다. 기둥간격은 원채 앞면의
가운데 기둥간격이 4.9m이고 좌우 두칸씩은 각각 4.3m, 끝칸은 3.2m이
다. 그리고 옆면은 3.1m씩 간격을 두고 기둥을 배치하였다. 익랑의 기둥
간격은 앞면이 4.2m, 옆면이 2.5m이다. 제3호 궁전의 원채 기초직경은
1.6~1.7m이고 익랑은 1.5m이다.

남궁의 2호 궁전과 3호 궁전은 건물구조에서는 대칭을 이루고 있으
나 그 외형에 있어서는 제3호 궁전이 더 잘 꾸며진 것으로 이해되기도 한
다.[44] 즉 동쪽에 있는 제2호 궁전은 정원시설 없이 앞뜰에 2중문을 갖추고
있으나 서쪽에 있는 제3호 궁전은 앞뜰과 위뜰에 못을 파고 바위돌과 인
공섬 등을 배합한 정원시설을 갖추고 있기 때문이다.

위에서 설명한 바와 같이 전면의 전체길이가 280m, 회랑사이가
205m가 되는 웅장성을 강조한 매우 큰 규모의 건축군 평면구조를 가지고

---

44 전제헌, 1985, 앞의 글.

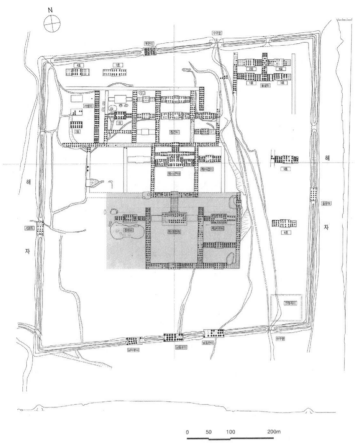

도면 6 _ 안학궁 평면의 횡방형 인식

있는 남궁은 그 규모와 구조에 맞는 의미를 갖고 있을 것으로 생각된다.

그럼에도 불구하고 기존의 연구에서는 남궁에 대한 논의는 거의 이루어지지 않았다고 할 수 있다. 단지 안학궁의 궁궐구조를 동아시아 고대로부터 근세에 이르기까지 일반적인 궁궐의 배치형식을 대입하여 이해한 견해만 제시되었을 뿐이다.[45] 이에 의하면 宮闕은 왕이 거주하는 곳으로 고래로부터 몇 가지 원칙에 따라 건축물을 배치하였다고 한다. 우선 내외,

상하 등에 따라 구분하는 禮制의 정신에 입각하여 門堂제도를 성립시켰는데, 천자는 五門, 제후는 三門 등으로 제도화되었다고 한다. 둘째는 三朝 配置의 원칙으로 신하들이 업무를 보는 곳인 外朝, 왕이 조정의 정사를 보는 곳인 內朝, 침전공간인 燕朝 등으로 궁궐을 배치하였다는 것이다. 셋째는 前朝後寢의 원칙으로 남녀유별의 예에 따라 조정이 앞에 있고 침전이 뒤에 있도록 배치하였다고 한다.

이들 연구는 안학궁 역시 3개의 중심축을 기준으로 중요한 건물들이 배치되어 일반적인 궁궐배치방식을 따르고 있다고 보았다. 즉 궁궐중심부로의 진입은 여러 개의 문을 거치는 문당제도를 채택하였으며, 중심부는 남북축을 중심으로 外殿·內殿·寢殿이 일직선상에 배치되어 엄격한 대칭을 유지하고 있어 도성의 제도를 준수하고 있다는 것이다. 전제헌의 경우도 전고와는 달리 정릉사지에 대한 글에서는 안학궁의 중심건축군을 정릉사지와 비교하면서 왕궁건축형식으로서 外殿, 本殿, 內殿을 배치하였다고 보았다.[46] 물론 內殿을 本殿으로 보고, 寢殿을 內殿으로 본 것은 차이가 있지만 기본적인 이해의 방향은 같은 것으로 볼 수 있을 것이다.

그런데 최근 들어 과거 대부분의 연구에서 '三門三朝'라는 고대 중국의 궁궐제도를 따른 것으로 이해되었던 조선시대의 경복궁에서조차 이러한 제도가 채택되지 않았던 것으로 보는 견해가 제시된 바 있다.[47] 오히려 조선시대 궁궐의 배치구조와 관련해서는 內殿과 外殿의 구분만이 일반적으로 사용되었다는 견해도 나온 바 있다.[48]

이러한 논의를 고려해 보면, 사실 안학궁의 경우에는 신하들의 업무

45 김봉건, 2002, 앞의 글.
46 전제헌, 1994, 『동명왕릉에 관한 연구』, 사회과학출판사, 144쪽.
47 김동욱, 1999, 『조선시대 건축의 이해』, 서울대 출판부, 98~100쪽.
48 洪順敏, 1996, 『朝鮮王朝宮闕經營과 兩闕體制의 變遷』, 서울대 박사학위논문.

공간으로서의 外朝도, 朝堂으로 대표되는 건물지도 확인되지 않는다.[49] 이는 朝堂이 별도의 공간을 차지하게 되는 중국의 수당 이후 궁궐이나 일본의 8세기 이후 궁궐과는 차이가 있는 것으로 생각된다. 따라서 안학궁의 남궁을 外朝라고 할 수 있는지에 대해서는 아직까지 명확하게 하기 어렵다.

단지 여기에서는 안학궁의 가장 앞부분에 위치한 남궁의 제1호 궁전이 비교 대상이 없을 정도로 큰 건물이었다는 점만을 알 수 있는 것이다. 이는 기존 도성제 연구에서 太極殿으로 불리는 正殿의 규모이기도 하다.[50] 더불어 남궁에는 제1호 궁전만 있는 것이 아니라 그 좌우에 50m 간격을 두고 조성된 제2호와 제3호 궁전이 존재한다는 점을 염두에 두어야 할 것이다. 이는 제1호 궁전을 중심으로 좌우에서 제2호와 제3호가 보좌하는 형태의 궁궐배치라고도 할 수 있기 때문이다. 따라서 안학궁의 궁궐들을 都城制라는 개념에서 검토하고자 한다면 확인하기 어려운 三朝制度의 적용보다는 이러한 특징을 먼저 살펴보는 것이 필요할 것으로 생각된다.

3. 魏晉南北朝 都城의 宮闕構造와 安鶴宮

현재 한국 고대의 三國을 포함하여 동아시아 諸國의 도성에 대한 연구는 이미 상당한 수준이 이르렀다고 할 수 있다. 이는 비교적 고대의 도성유적이 잘 남아있어 발굴조사를 통해 많은 성과를 확보한 일본의 都城制研究에 힘입은 바 크다. 그런데 여기에는 문제가 없는 것은 아니다. 가

---

49 千田剛道, 1983, 앞의 글, 1031쪽.
50 千田剛道, 1983, 앞의 글, 1030~1031쪽.

장 중요한 太極殿의 구조가 판명되지 않은 상태인 唐 長安城을 논의의 중심에 두고 있기 때문이다. 게다가 당 장안성, 나아가 그 전신인 隋의 大興城이 아직 만들어지기도 전에 이루어진 도성들에 대해서조차 문헌에 나오는 唐制를 바탕으로 논의가 이루어지고 있다는 점은 문제가 아닐 수 없다.

따라서 고구려의 도성, 그 중에서도 평양 천도 이후에 바로 조영된 전기 평양성의 궁궐을 이해하기 위해서는 수당 이전 도성의 궁궐제도에 대해 고려하지 않을 수 없다. 만약 안학궁이 수당의 문화가 들어오기 전에 만들어진 것이라면, 또는 수당 문화와는 별개의 플랜을 가지고 조성된 것이라면, 그 궁궐배치에 있어서도 다른 모습을 확인할 수 있을 것이다. 필자는 이를 안학궁의 남궁에서 찾을 수 있다고 생각한다.

우선 단일건물로는 안학궁에서 최대규모인 남궁의 제1궁전에 대하여 살펴볼 필요가 있다. 앞에서 이 규모를 기존의 도성연구를 통해 확인된 태극전과 유사하게 보는 견해가 있음을 보았다. 그러나 이것은 사실상 唐代 이후 도성유적과의 비교를 통해 나온 것이기 때문에 그 이전에 해당하는 魏晉南北朝時期 궁궐의 태극전과의 비교가 필요하다.

그러나 현재 그 유구가 남아 있지 않은 위진남북조시기의 궁궐을 바로 대입하여 안학궁과 비교하는 것은 쉽지 않다. 따라서 약간 우회하여 傍證을 통해 살펴보고자 한다. 북위 도성을 연구할 때 가장 중요한 문헌으로 이해되는 『洛陽伽藍記』에는 永寧寺에 대한 내용이 자세히 나온다. 이에 의하면 永寧寺 浮圖, 즉 塔婆의 북쪽에 佛殿이 있으며, 그 형태가 太極殿과 같다고 되어 있다.[51]

당시 최대의 사찰인 永寧寺의 불전과 비교되었던 北魏 宮闕의 太極殿이 낙양에 만들어지는 것은 孝文帝(471-499)가 수도를 평성에서 낙양으

---

51 "浮圖北有佛殿一所 形如太極殿"(『洛陽伽藍記』卷1 永寧寺條).

로 옮겨 새로 궁궐을 조영할 때이다.[52]

현재로서는 北魏代 태극전이 어떠한 형태였는지를 정확히 알기는 어렵다. 다만 洛陽古城에 대한 지표조사를 통해 宮城의 중간부분에서 벗어난 서부유적, 그 중에서도 '金鑾殿' 혹은 '朝王殿'으로 불리는 동서 100m, 남북 60m에 이르는 매우 큰 기단부를 가지고 있는 곳을 북위의 태극전으로 추정하는 견해가 제시되었을 따름이다.[53] 그런데 이는 발굴을 통해 확인된 永寧寺 佛殿의 규모와는 비교가 되지 않을 정도로 큰 것이다.

낙양 永寧寺址에 대한 공식발굴조사보고서에[54] 의하면 佛殿址는 파괴가 심해 제대로 조사가 이루어지지 못하기는 했지만 기본적인 版築의 흔적을 통해 東西長의 長方形으로 54m×25m의 평면 규모였음을 확인할 수 있었다고 한다. 보고서에서는 그 구조를 남문의 예에 맞추어 정면 9칸, 측면 3칸의 구조로 복원하고 있다.

이렇게 본다면 북위의 태극전으로 생각되는 遺址와는 상당한 규모의 차이를 인정하지 않을 수 없다. 이는 당시 남조 宋代의 태극전이 12칸이었다거나[55] 梁武帝가 새롭게 태극전을 세울 때 13칸으로 늘여 만들었다는 것으로[56] 보아서도 차이가 나는 것이다.

이 문제에 대하여 필자는 전고에서 永寧寺의 佛殿을 太極殿形態라고 하면서도 당시의 태극전보다 규모가 작은 이유를 다음과 같은 몇 가지로

---

52 北魏는 遷都 以前(永明 9年, 491)에 전문가를 南朝에 보내 '宮殿楷式'을 살피게 한 것으로 보아 洛陽에 조성할 太極殿 등 기본적인 궁궐구조에 대한 검토가 있었던 것으로 보인다(『南齊書』卷57 魏虜略傳).
53 王仲殊, 1982, 「中國古代都城槪說」, 『考古』82-5.
54 中國社會科學院 考古硏究所, 1994, 『北魏洛陽永寧寺 1979-1994 發掘調査報告』, 中國大百科全書出版社.
55 "梁武卽位之後 以宋時太極殿以爲明堂 無室 十二間"(『北史』卷60 列傳第48 宇文貴子善付 愷).
56 "二月 … 辛巳 新作太極殿 改爲十三間"(『南史』卷6 梁本紀上第6 武帝上).

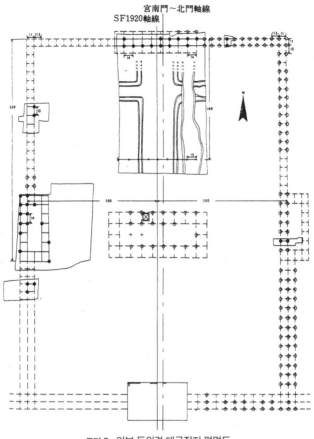

宮南門~北門軸線
SF1920軸線

N

도면 7 _ 일본 등원경 태극전지 평면도

설명한 바 있다.[57] 우선 사료에서도 확인할 수 있듯이 당시 각국의 太極殿
規模가 점차 커지고 있다는 점을 주목해 보았다. 당시가 남북조가 모두 경
쟁적으로 王權을 확장하던 시기였음을 생각한다면, 이들이 조영한 태극전
은 原型이 아니었을 가능성이 있다고 보았다. 다음으로 『太平御覽』卷第

---

57 양정석, 2004, 『皇龍寺의 造營과 王權』, 서경출판사, 136~138쪽.

175 居處部3 殿條에 실린 摯虞疑要注에 天子의 殿이 정면 9筵, 측면 7筵으로 이루어졌다는 기사라든가 같은 책 堂條에 인용된 禮記의 '天子之堂 九尺' 그리고 尙書大傳의 '天子堂廣九雉'라는 기사를 통해 천자와 관련된 수는 모두 기본적으로 9라는 점을 확인할 수 있다.

이를 통해 볼 때 천자가 기거하는 正殿의 정면 칸수는 9칸을 기준으로 하고 있으나 남북조시대에는 각국이 경쟁적으로 태극전의 규모를 크게 확장하는 방향으로 조영하였던 것으로 이해하였다.

한편, 시기가 떨어지고 중국의 경우는 아니지만 일본 藤原京의 太極殿 발굴을 통해서도 太極殿의 구조에 대한 유추가 가능할 것으로 생각된다.[58] 발굴조사보고서에 의하면[59] 그 구조가 낙양 永寧寺의 불전과 유사한 9칸×4칸에 內陣高柱 6개를 생략한 통간의 구조였으며, 그 크기도 유사하였음을 확인할 수 있다. 따라서 비록 남북조시대의 태극전들이 점차 확대되고 있었음에도 불구하고, 9칸으로 만들어진 永寧寺의 불전도 태극전으로 인식될 수 있었다고 여겨진다.

태극전이 王 權威의 象徵으로서 독자적인 공간이었다면, 일단 藤原京의 태극전과 같이 내부를 넓게 사용하기 위한 통간으로 된 장방형의 구조였을 가능성이 높다고 여겨진다. 이렇게 볼 때 고구려 안학궁의 남궁에 조성된 정면 11칸의 제1호 궁전은 그 크기나 칸수로 보아 위진남북조시기의 태극전과 같은 의미로 이해할 수 있을 것으로 생각된다.

그런데 중국의 건축사연구에 있어서 수당 이전 위진남북조시기의 궁궐제도에서 특징적인 것으로 이야기되는 것은 단순히 太極殿의 조영만은 아니다. 太極殿은 수당대 도성에도 존재했기 때문이다. 여기에 수당 이후

---

58 花谷浩, 1996, 「藤原宮」, 『古代都城の儀禮空間と構造』, 奈良國立文化財研究所.
59 奈良國立文化財研究所, 1976, 『飛鳥・藤原宮發掘調査報告書』 I (奈文研學報 第27冊).

에는 폐기되었던 태극전을 보좌하는 좌우의 건물, 즉 東西堂制가 採用되어야 비로서 위진남북조시기의 태극전 일곽이 완성되는 것이다. 중국의 건축사학자 劉敦楨은 삼국시대의 魏 文帝가 鄴에서 洛陽으로 천도하면서 大朝인 太極殿과 더불어 東西堂을 조성한 이후 魏晉南北朝期에 지속적으로 東西堂이 조성되었다고 하였다.[60] 이전까지는 궁궐의 正殿의 경우 大殿 좌우편에 벽을 막아서 東西廂으로 쓴데 비해, 이를 별도의 건물로 독립시켜 독자적인 왕 권위의 상징으로서의 공간인 太極殿을 만든 것이다.[61]

만약 안학궁에서 隋唐 以來의 도성제와 차이점을 확인하고자 한다면, 시기적으로 隋唐 以前의 도성제적 특징을 찾는 것이 가장 명확한 방법이 될 것이다. 이를 위해서는 우선 동서당제가 무엇이며, 동서당은 궁궐의 어디에 배치되었는가를 살펴볼 필요가 있다.

우선 중국 위진남북조시기의 궁궐배치에 있어서 동서당의 위치와 방향에 대하여 살펴보고자 한다. 당시의 상황을 전하는 사서인 『南史』에는 侯景의 난을 진압하는 과정에서 臺城, 즉 남조 建康城에 있는 太極殿과 東西堂이 같이 소실되었음을 전하고 있다.[62] 여기에서는 궁궐의 가장 중추부에 위치한 태극전이 동서당과 연칭되고 있는데, 이를 통해 이들이 서로 가까운 거리, 다시 말하여 같은 구역에 존재하였을 가능성을 상정할 수 있다.

한편 동서당이 비록 태극전과 같은 구역 내에 조성되었다 하더라도 그 건물의 主向에 따라 궁궐의 평면구조는 전혀 다르게 나타난다. 기존의

---

60 劉敦楨(鄭沃根 외 共譯), 1978(1995), 『中國古代建築史』, 中國建築工業出版社(세진사).

61 金聖雨, 1987, 「북위 영령사와 삼국시대의 불사 -5~6세기의 배치계획의 변화를 중심으로-」, 『大韓建築學會論文集』3-4.

62 ① "景自出戰於石頭城北, 僧辯等大破之. 盧暉略聞景戰敗, 以石頭城降. 僧辯引軍入據之. 景走朱方, 僧辯命 將入據臺城. 其夜軍人失火燒太極殿及東西堂"(『南史』卷63 列傳第53 王神念 神念子僧辯) ; ② "…是夜遺燼燒太極殿及東西堂…"(『南史』卷80 列傳第70 賊臣 侯景).

연구에 의하면 동서당의 배치를 태극전을 좌우에서 각기 동서향으로 바라보고 있다거나,[63] 태극전의 전면에 좌우로 도열하고 있는 것으로[64] 이해되었기 때문이다. 이를 바탕으로 高句麗 寺址의 一塔三金堂을 설명한다든지,[65] 일본 태극전 건물의 시작이라고 하는 에비노크廓의 正殿 앞의 건물들을 이해하기도[66] 하였다.

그러나 위진남북조시기의 제도를 서술한 『隋書』의 禮儀志에는 이러한 이해와는 다른 부분이 있는데, 이를 정리하면 다음과 같다.[67] 일반적으로 태극전 내부에는 廂이 있는데, 正殿의 방향이 南向을 하고 있기 때문에 좌우에 있는 상을 각기 東廂과 西廂이라고 한다. 그런데 北齊의 경우에는 태극전 뿐 아니라 동당에도 廂이 설치되어 있으며, 그 중 하나를 東廂이라고 하였다. 그렇다면 북제의 동당 역시 태극전과 같이 남향을 하고 있었던 것으로 생각할 수 있다. 이외에도 南朝 臺城에 대한 추정복원(도면 8)에서도[68] 태극전 좌우의 동서당이 모두 남향을 하고 있는 것으로 보아, 남조의 경우에도 태극전과 동서당은 병렬적으로 남향하고 있었다고 볼 수 있다.[69]

한편 이렇게 태극전과 같이 병렬로 배치되었던 동서당은 그 규모나

---

63 葉大松, 1977, 『中國建築史』下册, 中國電氣技術出版社, 臺北, 44쪽.

64 岸俊男, 1988, 「難波宮の系譜」, 『日本古代宮都の研究』, 岩波書店.

65 金聖雨, 1988, 「三金堂 形式의 起源」, 『大韓建築學會論文集』4-1(通卷15), 174~176쪽.

66 鬼頭淸明, 1978, 「日本における太極殿の成立」, 『井上光貞博士還曆記念會 編 古代史論叢 中卷』.

67 "後齊制 日蝕 則太極殿西廂東向 東堂東廂西向 各設御座 官公服 畫漏上水一刻 內外皆嚴 三門者閉中門 單門者掩之 蝕前三刻 皇帝服通天冠 卽御座 直 如常 不省事 有變 聞鼓音 則 避正殿 就東堂 服白袷單衣…日光復 乃止 奏解嚴"(『隋書』卷8 志第3 禮儀3).

68 秋山日出雄, 1995, 「中國都城と日本-建康都城について」, 『激動の古代東アジア-6·7世紀 を中心に』, 帝塚山考古學研究所.

69 劉敦楨도 東堂이 가지고 있는 朝見·聽政이라는 기능을 들어 동서당이 東西棟이었을 것으로 추측하였다(1934, 「東西堂史料」, 『中國營造學社彙刊』5-2).

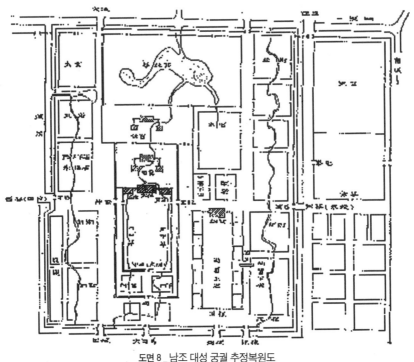

도면 8 _ 남조 대성 궁궐 추정복원도

의미에서 태극전과는 차별성이 있었던 것으로 생각된다. 『太平御覽』卷
第175 居處部3 殿條에서도 "凡太極殿乃有陛 堂則有階無陛也"(摯虞疑要
注曰)라 하여 태극전의 계단을 陛라 하고, 堂에는 陛가 없음을 밝히고 있
다. 이를 통해 볼 때 태극전과 동서당은 외관상 등급에서 차이가 있었음이
분명한 것으로 생각된다. 이렇게 위진남북조시기의 태극전과 동서당에
대해 간접적으로 밖에 이해할 수 없는 것은 사실상 이 당시의 도성에서 동
당이나 서당의 유구가 남아 있지 않다는 데서 기인한다.

　　그런데 이처럼 사료를 통해나마 추정 가능한 태극전 및 동서당과 아
주 유사한 평면구조를 바로 고구려 안학궁의 남궁에서 확인할 수 있다는
것은 고무적이다. 태극전과 같은 평면구조를 가지고 있는 제1호 궁전의

좌우에 조성된 제2호 궁전, 제3호 궁전이 사료에서 확인되고 있는 동서당과 거의 유사한 배치양상을 띠기 때문이다.

다만 이것만으로 안학궁의 남궁일곽을 태극전과 동서당제가 채용된 것으로 바로 연결하기에는 몇 가지 풀어야 할 부분이 있다. 제2호·제3호 궁전의 평면규모가 위진남북조시기의 동·서당의 그것과 유사한가 하는 점과 각 궁전 사이에 배치된 회랑을 어떻게 볼 것인가 하는 점이 그것이다. 이에 대해서는 비록 정확한 근거를 들고 있지는 않지만 建康城의 정전인 태극전은 정면 12칸이었으며, 그 양측에 있던 동·서당은 각기 7칸이었던 것으로 보는 연구가 나온 바 있다.[70] 여기서는 이와는 별도로 다른 각도에서 이 부분을 해명해 보고자 한다. 그 단서는 바로 신라 황룡사의 중건가람에서 확인되는 소위 重建金堂과 左右金堂이다.[71]

4. 安鶴宮 南宮 正殿廓의 構造와 新羅 皇龍寺 重建伽藍

일반적으로 한국을 비롯하여 동아시아 전근대 권위건물은 남북축을 중심으로 종방향으로 건물의 배치가 이루어져 있는 것이 특징이다. 이는 권위건물의 대표격인 궁궐에서는 外朝·治朝·燕朝의 三朝配置制度로, 그리고 또 다른 권위건물인 가람에서는 塔-金堂-講堂의 配置構造로 나타나는 것으로 이해되어 왔다.

그런데 1976년부터 1983년까지 이루어진 皇龍寺址에 대한 발굴을 통해[72] 이전까지 정설로 여겨졌던 藤島亥治郎의 '塔-金堂-講堂' 伽藍配置說

---

70 周裕興, 2002, 「南朝 六朝都城의 硏究」, 『古代 東亞細亞 文物交流의 軸-中國 南朝, 百濟, 그리고 倭-』개교50주년기념 백제연구소 한·중·일 학술세미나 발표문, 24쪽.
71 양정석, 2004, 앞의 책, 151쪽.

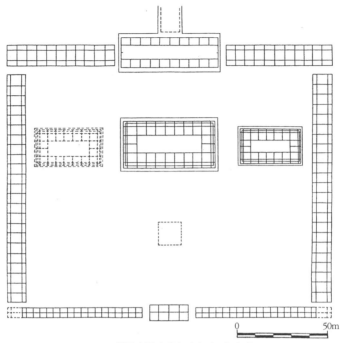

도면 9 _ 황룡사 중건가람 배치도(조유전 안)

사진 6 _ 신라 월성(북동쪽 경계)

과는[73] 다른 배치구조가 확인되었다. 이에 대하여 발굴보고서에서는 重建過程에서 조영된 金堂과 그 좌우에서 새롭게 발견된 건물을 일괄하여 三金堂으로 보는 방향으로 정리되었다.[74] 필자는 전고에서 황룡사 중건금당의 서쪽에 있는 서건물지와 동쪽에 있는 동건물지가 1차 건물에서 2차 건물로 변화하는 과정에서 모두 규모가 축소하고 있음에 주목한 바 있다.[75] 그 결과 창건기에 회랑으로 나뉘어져있던 3동의 건물이 중건과정에서 회랑이 제거되면서 동·서건물은 각기 정면 7칸으로 축소되면서 중앙쪽으로 조금씩 이동하고 반면에 중앙 건물은 이전보다 평면규모가 훨씬 확대되어 정면 9칸(차양칸 포함시 11칸)의 구조로 변화하는 것을 알 수 있었다. 즉 이전에 각기 3개의 원으로 구분되어 있던 독자적인 배치구조가 중건과정을 거치면서 중앙의 건물을 중심으로 좌우의 건물이 보조하는 형태로 변화한 것이다.

이를 통해 필자는 신라의 경우 권위건축에 남북축의 종방향 중심의 이해로는 설명할 수 없는 동서축을 세 동의 건물이 병렬로 놓여있는 배치방식으로 보았다. 황룡사는 비록 궁궐은 아니지만 그 규모에 있어서 궁궐의 정전을 제외한 다른 건축물과는 비교하기 어려운 당시 최대의 사찰이다. 물론 가운데 확대된 건물은 중건가람의 금당으로 보아야 할 것이다. 그렇다면 그 좌우에 배치된 건물은 어떻게 이해하여야 할 것인가. 전고에서 살펴본 바와 같이 황룡사 중건가람의 금당구조가 궁궐의 태극전과 관련이 있다면,[76] 좌우에 배치된 건물 역시 태극전과 관련된 궁궐배치구조

---

72 文化財管理局 文化財研究所, 1984,『皇龍寺 發掘調査報告書 I 』.

73 藤島亥治郎, 1930,「朝鮮建築史論」其1,『建築雜誌』532.

74 金正基, 1984,「皇龍寺 伽藍變遷에 關한 考察」,『皇龍寺 發掘調査報告書 I 』.

75 梁正錫, 2001,「皇龍寺 伽藍變遷過程에 대한 再檢討 -東·西建物址의 土層分析을 中心으로-」,『韓國古代史研究』24, 220쪽.

76 梁正錫, 1999,「皇龍寺 中金堂의 造成과 丈六尊像」,『先史와 古代』12.

에 맞게 조성되었을 가능성이 있는 것으로 생각된다. 이를 바탕으로 신라 중고기 황룡사의 중건이 태극전이 채용된 궁궐을 조성한 도성제와 밀접한 관련이 있는 것으로 보았다. 그리고 신라 궁궐 관련 사료에서 확인되는 '西堂' 기사를 통해 신라의 궁궐에 太極殿 뿐 아니라 東西堂制도 채용되었음을 구명하였다.[77]

문제는 이러한 궁궐배치계획이 어떠한 경로를 통해 신라에 수용되었는가 하는 점이다. 『三國史記』를 통해 볼 때 고구려는 長壽王代에 42회, 文咨王代 33회의 使臣을 北魏에 파견했는데, 이러한 사신의 파견을 통해 북위 도성의 모습과 불교문화의 양상이 고구려에 알려졌을 가능성은 매우 높다.

그런데 여기에는 한 가지 고려해야 할 점이 있다. 장수왕이 평양으로 천도한 것은 동왕 15년인 427년인데 비해 북위의 낙양으로의 천도는 494년이기 때문이다. 만약 안학궁을 전기 평양성으로 비정할 수 있다면, 이를 북위의 도성제에서 영향을 받은 것으로 하기에는 문제가 있다. 물론 이 부분도 명확하지는 않다. 대부분의 목조건물이 그러하지만 일정기간이 지나면 중건이 불가피하게 되고 그 과정에서 건물의 구조가 변하기도 한다. 황룡사의 중건가람에서도 알 수 있듯이 심지어는 건물들의 배치구조 자체가 변화하기도 하는 것이다. 안학궁 역시 개·보수 및 중건이 있었을 가능성이 있기 때문에 보다 면밀한 분석이 필요하지만, 기본적으로 우리가 안학궁의 발굴보고서에서 확인할 수 있는 것은 유구의 평면일 뿐 변화과정을 알 수 있는 토층에 대한 내용은 알 수가 없다. 따라서 현재 남아 있는 평면만으로는 어느 시점의 안학궁일 뿐 조영에서 폐기까지의 흐름을 이해하기에는 한계가 있다.

---

77 본서 2장 참조.

또한 중국에서 태극전과 동서당제가 북위시대에 처음으로 채택된 것은 아니다. 이미 삼국시대 魏의 文帝는 鄴에서 洛陽으로 천도를 하면서 大朝인 태극전과 그 좌우 동서당을 조성하였다. 이러한 배치방법은 이후 진 및 남북조에서 약 300년 동안 연용되었고, 수대에 이르러 비로소 폐지가 된 것이다.[78] 그렇다고 북위 평성시대 도성제가 어떠한 배치구조를 가지고 있는지 명확하게 알 수 없는 상황에서 북위의 영향을 완전히 배재하기도 어려운 실정이다. 따라서 여기서는 태극전과 동서당제의 채용을 魏代 이래 남북조시기에 성행하였던 동서당제가 고구려에서도 채용되었을 가능성이 있음을 강조하고자 한다.

이러한 고구려의 도성제가 麻立干期 이래 밀접한 관계에 있었던 신라에 들어왔었을 가능성 역시 상정할 수 있을 것이다.[79] 전고에서는 이러한 개연성에도 불구하고 平壤 遷都 직후의 고구려 도성제에 대한 견해를 갖고 있지 못하였던 관계로 단순히 가능성만을 언급한 상태에서 머무를 수밖에 없었다.

그런데 앞장에서 살펴본 바와 같이 안학궁의 배치구조를 종방향이 아닌 횡방향으로 이해한다면 이에 대한 새로운 가능성을 확인할 수 있을 것이다. 황룡사의 소위 삼금당 역시 안학궁 남궁의 세 궁전과 유사한 배치구조와 규모를 가지고 있는 것으로 생각되기 때문이다. 따라서 황룡사의 중건가람을 안학궁의 남궁과 비교해 보고자 한다.

현재 남아 있는 황룡사 중금당지의 크기는 하층기단의 규모가 55.3m×30.4m, 상층기단의 규모 또한 49.4m×24.5m나 되며,[80] 상층기단은 전

---

78 梁正錫, 2000,「新羅 皇龍寺・北魏 永寧寺 그리고 日本 大官大寺」『韓國史學報』9, 30쪽.
79 鄭雲龍, 1994,「5・6세기 新羅, 高句麗 關係의 推移 : 遺蹟・遺物의 해석과 관련하여」,『新羅文化祭學術發表會論文集』15.
80 趙由典, 1987,『新羅 皇龍寺伽藍에 관한 研究』, 동아대 박사학위논문, 30~31쪽.

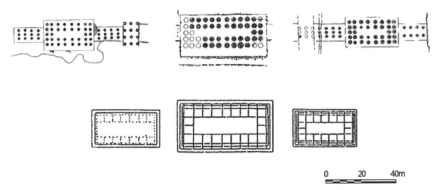

면 9칸, 측면 4칸으로 면적이 1,208m²이며, 하층기단의 규모는 차양칸을 포함하여 전면 11칸, 측면 4칸으로 면적이 1,676m²에 이른다. 이는 지금까지 조사된 어떤 가람의 금당보다도 큰 규모이다. 이와 비견되는 안학궁의 궁전은 단연 남궁의 제1호 궁전이다. 이 궁전은 전면 57.1m, 측면 27.3m 규모의 장방형으로 전면 11칸에 측면 4칸으로 구성되어 있다. 이를 통해 볼 때 황룡사의 중건금당과 안학궁 남궁의 제1호 궁전은 거의 동일한 규모와 배치형태를 갖고 있는 것으로 생각할 수 있다.

한편 황룡사 중건가람의 금당 좌우에 위치한 건물 중 동건물지는 전면 7칸, 측면 4칸, 동서 36m, 남북 21m, 면적 756m²이며, 서건물지는 전면 7칸, 측면 3칸으로 측면의 칸수는 차이가 있으나 크기에 있어서는 동서 36m, 남북 21m, 면적 756m²으로 동일한 것으로 이해되고 있다.[81] 이에 비하여 안학궁 남궁의 제2호 궁전터가 전면 34m, 측면 18.5m, 전면 7칸, 측면 4칸으로, 제3호 궁전터는 전면 33m, 측면 19m이며, 건물의 전면은 7칸, 측면은 4칸이라고 한다. 이는 황룡사의 좌우 건물지에 비하여 약간 작게

---

81 梁正錫, 2001, 「皇龍寺址 調査와 硏究의 推移」, 『新羅文化祭學術論文集』22, 221쪽.

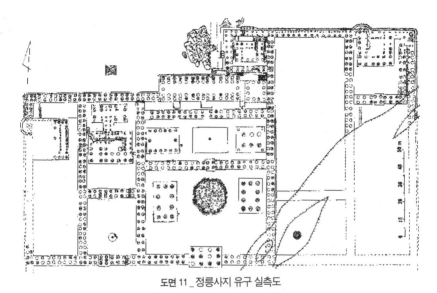

도면 11_정릉사지 유구 실측도

느껴지지만, 7칸×4칸의 구조로 된 건물이라는 데서는 완전히 일치한다
(도면 10).

　　다만 차이가 있다면 안학궁 남궁의 궁전들은 제1호 궁전을 제외하고
는 소위 곁채로 불리는 익랑과 회랑으로 구획되어 있어 황룡사에 비하여
건물 사이가 약간씩 더 벌어져 있다는 것이다. 이 부분을 고구려 정릉사지
의 예를 통해 볼 때 회랑으로 각각의 건물들을 구획하는 고구려 전통의 회
랑배치구조로 이해할 수 있다면[82] 황룡사 중건가람과 안학궁 남궁은 기본
적인 배치계획을 공유하고 있었던 것으로 볼 수 있다.(도면 11)

　　필자는 황룡사의 중건가람을 외형상의 배치구조를 통해 볼 때 목탑
을 제외하면 태극전과 동서당으로 이루어진 중국 남북조시기의 궁궐구조
와 동일한 것으로 이해하였다. 그리고 이러한 황룡사 중건가람의 모습은

82　전제헌, 1994, 앞의 책.

회랑으로 단절된 것을 제외한다면 기본적으로 안학궁의 남궁과 동일한 배치구조임을 확인할 수 있다. 즉 고구려 안학궁의 남궁에 조성된 제1호 궁전을 중심으로 한 제2호 궁전과 제3호 궁전은 앞에서 살펴본 태극전과 동서당의 관계를 그대로 보여준다고 할 수 있는 것이다.

따라서 안학궁의 남궁 구역을 太極宮區域, 즉 正殿廓으로 하고, 제1호 궁전을 正殿인 太極殿에, 제2호 궁전을 東堂에, 그리고 제3호 궁전을 西堂으로 이해하고자 한다. 다시 말해 안학궁의 축조 당시에는 수당대 이후의 도성제에서는 폐기되었던 동서당제가 채용된 중국 위진남북조시기의 궁궐배치제도가 활용되었음을 확인할 수 있는 것이다.

II. 新羅에 있어서 太極殿과 東西堂

1. 『三國史記』 '西堂' 記事의 檢討

신라의 宮闕과 관련하여 『三國史記』를 비롯한 문헌자료를 검토해 보면 상당히 많은 宮과 殿의 명칭을 확인할 수 있다. 특히 당시 왕의 정무를 관장하고 백관을 조회하였던 '大宮'('王宮')의 경우에는 그 내부와 주변에 있었던 주요 殿堂의 명칭까지도 상당히 자세하게 기록되어 있다. 대표적인 것만 들어도 南堂,[1] 朝元殿,[2] 崇禮殿,[3] 平議殿,[4] 正殿[5] 등을 나열할 수 있다. 이들 궁궐에 대해서는 이미 몇몇 논문을 통해 그 역할이나 변화상이 검토된 바 있다.[6] 그런데 궁궐에서 행하여지는 의례와 관련하여 상당히 중요한 역할을 하였던 西堂에 대해서는 그다지 관심을 기울이지 않은 것 같다.

---

1 『三國史記』 新羅本紀 2 沾解尼師今 3년조.
2 『三國史記』 新羅本紀 5 眞德王 5년조.
3 『三國史記』 新羅本紀 8 孝昭王 7년조.
4 『三國史記』 新羅本紀 10 憲德王 3년조.
5 『三國史記』 新羅本紀 4 眞平王 7년조.
6 개괄적인 정리는 龜田博, 2000, 「新羅の古城考」, 『日韓古代宮都の研究』, 學生社 참조.

敬順王立 … 爲甄萱所擧即位 擧前王屍 殯於西堂 與群下慟哭[7]

위 사료는 비록 시기적으로 후대이고, 또 매우 긴박한 상황에서 이루어진 殯禮이기는 하지만, 궁궐이라는 특정한 공간에 일정한 역할을 하는 殿堂이 있었다는 점만은 잘 전해주고 있다.

그러나 『三國史記』에는 위의 기사 외에는 더 이상 西堂에 대한 내용이 전하지 않는다. 이에 따라 궁궐의 어디에 서당이 배치되어 있었는지, 혹은 그 기능이나 역할이 무엇이었는지에 대해서는 더 이상 추론하기가 어렵다. 게다가 西堂의 존재는 고구려나 백제, 그리고 발해나 고려에서도 확인되지 않고 있어, 국내에서는 비교의 대상도 없는 것으로 생각된다. 따라서 『三國史記』에 기록된 西堂에 대한 정확한 인식을 위해서는 다른 나라의 경우를 검토해 보는 것이 필요하다.

그런데 중국의 경우에는 특정한 시기에 상당한 빈도로 서당과 관련된 기사가 확인되어 주목된다. 따라서 여기서는 우선 魏晉南北朝時期를 다루는데 있어서 儀禮의 典範과 관련되어 가장 많이 논의되는 『晉書』를 검토해 보고자 한다.

[자료 1] 『晉書』所載 西堂關聯記事

(1)	癸巳, 帝崩于西堂, 時年二十二…	『晉書』卷7 帝紀第7 顯宗成帝衍
(2)	丙申, 帝崩于西堂, 時年二十五…	『晉書』卷8 帝紀第8 哀帝丕
(3)	于是百官入太極前殿, … 帝著白丿單衣, 步下西堂, 乘犢車出神獸門, …	『晉書』卷8 帝紀第8 廢帝海西公奕
(4)	咸安元年冬十一月己酉, 即皇帝位. 桓溫出次中堂, 令兵屯. … 辛亥桓溫遣弟秘逼新蔡王晃詣西堂, …	『晉書』卷9 帝紀第9 太宗簡文帝昱
(5)	三月 … 戊戌, 擧章皇后哀三日, 臨于西堂 …	『晉書』卷10 帝紀第10 安帝德宗
(6)	隆安四年, 崩于含章殿. 朝議疑其服制, … 皇后及百官皆服齊衰, 永安皇后一擧哀, 於是設廬於西堂, 儀施于神獸門, …	『晉書』卷32 列傳第2 后妃下孝文武李太后

---

7 『三國史記』卷12 新羅本紀12 敬順王 元年.

(7)	太元六年, 晞卒于新安, 時年六十六, 孝武帝三日臨于西堂, …	『晉書』卷64 列傳第34 元四王 武陵威王晞
(8)	… 時年三十九. 帝三日哭於西堂.	『晉書』卷64 列傳第34 簡文三子 會稽文孝王 道子 子元顯
(9)	帝讌諸公于西堂, 酒酣, 從容日, …	『晉書』卷69 列傳第39 周顗
(10)	帝餞於西堂, 賜錢五十萬.	『晉書』卷74 列傳第44 桓 秘弟沖
(11)	孝武帝嘗會於西堂, 滔豫坐.	『晉書』卷92 列傳第62 文苑 伏滔
(12)	玄度學藝優瞻, 筆削擅奇, 降帝問於西堂, 故其榮觀也.	『晉書』卷92 列傳第62 文苑
(13)	玄入建康宮 … 及小會于西堂, 設妓樂, 殿上施絳綾帳, 縷黃金爲顏, 四角作金龍 …	『晉書』卷92 列傳第62 文苑
(14)	… 鄯善王休密馱朝於堅, 堅賜以朝服, 引見西堂.	『晉書』卷92 列傳第62 文苑

이와 같이 『晉書』에는 상당히 많은 서당 관련 기사가 있음을 확인할 수 있
다. 그런데 여기에는 西堂만이 나오는 것이 아니라, 거기에 대응하여 東堂
이라는 殿堂도 함께 나오고 있다.

[자료 2] 『晉書』所載 東堂關聯記事

(1)	及卽位, 始遵舊制, 臨太極殿, 使尙書郎讀時令, 又於東堂聽政. 至於宴會, 輒與 官論 務, 考經籍.	『晉書』卷5 帝紀第5 孝懷帝熾
(2)	戊子, 帝崩于東堂.	『晉書』卷5 帝紀第5 孝懷帝熾
(3)	四年春正月, 帝在石頭, … 峻子碩攻臺城, 又焚太極東堂	『晉書』卷7 帝紀第7 顯宗成帝衍
(4)	六年 … 秋七月 朔望 聽政于東堂	『晉書』卷7 帝紀第7 顯宗成帝衍
(5)	乙未, … 帝崩於東堂.	『晉書』卷9 帝紀第9 太宗簡文帝昱
(6)	夏四月, 戊辰, 餞於東堂.	『晉書』卷10 帝紀第10 安帝德宗
(7)	十一月戊寅, 帝崩於東堂.	『晉書』卷10 帝紀第10 安帝德宗
(8)	趙王倫簒位, 有鶉入太極殿, 雉集東堂. 天戒若日, 太極東堂 皆朝享聽政之所, 而鶉雉同日集之者, 趙王倫不當居此位也. … 尋而倫滅.	『晉書』卷28 志第18 五行中 視不明 羽蟲之
(9)	后性嗜啗驕妒, 帝深患之, 乃召蘊於東堂, 具說后過狀, 令加訓誡, 蘊免冠謝焉. 后於是少自改飾.	『晉書』卷32 列傳第2 后妃下 孝武定王皇后
(10)	孚雖見尊寵, 不以爲榮, 常有憂色. 臨終, 遺言日 … 泰始八年 薨, 時年九十三. 帝於太極東堂擧哀三日 …	『晉書』卷37 列傳第7 宗室 安平獻王孚
(11)	時魏高貴鄉公好學有文才, 引沈及裴秀於東堂講讌屬文 …	『晉書』卷39 列傳第9 王沈
(12)	帝聞充當詣闕, 豫幸東堂以待之.	『晉書』卷40 列傳第10 賈充
(13)	九年薨, … 帝於東堂發哀	『晉書』卷44 列傳第14 鄭袤
(14)	時黃門侍郎王恂·庾純始於太極東堂聽政 …	『晉書』卷43 列傳第13 山濤 子簡
(15)	因詔諸賢良方正直言, 會東堂策問, 日 …	『晉書』卷51 列傳第21 摯虞
(16)	武帝於東堂會送, 問詵日 …	『晉書』卷52 列傳第22 郤詵

이렇게 『晉書』에는 상당히 많은 분량의 서당과 동당 관련 기사가 있음을 확인할 수 있다. 그런데 동당과 서당 관련 기사는 비단 여기에서만 확인되는 것이 아니라 위진남북조시기에 대하여 서술한 모든 正史에서 찾아 볼 수 있다. 중국의 경우 삼국시대의 魏 文帝가 鄴에서 洛陽으로 천도하면서 大朝인 太極殿과 더불어 東西堂을 조성한 이후 魏晉南北朝期에 지속적으로 東西堂이 조성되었다고 한다.[8] 우리는 이러한 중국 魏晉南北朝時期의 궁궐에 존재하였던 동서당을 고구려 안학궁 남궁 정전곽에서 확인할 수 있었다. 그러나 앞장에서는 동서당과 관련하여 배치구조를 중심으로 논의를 진행하였으므로 사료에서 확인되는 신라의 '西堂'과도 연결시켜 이해할 수 있는지를 검토할 필요가 있다.

중국 魏晉南北朝時期의 동서당은 태극전과 같은 구역 안에 있었으며, 그 방향은 태극전과 동일한 남향을 하고 있었음은 확인한 바 있다. 그런데 『隋書』卷8 禮儀3의 기사를 다시 한번 검토해 보면 太極殿의 西廂과 東堂의 東廂에 御座를 설치하였음을 알 수 있다. 이는 태극전의 동당이 단순히 태극전의 부속시설만은 아님을 보여준다. 즉 東西廂을 갖추고 있는 자체 독립의 시설이었다고 할 수 있는 것이다.[9]

한편 비록 실현된 것은 아니지만 당시 정책담당자(有司)들이 동서당을 태극전에 버금갈 정도로 외장을 호화롭게 하려고 했음을 보여주는 사료가 있다.

宋臺旣建, 有司奏東西堂施局 … 金塗釘, 上不許. 使用直 …, 釘用鐵.[10]

---

8 劉敦楨(鄭沃根 외 共譯), 1978(1995), 『中國古代建築史』, 中國建築工業出版社(세진사).
9 渡辺信一郎, 1996, 『天空の玉座』, 相書房, 65쪽.
10 『宋書』卷3 本紀第3 武帝下.

여기에서도 당시의 동서당이 상당한 수준의 건물이었음을 확인할 수 있다. 그럼에도 불구하고 태극전과는 그 규모나 의미에서 분명히 차별성이 있었음도 부인할 수 없다.

이는 동서당이 그 起源과 관련해서 태극전과는 차이가 있었던 것에서 기인하는 것으로 생각된다. 『山謙之丹陽記』에는 다음과 같이 설명하고 있다.

ⓐ 太極殿 周制路寢也 秦漢日前殿 今稱太極 日前殿 洛宮之號 始自魏
  案史記 秦皇改命宮爲廟 以擬太極 魏號正殿爲太極 蓋採其義 而加以太 亦猶漢夏
  門 魏加日大夏耳 咸康中 散騎侍郎庚闡議求改太爲泰 蓋謬矣
ⓑ 東西堂 亦魏制 於周小寢也 皇后正殿日顯陽 東日含章 西日徽音 又洛宮之舊也
  含章名起後漢顯陽 徽音亦起魏日明陽 晉避文帝諱改爲此
ⓒ 周禮 亦有路寢小寢 又其制度也

위의 사료는 태극전과 동서당이 모두 삼국시대의 魏에서 그 유래가 있음을 밝히고 있으며, 이를 『周禮』와 대비하여 각각 태극전은 路寢에, 동서당은 小寢에 비교하고 있다. 이와 같이 태극전과 동서당의 관계는 외형에 있어서 많은 유사점이 있었음에도 불구하고, 동서당의 등급이 한 단계 낮았던 것으로 여겨진다. 이는 동서당이 路寢에 부가된 小寢에 기원을 두고 있기 때문인 듯하다.

이러한 기원의 문제는 태극전에 대응하는 동당과 서당의 역할과도 밀접한 관련이 있을 것이다.[11] 太極殿과 東西堂制가 성립한 魏 · 西晉代에는 동당은 朝見 · 聽政의 場으로, 서당은 皇帝의 居住의 場으로 나뉘어 사용되었다고 한다.[12] 그 기본적인 형식은 建康으로 옮긴 東晉에서도 마찬

---

11 吉田歡, 1997, 「隋唐長安宮城中樞部の成立過程」, 『古代文化』49-1 참조.

가지였는데, 宋代에 이르러 그 성격이 크게 변하였다고 한다. 즉 서당에서도 정기적인 聽政이 행하여지고, 더불어 황제의 正式 居住殿舍도 따로 만들어졌다는 것이다.

이에 따라 동서당의 居住기능은 완전히 폐기되고 儀式·聽政의 場으로 변질되어, 이후 南朝 諸王朝에서도 이어졌다고 보았다. 北朝의 경우도 크게 다르지 않아 北魏 孝文帝의 漢化政策의 일환으로 漢人 궁궐의 기본 형식인 太極殿과 東西堂制를 도입한 이래 東魏와 北齊로 이어졌다고 한다. 물론 북조에서의 동서당의 역할 또한 남조와 유사하였을 것으로 생각된다. 이를 통해 위·진·남북조기의 동서당은 태극전의 좌우에서 일상의 정무 뿐 아니라 각종 행사가 이루어지는 보조적인 역할을 하고 있었음을 알 수 있다.

그렇다면 이러한 특징을 갖고 있는 위진남북조기의 동서당과 신라의 '西堂'을 같은 의미의 殿堂으로 볼 수 있는가 하는 문제가 남게 된다.

앞에 열거한『晉書』所載의 기사들을 통해 볼 때 동서당은 태극전을 대신하여 기본적인 聽政, 朝會, 宴會, 餞禮, 發哀 등과 더불어 황제의 崩御 場所의 역할도 하였음을 알 수 있다. 즉 동서당은 태극전의 좌우에서 일상의 정무 뿐 아니라 각종 행사가 이루어지는 보조적인 역할도 하고 있었던 것이다. 그 중 晉代 永安皇后에 의해 西堂에 廬가 설치되었던 것은 신라의 西堂에서 행하여진 殯禮와 비교될 만한 것으로 생각된다.

> 隆安四年, 崩于含章殿. 朝議疑其服制, … 皇后及百官皆服齊衰, 永安皇后一擧哀,
> 於是設廬於西堂, 儀施于神獸門, …[13]

---

12 이외에도 太極殿을 중심으로 서당을 內朝에, 동당을 中朝에 대응하는 三朝制의 변형으로 이해한 견해도 있다(劉敦楨, 1934,「東西堂 史料」,『中國營造學社彙刊』5-2).
13 『晉書』卷32 列傳第2 后妃下 孝文武李太后.

따라서 신라의 궁궐에 존재하였던 '西堂'도 태극전의 옆에 나란히 위치하여 보조적인 역할을 수행하였던 殿堂이라고 할 수 있을 것이다. 다만 이렇게 보기 위해서는 한가지 전제조건이 필요하다. 신라의 궁궐에도 중국의 위진남북조시기의 太極殿과 같은 殿堂이 존재하여야 한다는 점이다. 신라 궁궐에 중국의 경우와 동일한 의미의 서당이 존재하기 위해서는 서당의 보좌를 받는 태극전의 존재가 반드시 필요한 것이다. 사실 이 부분이 확인되지 않는다면 신라 하대에 확인되는 '西堂' 기사는 궁궐구조를 이해하는데 의미를 갖기 어렵기 때문이다.

따라서 다음 장에서는 먼저 신라에 태극전이라고 할 수 있는 正殿이 존재하였는가를 살펴보고자 한다.

2. 新羅 中古期 都城制와 太極殿

현재로서는 중고기 신라의 도성에 태극전과 같은 대형건물이 있었는가 하는 점은 명확하지 않다. 다만 진흥왕 14년(553)에 월성 동쪽에 새로이 궁궐(新宮)을 지으려 했는데, 그 자리에 黃龍이 출현하게 되자 계획을 바꾸어 사찰로 만들었다고 한다.[14] 이후 다른 곳에 궁궐을 새롭게 만들었는지 확인하기는 어렵지만, 『三國史記』 진평왕 7년(585)에 이미 신라에는 南堂과는 별도로 正殿이 존재하고, 『三國史記』 眞德王 5년(651)에 나오는 朝元殿에서의 賀禮기사를[15] 통해 진덕왕 5년 이전에 이미 대형의 궁전 건물이 있었던 것은 틀림없다.

한편 진흥왕의 巡狩과정에서 세워진 磨雲嶺眞興王巡狩碑(진흥왕 29

---

14 『三國史記』卷4 新羅本紀4 眞興王 14年條.
15 『三國史記』卷4 新羅本紀4 眞德王 5年條.

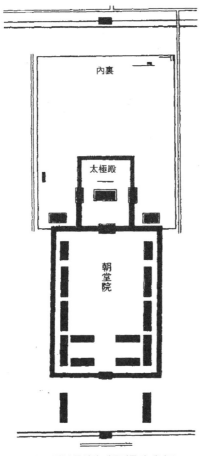

도면 1 _ 일본 등원경 태극전구역 개념도

년, 568)에서 裏內와 堂이라는 궁궐과 관련된 명칭을 확인할 수 있다. 현재 신라 궁궐의 배치구조를 정확하게 알기 어려우나 일본 藤原京의 궁궐의 경우 朝堂院, 太極殿, 內裏로 구성되어 있었음을 확인할 수 있다(도면 1).

여기서 朝堂(院)은 중국의 경우 前漢代부터 그 명칭이 보이기 시작하여 後漢代에 가면 최고위의 고관들에 의해 국가 중대사가 討議되는 곳으로 고정되어지는데, 남북조시기에 이르면 각종 의례도 이곳에서 행하여졌다고 한다.16 太極殿은 그 명칭이 北天中央의 북에 빛나는 太極星에서 유래한 황제의 거처로 알려져 있으며, 궁궐의 중심에 위치하여 卽位와 元日의 朝賀등에 사용되었던 가장 중요한 건물이었다고 한다.17 한편 內裏는 조정에서 상징적으로 존재했던 일본의 왕이 현실에서 정치적 판단을 내리는 등의 일을 했던 장소로 여겨지고 있다.18 즉 일본

---

16 山岐道治, 1996, 「漢唐間の朝堂について」, 『古代都城の儀禮空間と構造-古代都城制硏究集會第1會報告集』, 奈良國立文化財硏究所.

17 鬼頭淸明, 1978, 「日本における太極殿の成立」, 『井上光貞博士環曆記念會 古代史論叢』中卷.

의 왕이 평상시의 업
무를 관장하면서 실
제적으로 머물렀던
곳이라는 의미이다.

　이렇게 볼 때 眞
興王巡狩碑에 나오
는 裏內와 堂을 일본
고대의 궁궐에서 확
인되는 內裏와 朝堂
院과 유사한 것으로
볼 수 있지 않을까
한다. 그렇다 하더라
도 이것만으로는 6세

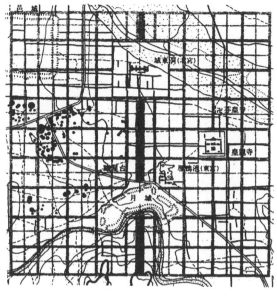

도면 2 _ 신라도성 복원도(田中俊明 안)

기 당시 신라에 태극전이 존재했다고 확신하기는 어렵다.

　그런데 경주에서 지속적으로 이루어지고 있는 소위 王京遺蹟에 대한
발굴조사 결과 中古期에 창건된 황룡사의 주변에서 당시의 道路遺構가 확
인된 바 있다. 현재까지 경주 지역에서 발굴된 도로유적 중 상당수가 황룡
사지 외곽지역을 발굴하는 과정에서 발견된 것이라고 한다.[19]

　황룡사는 발굴조사 결과 사역 외곽의 담장지가 모두 확인되어 동서
288m, 남북 284m의 방형의 구획이었음을 알 수 있는데 담장유구와 사역
의 외곽에서 발굴된 동서 및 남북방향의 도로유구가 거의 평행을 이루고
있다.[20] 그 중 황룡사지 남외곽 동서도로와 동외곽 동서도로의 경우, 모두

---

18 吉田歡, 1999, 「天皇聽政と太極殿」, 『日本史研究』446, 48쪽.
19 朴方龍, 1998, 『新羅都城研究』, 동아대학교 박사학위논문, 166~178쪽.
20 申昌秀, 1995, 「中古期 王京의 寺刹과 都市計劃」, 『新羅文化祭學術發表會論文集』16, 136쪽.

상·하층의 두 개 유구로 되어 있는데, 하층의 편년은 대략 6세기 정도로 이해되고 있다. 또한 분황사 남쪽 동서도로의 경우 분황사의 초석보다 아래에 위치하고 있어 분황사 창건(634) 이전의 것으로 여겨진다. 이들 발굴자료를 통해 볼 때 황룡사의 사역이 도로에 의해 구획되고 있음을 알 수 있으며, 이 도로들이 적어도 분황사 창건 이전에는 어느 정도 완비가 되어 있었음도 밝혀졌다.

이는 황룡사의 조영과 비슷한 시기에 이들 도로가 건설 또는 재정비되었을 가능성이 큼을 말해 준다. 즉 황룡사는 무계획적으로 조영되었던 것이 아니라, 도로에 의해 구획되어진 특정 공간에 계획에 맞추어 조영되었다고 볼 수 있는 것이다. 나아가 황룡사의 조성시기에는 이미 왕경 전체의 기본적인 都市計劃이 있었을 것으로 보는 견해가 제기되기도 했다.[21] 즉 진흥왕이 月城 동쪽에 새로이 궁궐을 지으려고 했다는 것은 단순히 宮만에 한정하지 않고 王京에 대한 재정비, 즉 都城計劃과 관련하여 살펴볼 수 있는 것이다. 따라서 황룡사는 도성이 정비되는 과정에서 새롭게 궁궐이 조영될 자리에 어떠한 문제가 생기자 일부 계획이 수정된 상태에서 조영된 것이거나, 아니면 새롭게 수용된 도성계획에 따라 황룡사가 조영되었다고 볼 수 있다(도면 2).

황룡사라는 거대한 규모의 가람이 왕경 전체의 도시계획에 맞추어 조영되었다고 볼 수 있다면, 황룡사의 중건과정에서 새롭게 조성되었던 金堂의 平面構造가 皇帝의 거주공간으로 알려져 있는 太極殿과 동일한 형태였다는[22] 점은 주목할 필요가 있을 것이다. 이러한 점은 신라의 황룡사 중건가람과 비견할 수 있는 北魏 洛陽의 永寧寺와 日本 藤原京의 大官大

---

21 申昌秀, 1995, 위의 글, 136쪽.

22 梁正錫, 1999, 「皇龍寺 中金堂의 造成과 丈六尊像」, 『先史와 古代』 12, 293쪽.

寺가 모두 당시의 都城制와 밀접하게 관계된 것으로[23] 생각된다.

우선 도성제와의 관련성은 태극전형태의 佛殿이 조영된 北魏 永寧寺에서도 확인할 수 있다. 北魏에 있어서 洛陽은 철저하게 계획된 도성이었다는 점은 이미 잘 알려진 사실이다(도면 3). 그런데 이러한 洛陽

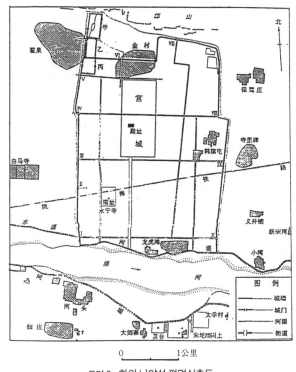

도면 3 _ 한위 낙양성 평면실측도

都城의 造營이 永寧寺와 직접적인 관계가 있었음을 보여주는 자료도 있다.

故都城制云 城內唯擬一永寧寺地 郭內唯擬尼寺一所 余悉城郭之外[24]

이와 같은 永寧寺와 都城制와의 관계는 1962년도 洛陽地表調査와[25]

23 梁正錫, 2000,「新羅 皇龍寺・北魏 永寧寺 그리고 日本 大官大寺 -5~7세기 동아시아 都城制와 관련하여-」,『韓國史學報』9.
24 『魏書』卷114 釋老志.
25 中國科學院考古硏究所洛陽工作隊, 1973,「漢魏洛陽城初步勘査」,『考古』.

사진 1 _ 등원경 모형 전경

이후의 發掘調査에서[26] 확인된 永寧寺 주변 道路遺構를 통해서도 알 수 있다. 따라서 永寧寺 역시 황룡사와 마찬가지로 낙양의 도성계획에 의하여 조영된 국가사찰이었다고 할 수 있다.

大官大寺가 위치하였던 일본 藤原京의 경우는 1969년에 발표된 岸俊男의 글을 통해[27] 京域과 條坊地割을 중심으로 본격적인 논의가 시작된 이래 주변지역에 대한 발굴이 진행될수록 점차 그 규모가 커지고, 또 宮의 위치도 북쪽이 아닌 중앙으로 이해하는 경향이 대두되었다[28].

이러한 가운데 현재 확인된 大官大寺址의 규모는 藤原宮을 제외하고

26 中國科學院考古研究所, 1994, 『北魏洛陽永寧寺 1979 · 1994 發掘調査報告』, 中國大百科
   全書出版社, 1~4쪽.
27 岸俊男, 1969, 「京域の想定と藤原京條坊制」, 『藤原宮』, 奈良縣教育委員會.
28 小澤毅, 1997, 「古代都市『藤原京』の成立」, 『考古學研究』 44-3.

는 단일 구획으로는 가장 큰 6町를 차지하며 경계지역에서 壖地 등의 시설도 조사되었다.[29] 이는 大官大寺가 도성계획과 함께 이해되어야 함을 말해주는 것이다.

이상과 같이 北魏의 洛陽, 新羅 中古期의 慶州, 日本의 藤原京이 비록 도성의 조성시기나 의도한 방향은 달랐을지도 모르지만, 모두 준비된 도성계획에 의해 조영된 京域을 가지고 있다는 공통점을 확인할 수 있었다. 게다가 北魏 洛陽 永寧寺의 佛殿, 日本 藤原京 大官大寺의 金堂은 모두 당시 都城의 太極殿과 동일한 형태를 하고 있었던 것으로 여겨진다.[30] 그 평면은 모두 9칸×4칸(3칸)의 구조에 50여m×2~30여m의 장방형 크기를 하고 있다. 이와 거의 동일한 평면구조와 규모를 가지고 있는 황룡사의 重建 金堂 역시 太極殿 形態라고 하여도 문제는 없을 것이다.

따라서 비록 신라의 경주에서는 궁궐과 관련된 유적이 아직 확인되지는 않았지만, 황룡사의 중건금당이 태극전 형태로 조영되기 위해서는 이미 궁궐에 正殿으로서의 太極殿이 있었던 것으로 보아야 하지 않을까 생각한다. 즉 北魏 洛陽과 永寧寺, 日本 藤原京 都城과 大官大寺 등과 마찬가지로 신라의 도성에도 2개의 태극전 형태의 건물이 있었던 것이다.

이와 같이 신라의 도성에도 太極殿이 존재하였다고 한다면, 신라에도 중국의 남북조시기와 마찬가지로 동서당제가 있었다고 말할 수 있을 것이다. 다만 왜 신라의 궁궐조영과정에서 이러한 동서당제가 채용되었는지는 아직 확인할 수 없다. 이 부분은 궁궐의 配置構造의 復原과도 깊은 관련이 있기 때문에 이미 그 구조가 확인된 황룡사의 중건금당과 병렬로 배치되어 있는 좌우의 건물에 대한 해석과 연계하여 이해해 보고자 한다.

---

29 奈良國立文化財研究所, 1974~1982, 『飛鳥藤原宮發掘調査槪報』 4~12.
30 梁正錫, 1999, 앞의 글, 293쪽.

3. 皇龍寺를 통해 본 宮闕의 東西堂制 採用問題

일본의 경우 최근 궁궐과 관련된 연구에서 기존의 前朝後寢의 구조
만으로는 해결하기 어려운 부분들에 대하여 다양한 논의가 진행되고 있
다. 그 중의 하나가 바로 東西堂에 대한 재인식이라고 할 수 있다. 사실 동
서당제는 이미 1930년대에 지적된 바 있었으나[31] 이후로는 그다지 부각되
지 못하고 있었다. 이는 궁궐과 관련된 연구가 주로 隋唐代를 중심으로 이
루어진 까닭에 그 이전에 존재하였던 것으로 생각되는 동서당제에는 큰
관심이 기울이지 않았기 때문으로 생각된다. 그러나 중국의 都城과 儀禮
를 연구하거나,[32] 일본 도성제의 源流에 대한 연구가 깊어지면서 수당대
이전의 궁궐에 대한 관심이 차츰 높아지게 되었다.[33] 그 과정에서 이전에
도 존재하지 않았고, 수대에 폐기된 것으로 생각되는 동서당제에 대한 관
심이 높아지게 된 것이다.

그러나 이러한 문제제기는 기본적으로 한계가 있을 수밖에 없었다.
유구를 바탕으로 한 실제적인 연구가 전혀 뒷받침되지 못하기 때문이다.
일본의 경우에도 동서당제를 일본 궁궐의 기원과 관련하여 비교검토한 예
가 있다. 岸俊男은 『周禮』와 『禮記』 등으로부터 三朝制를 정리하고, 唐의
長安城의 宮城 · 皇城이 삼조제를 계승하였음을 명확히 하였다. 나아가
이 삼조제가 일본 平城宮의 內裏 · 朝堂院에도 대응하는 것으로 보았다.
그런데 前期難波宮 유구와의 비교에서는 태극전에 상당하는 건물의 전방
동서에 長殿이 존재하는데, 수당의 장안성에는 이에 상당하는 건물이 없
었다. 그래서 그는 이 長殿의 祖型을 위진남북조시대의 태극전 동서에 있

---

31 劉敦楨, 1934, 앞의 글 참조.
32 渡辺信一郎, 1996, 앞의 책.
33 吉田歡, 1997, 앞의 글.

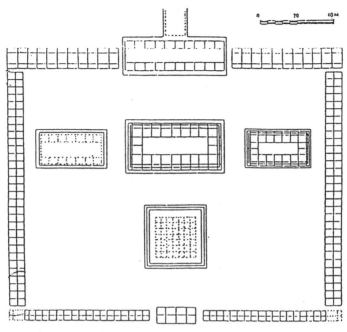

도면 4 _ 황룡사 중건가람 배치도(김정기 안)

던 東堂 · 西堂에서 구하였다.[34]

　　그러나 이 東西二堂을 前期難波宮의 東西長殿의 조형으로 본 견해에
대해서는 구조적인 면이나 기능적인 면에서 계승관계를 확인할 수 없음은
이미 지적된 바 있다.[35] 즉 일본의 궁궐에서 위진남북조의 영향이 전혀 없
다고 생각할 수는 없지만, 長殿을 통해 영향이 있다고 생각할 수는 없다는
것이다.

　　사실 중국의 경우에도 위진남북조시기의 도성에서 동당이나 서당의

34 岸俊男, 1988, 「難波堂の系譜」, 『日本古代宮都の研究』, 岩波書店.
35 吉田歡, 1997, 앞의 글, 16쪽.

유구가 조사된 바는 없는 것으로 알려져 있다. 그런데 신라의 경우는 권위 건축물로서 세 동의 건물이 병렬로 놓여있는 배치구조의 존재를 실제유구에서 확인할 수 있다. 황룡사 중건가람의 소위 '三金堂' 이 바로 그것이다 (도면 3).

황룡사는 비록 궁궐은 아니지만 그 규모에 있어서 궁궐의 정전을 제외한 다른 건축물과는 비교하기 어려운 당시 최대의 사찰이다. 1976년부터 1983년까지 이루어진 皇龍寺址에 대한 발굴을 통해[36] 이전까지 정설로 여겨졌던 藤島亥治郎의 '一塔一金堂' 伽藍配置說이[37] 사실과 다름을 알게 되었다. 이후 황룡사에 대한 논의는 重建過程에서 조영된 金堂과 그 좌우에서 새롭게 발견된 건물을 일괄하여 三金堂으로 보는 방향으로 정리되었다.[38] 즉 세동의 건물이 병렬로 배치되어 있는 것을 삼금당으로 보았던 것이다.

이러한 가운데 지금까지 무비판적으로 황룡사의 가람배치를 '一塔三金堂' 으로 이해하여 왔던 것에 대해 근본적인 의문이 제기되었다.[39] 여기서는 三金堂이란 용어가 1956년 일본 奈良의 飛鳥寺가 발굴 조사되는 과정에서 고구려 青岩洞寺址의 가람배치와의 유사점을 확인하고 飛鳥寺의 가람성격을 삼금당으로 추정하면서부터 사용되기 시작하였으며, 그 이후로 무비판적으로 사용되어 왔음을 밝혔다. 필자 역시 이러한 문제의식에 동의하면서 황룡사 중건금당의 서쪽에 있는 서건물지와 동쪽에 있는 동건물지가 1차 건물에서 2차 건물로 변화하는 과정에서 모두 규모가 축소된 점에 주목한 바 있다.[40]

---

36 文化財管理局 文化財研究所, 1984, 『皇龍寺 發掘調査報告書 I』.

37 藤島亥治郎, 1930, 「朝鮮建築史論」其1, 『建築雜誌』532.

38 金正基, 1984, 「皇龍寺 伽藍變遷에 關한 考察」, 『皇龍寺 發掘調査報告書 I』.

39 趙由典, 1994, 「皇龍寺 三金堂考」, 『石堂論叢』20.

그 결과 창건기에 회랑으로 나뉘어져 있던 3동의 건물이 중건과정에서 회랑이 제거되면서 동·서 건물은 각기 정면 7칸으로 축소되면서 중앙쪽으로 조금씩 이동하고 반면에 중앙 건물은 이전보다 평면규모가 훨씬 확대되어 정면 9칸(차양칸 포함시 11칸)의 구조로 변화한 것을 알 수 있었다. 즉 이전에는 각기 3개의 원으로 구분되어 있던 독자적인 배치구조였다면, 중건과정을 거치면서 중앙의 건물을 중심으로 좌우의 건물이 보조하는 형태로 변화한 것이다. 물론 가운데 확대된 건물은 중건가람의 금당으로 보아야 할 것이다. 그렇다면 그 좌우에 배치된 건물은 어떻게 이해하여야 할까. 앞장에서 살펴본 바와 같이 황룡사 중건가람의 금당구조가 궁궐의 태극전과 관련이 있다면, 좌우에 배치된 건물 역시 태극전과 관련된 궁궐배치구조에 맞게 조성되었을 가능성이 있는 것으로 생각된다.

현재 위진남북조 당시 도성제의 典範이 되었던 東晉 이래 남조의 도성이 있었던 建康에서 궁궐이 어디에 위치하고 있는지도 파악되지 않고 있는 실정에서 더구나 동당이나 서당의 유구는 그 흔적조차 알지 못하고 있다. 다만 建康宮의 태극전 양측에 있었던 동·서당이 각기 7칸이라는 연구성과가 나와 있을 뿐이다.[41] 그런데 이 정면 7칸은 바로 황룡사 중건과정에서 축소된 금당 좌우 건물의 정면 칸수와 같다. 따라서 외형상으로 볼 때 황룡사의 중건가람은 목탑을 제외하면 태극전과 동서당으로 이루어진 중국 남북조시기의 궁궐구조와 동일한 것이다.

일반적으로 동아시아의 고대에 있어서 궁궐은 政權의 소재지인 동시에 支配力의 絶對性을 상징하는 공간으로 이해된다.[42] 그 중에서 太極殿

---

40 梁正錫, 2001, 「皇龍寺 伽藍變遷過程에 대한 再檢討 -東·西建物址의 土層分析을 中心으로-」, 『韓國古代史硏究』24, 220쪽.
41 周裕興, 2002, 「南朝 六朝都城의 硏究」, 『古代 東亞細亞 文物交流의 車由 -中國南朝, 百濟 그리고 倭』, 24쪽.

은 궁궐 안에서도 가장 중요한 王權의 象徵物이라 할 수 있는데, 洛陽의 永寧寺, 慶州의 皇龍寺, 藤原京의 大官大寺에서 釋迦佛을 모시는 佛殿이 皇帝가 상주하면서 정치를 관장했던 태극전 형태로 조영되었다는 것은 信仰的인 면에서 뿐 아니라 政治的인 면에서도 의미하는 바가 매우 크다.

이는 북위불교의 가장 중요한 특징이라고 할 수 있는 '天子卽如來' 의식과 관련하여 이해할 필요가 있을 것으로 생각된다. 즉 正殿으로서의 太極殿과 都城內 中心大寺 金堂의 太極殿 形態의 채용은 북위, 신라, 일본의 왕들이 비록 정도의 차이는 있다고 하더라도 政治와 宗敎를 동시에 지배하고자 했던 意圖性을 象徵的으로 보여주기 위한 것이었다. 따라서 당시 북위, 신라, 일본의 왕들은 正殿인 태극전에서 국가의 정책을 논의하여 결정했으며, 태극전 형태의 중금당을 통해 신앙적인 면에서도 그 권위를 뒷받침 받을 수 있었다고 할 수 있는 것이다. 5~7세기 동아시아 都城制에서 都城內에 2개의 太極殿이 만들어졌던 역사적 의미는 여기에서 찾을 수 있는 것이다.

다만 이것만으로는 북위 永寧寺와 일본 대관대사에서 이러한 동서당이 보이지 않는 이유가 설명되지 않는다. 여기에서는 일단 북위 영녕사와 일본 대관대사의 경우는 각기 황룡사보다 1세기 가량 빠르거나 늦은 시기 폭을 가지고 있다는 점에 주목하고자 한다. 즉 북위 영녕사의 경우는 소위 北魏式 都城制가 완성되어 가는 시기로서, 궁궐에는 동서당이 배치되었는데 비해 영녕사의 가람배치에 동서당의 개념이 채용되지 않았을 가능성이 있는 것으로 생각한다. 반면 일본의 경우에는 이미 수·당문화가 들어오고 있던 상태에서 동서당이 갖고 있던 의미가 사라졌기 때문으로 이해할 수 있지 않을까 한다.

---

42 林部均, 1998,「飛鳥淨御原宮の成立·古代宮都變遷と傳承飛鳥板蓋宮跡」,『日本史研究』 434, 12쪽.

어쨌든 이러한 도성제가 신라에도 도입이 되었다면, 신라 궁궐에 있었던 서당은 황룡사 중건가람의 조영과 밀접한 관련을 가지고 조성되었다고 볼 수 있을 것 같다. 즉 신라 궁궐의 서당은 황룡사 중건가람과 함께 隋代 以前의 都城造營制度가 新羅에 수용되면서 나오게 된 中古期 도성제의 産物이라고 할 수 있다.

이제 신라 중고기에 궁궐배치의 일환으로 채용된 동서당제가 下代에 이르기까지 변화하지 않고 지속적으로 남아 있었던 원인이 무엇인지를 검토해 보아야 할 것 같다. 중국의 경우 앞에서 지적하였던 특징을 갖고 있는 동서당과 관련된 내용은 隋代 이후로 더 이상 사료에 보이지 않는다고 한다. 이를 바탕으로 동서당제도가 魏代에서 北齊에 이르기까지 약 300년간 이용되다가 隋代에 이르러 폐지되었다고 보는 견해가 제기되기도 하였다.[43] 따라서 신라 하대의 궁궐에 왜 당시 밀접한 문화교류를 하였던 唐의 궁궐양식이 아닌 그보다 앞선 중국 남북조시대의 궁궐양식과 관련된 西堂이 존재하는지는 의문이 생길 수밖에 없다. 그러나 이에 대해 명확한 해석을 하기에는 아직 구명되어야 할 점이 많다. 다만 몇 가지 가능성은 제기할 수는 있을 것 같다.

우선 移都와 같이 궁궐의 구조를 완전히 바꿀 정도의 큰 변화가 신라에서는 이루어지지 않았던 점을 들 수 있다. 또 현재 궁궐이 존재하였던 것으로 생각되는 월성의 평면자체가 남북보다 좌우로 긴 형태이기 때문에 궁궐의 배치가 압축적으로 이루어진 이전의 구조가 효율적이었다고 볼 수 있을 것이다. 또한 궁궐구조가 왕과 귀족·고급관료 사이의 관계를 말해준다는 점도 생각해 볼 필요가 있다. 남북축의 三朝制로 바뀐 隋 大興城의 공간구조가 皇帝중심의 朝政을 상징한다면, 마지막까지 동서축으로 배열

---

43 劉敦楨(鄭沃根 외 共譯), 1975(1995), 앞의 책.

된 궁궐의 공간구조를 유지하였던 남조에서 귀족·관료의 정치공간이 상
대적으로 배려되어 있었다는[44] 점은 신라의 궁궐구조와 관련하여 시사하
는 바 크다.

---

44 渡辺信一郎, 1996, 앞의 책, 77~88쪽.

III. 渤海 宮闕構造의 系譜와 太極殿

1. 渤海 宮城에 대한 研究史的 檢討

17세기 청나라의 몇몇 유배된 학자들에 의해 '古大城'이라 불리던 유적이 조사되기 시작하였다. 이 유적은 당시 학자들에 의해 金의 수도로 여겨졌는데, 19세기가 되어서야 현재 우리가 알고 있는 것과 같이 발해의 도성인 상경성으로 이해하기 시작하였다. 그리고 1931년 9월 하얼빈박물관의 포노소프가 동경성(상경용천부)에 대한 트렌치 발굴조사를 실시한 이래 발해 도성에 대한 고고학적 조사가 70여년이 지난 현재까지도 진행되고 있다.

발해는 중국 동북지구를 중심으로 북한의 동북부와 러시아의 연해주 일대에 걸쳐 229년간 대제국을 형성했던 국가였다. 이렇게 넓은 발해의 영역 안에는 오늘날까지 다양한 유적이 각종 조사를 통해 확인되고 있는데, 발해와 같이 자신이 남긴 문헌자료가 극히 적은 경우에는 이들 문화유적이 발해의 역사와 문화를 이해하는데 기초적인 자료를 제공한다.

일반적으로 전근대 사회에 있어서 도성은 그 나라의 정치와 문화의 중심으로 이해할 수 있다. 나아가 도성의 중심축을 이루는 궁궐은 왕권의 상징성을 그대로 보여주는 공간이라고 할 수 있다. 따라서 도성, 그 중에서도 궁궐에 대한 검토는 그 나라의 역사를 이해하는 데 필수적이다.

발해사의 발전단계에 대해서는 여러 견해가 있으나,[1] 정치제도의 정비라고 하는 측면에서 생각해 보면, 제1대 高王 大祚榮에서 제2대 武王 大武藝대까지는 제도의 성립기, 제3대 文王 大欽茂대에는 제도 정비기, 그리고 제10대 宣王 大仁秀대를 제도 완비기로 볼 수 있지 않을까 한다.[2] 아울러 발해에 대한 다양한 기록을 통해 발해의 수도는 舊國 → 顯州 → 上京 → 東京 → 上京으로 옮겨졌다고 보는 것이 일반적이다.[3] 발해의 5京制는 舊國에서 顯州로 수도를 옮기고 난 후인 天寶 年間이거나, 늦어도 수도를 상경으로 옮기고 난 직후인 文王 前期에 실시되었던 것으로 이해된다.[4] 발해가 上京으로 이름을 짓고 遷都할 즈음에는 이미 5京이 설치되어 있었다고 봐야 한다는 것이다.

이러한 발해의 도성으로서 현재 고고학적으로 그 궁성의 구조가 논의되고 있는 것은 서고성, 팔련성, 그리고 상경성 등이 있다. 이들 발해 도성에 대한 연구는 만주국 점령 이후 신중국 건국 이전까지는 대부분 일본과 러시아 학자들을 중심으로 이루어졌다. 그 중 대표적인 것이 1933년 6월 8일부터 1934년 7월에 걸쳐 이루어진 東京城 발굴이다. 물론 이 성이 발해의 상경용천부임은 다 아는 사실이다. 이후 1937년에는 吉林 琿春의

---

1 陳顯昌, 1983,「渤海國史槪要(二)」,『齊齊哈爾師範學院報』; 楊保隆 編著, 1988,『渤海史入門』, 青海人民出版社.
2 방학봉은 발해의 중앙행정기구와 지방행정기구는 같은 과정을 통해 완비되었다고 하고 제도는 발해국의 건국과 함께 시작되었고, 기본적으로 제도가 정비된 것은 제3대 文王代였으며 제10대 大仁秀와 大玄錫 시기에 완비된 것이라고 주장하였다(방학봉, 1996,『발해의 강역과 행정제도에 관한 연구』, 연변대학출판사, 217, 238~245쪽).
3 孫玉良, 1983,「渤海遷都淺議」,『北方論叢』88-3 ; 林相先, 1988,「渤海의 遷都에 대한 考察」,『淸溪史學』5 ; 방학봉, 1992,「발해수도의 변화발전과정에 대한 연구」,『발해사연구』3, 연변대학출판사 ; 宋基豪, 1994,「발해의 초기 도읍지와 천도과정」,『于江權兌遠敎授定年紀念論叢』.
4 韓圭哲, 1998,「渤海의 西京 鴨淥府 硏究」,『한국고대사연구』14.

八連城이 발굴되었는데, 1942년 봄에는 日軍이 발굴에 동원되기도 하였다. 1943년에는 鳥山喜一 등이 吉林 和龍의 西古城을 발굴하였다. 신중국 건국 이후에는 1949년 육정산의 정혜공주묘의 발견이 이후 연구의 획을 그었는데, 이를 통해 敦化지역이 발해 건국지라는 점이 분명해졌다. 1960년에는 單慶麟이 오동성 내성의 해자와 수구, 그리고 성문의 옹문 등을 소개하고, 출토된 유물에는 당만이 아니라 고구려적 요소도 있다는 것을 설명하였다. 더불어 오동성의 重城형태가 五代 때 유행한 것이라는 전제 하에 오동성의 축조시기에 의문을 제기하였다.[5] 이후 목단강 상류의 발해유적 중 자연조건이 우월하고 주위에 비교적 많은 유적이 있는 永勝遺址가 주목을 받게 되었다.

1963년에서 1964년에 걸쳐 조중공동고고대에 의해 본격적으로 상경용천부 유지와 그 부근 지구에 대한 고고조사가 실시되어 상경궁성 西區, 외성區 街坊址 등에 대한 이해의 폭을 넓힐 수 있는 기회를 갖게 되었다.[6] 이후 1981년부터 1984년 까지는 黑龍江省文物考古工作隊, 牧丹江地區文物管理站, 寧安縣文物管理所가 연합하여 상경용천부 궁성문과 하나의 궁전, 회랑 등에 대한 정리, 발굴을 진행하였다.[7] 이를 바탕으로 위존성은 1982년 발해의 성지를 그 분포와 배치상태를 볼 때 대체로 당 현종 천보 말년 발해가 오동성에서 상경성으로 천도하던 때를 경계로 두시기로 나눌 수 있다고 보았다.[8] 1987년에는 상경성의 구조 변화와 연원에 대해서 劉

5 單慶麟, 1960, 「渤海舊京城址調査」, 『文物』60-6 ; 單慶麟 外, 1997, 『高句麗 · 渤海硏究集成』5(渤海二), 哈爾濱出版社, 566쪽.
6 이에 대한 연구사 정리는 임상선, 2005, 「중국의 발해 도성 연구와 복원」, 『중국의 한국고대문화연구 분석』, 고구려연구재단을 바탕으로 살펴보았다.
7 陶剛 · 姜玉珂, 2003, 「渤海上京龍泉府考古發現與硏究」, 『해동성국 - 발해 특별전기념 국제학술대회 발해고고학의 최신성과』, 서울대학교 박물관.
8 魏存成, 1982, 「渤海城址的發現與舊分期」, 『東北考古與歷史』82-1 ; 최무장 편역, 1988, 「발해성지의 발견과 시기구분」, 『발해의 기원과 문화』, 예문출판사.

曉東과의 합작 논고를 발표하여 상경성이 종래의 견해와 달리 궁성을 황성이, 황성을 외성이 감싸는 三重城으로 구획되었다고 주장하였다.[9] 1990년대에는 「渤海國上京龍泉府遺址保護區規劃」에 따라 흑룡강성문물고고연구소, 길림대학고고계, 목단강시문물관리참이 연합하여 상경성의 여러 구역에 대한 중점 발굴을 진행하였다. 주요한 것은 1997년 동경성 - 沙蘭공로의 이전 신도로 구역조사, 시추, 1998 · 1999년 외성 정북문지 발굴, 1999년 제2궁전 발굴 등이 있다. 특히 이 시기에 외곽성 성문지 한 곳을 새로이 인정하고, 11호문으로 명칭하였다. 문지의 위치는 외성 북벽의 동단, 서쪽으로 어화원 동벽과 70여 m이고, 발굴 조사를 통해 이 문이 빠르고 늦은 두 시기 건축이 중복되어 있었다는 것을 알게 되었다. 이로 인하여 외성 정북문지의 정리, 상경성 用門制度와 건축형식이 더욱 명확해지는 계기가 되었다.[10] 이후에도 상경성의 발굴은 2000년 제3궁전의 발굴에 이어 2001년 제4궁전의 발굴, 2002년 제5 궁전과 제4 궁전, 제5 궁전의 隔墻, 문지의 발굴이 이어졌다.

이 밖에 길림성문물고고연구소는 연변자치주 문물처, 연변자치주 박물관, 화룡시박물관, 汪淸縣文管所와 함께 2000년, 2001년에 서고성에 대한 2년간의 고고발굴을 진행해 4,400m²의 면적을 발굴하였다. 2000년 9월 ~10월 서고성 외성 남쪽 성문지와 그와 상접한 성벽 600m² 가량을 발굴하였고, 2001년 5월~11월에는 서고성 내성 남부의 정중에 위치한 1호 궁전 지구 3,800m²를 발굴하였다.[11] 이후 추가적인 조사가 이루어지고 이를 정리하여 2007년 종합보고서가 발간되었다.[12]

---

9 劉曉東 · 魏存成, 1987,「渤海上京城舊營築時序與形制淵源研究」,『中國考古學會第六次年會文集』; 劉曉東 · 魏存成, 1997,『高句麗渤海研究集成』5(渤海二), 哈爾濱出版社.
10 陶剛 · 姜玉珂, 2003, 앞의 글.
11 國家文物局 主編, 2002,「吉林和龍西古城城址」,『2001中國重要考古發現』, 文物出版社.
12 吉林省 文物考古研究所 외, 2007,『西古城』- 渤海國中京考古發掘報告 -.

이들 도성에 대한 조사와 연구는 발해의 역사를 이해하는데 그 전제가 되는 것으로 이전의 연구에서 빠지지 않고 언급되었다. 그럼에도 불구하고 아직까지 명확한 실체가 밝혀졌다고 말하기에는 부족함이 너무 많다. 이는 기본적으로 발해 도성에 대한 인식의 방향에 있어서 각 연구자, 더 정확히 말하자면 각 국가별로 많은 차이가 나기 때문이다.

지금부터는 이러한 기존의 연구성과를 바탕으로 발해의 도성지를 분석하고자 한다. 이를 통해 당시 발해의 도성이 가지고 있는 성격과 그 의미가 무엇이었는지에 대한 논의를 부각시키고자 한다.

2. 渤海 宮城遺蹟에 대한 分析

1) 舊國時期의 宮城

(1) 敖東城址

오동성은 지금의 돈화시 동남쪽 돈화분지 중앙의 평지에 자리잡고 있다. 현재 오동성은 장기간에 걸쳐 방치되고 또 인위적 개발이 많이 진행되어 외성 서쪽 성벽 북단을 제외하면 과거의 모습을 완전히 잃었다고 할 수 있다. 과거 외성의 북쪽 성벽이 있던 자리는 주택이 들어섰으며, 남쪽 성벽은 도로로 변한지 오래이다. 동쪽 담과 내성 유적은 현재 흔적도 없는 상태이다. 이러한 오동성은 다행히 1960년대에 單慶麟에 의해 일부 정리된 것을 통해 어느 정도 윤곽을 잡을 수 있다.[13]

오동성의 외성은 동서 길이 400m, 남북 너비 200m이고,[14] 내성은 방

---

13 單慶麟, 1960, 앞의 글 ; 單慶麟 外, 1997, 앞의 책, 566쪽.

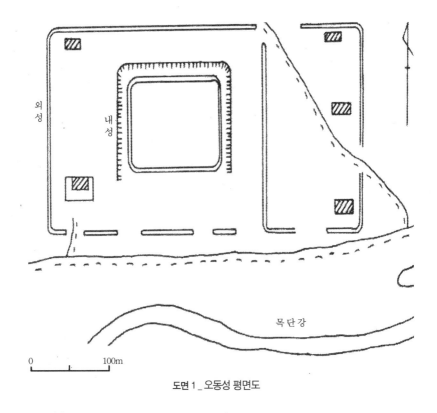

외성

내성

목단강

0   100m

도면 1 _ 오동성 평면도

형인데 한 변의 길이는 80m이다.[15] 1960년대 초의 오동성은 내성 평면이
정방형이고 성벽은 비록 경작으로 파괴되었지만, 일반 평지보다 높고 각
벽에는 모두 한 개의 水溝, 즉 護城河가 있었다. 내외성 모두 護城壕가 있
고, 성문 밖에 甕城을 쌓고 성벽 위에 馬面을 쌓았다. 성 4각에 角樓 등이
있었다.

　　외성 안에 있는 내성은 한 변의 길이가 80m로 총 둘레가 320m인 정

14 주영헌, 1971, 『발해문화』, 사회과학출판사, 14쪽.
15 주영헌, 1971, 앞의 책, 14쪽과는 달리 單慶麟은 내성의 크기를 각각 89m로 추정하였다.

방형의 토성이다. 성벽 밑 부분은 외성에 비해 좁아서 너비가 8~9m 정도이다. 내성은 외성 중심부에서 서쪽에 치우친 곳에 있고, 내성의 서쪽 성벽과 외성의 서쪽 성벽 사이의 거리는 90m에 이른다. 내성이 위치한 곳의 지세는 성 밖의 지세보다 약간 높다고 한다.[16] 성벽은 이미 거의 파괴되어 평지보다 약간 높게 드러나 있는 곳이 조금 있을 뿐이라고 한다. 내성 성벽 둘레에도 해자를 팠는데, 너비가 약 9m이다.

그런데 單慶麟은 이 오동성에 대하여 의문점도 같이 제기하였다. 즉 내성, 외성으로 이루어진 중성 제도는 본래 五代에 濫觴하고 북송에서 완성한 것인데, 오대 이전에 이런 종류의 평면形制는 없었다는 것이다. 따라서 이것은 오동성 건축이 당조 이후에 해당된다는 이야기일 뿐 아니라, 그것이 발해 舊京의 소재지라는 것을 부정하는 근거가 될 것이라고 하였다. 이는 비록 건축에 이용한 큰 기와와 瓦當은 고구려와 비슷한 것이 많고 唐에서 배운 것이 적지만 甕門은 당나라 城에서 배운 것이라고 보아 오동성의 시대적 성격을 해명하려고 하였던 것이다.[17]

이 문제에 대해 李强도 오동성의 形制는 요 상경의 황성 부분, 북송 동경의 형제와 매우 근접하다는 점을 들어 구국 도성설에 적극적으로 반대하였다. 더불어 성내에서 채집한 문물상으로나 성벽의 판축상황으로 보아, 모두 이 성이 발해 조기에 만들어진 것을 증명하지 못하므로 이는 발해 조기에 만들어진 것도 아니며, 당연히 발해의 옛 도읍이 아니라고 하였다.[18] 그럼에도 불구하고 상경성의 구조에 대한 논의가 오동성의 '回'자 구조에서 출발하는 것에서도 알 수 있듯이, 오동성이 여전히 발해 초기

---

16 연변박물관 편, 1989, 『연변문화유물략편』, 연변인문출판사, 89쪽.

17 單慶麟, 1960, 앞의 글 ; 單慶麟 外, 1997, 앞의 책, 565~566쪽.

18 李强, 「渤海舊都卽敖東城置疑 -兼對敖東城周長의 考訂-」, 『東北亞歷史与文化』, 遼沈書社 ; 李强 外, 1997, 『高句麗 渤海硏究集成』5(渤海二), 哈爾濱出版社, 344~345쪽.

도성으로 주목을 받고 있다.[19] 오동성의 내성과 외성에 호가 있고, 성문에 옹문이 있으며 출토 유물에 고구려적 요소가 많다는 것은 이 성이 발해 초기의 도성임을 뒷받침한다는 것이다.

그러나 대조영의 발해건국시기와 관련된 구국의 도성으로 보아오던 기존의 견해는 최근 발간된 발굴조사간보에서 전혀 다른 견해가 제시되면서 재론이 필요하게 되었다. 즉 지난 2002년과 2003년 吉林 敦化에 있는 敖東城 유지에 대한 발굴 조사를 진행한 결과 발해시대가 아니라 금나라 때 축성된 것으로 추정된다는 것이다.[20]

오동성은 이미 장기간에 걸친 자연적 파손 및 인위적인 파괴로 인해 원래의 모습은 상당부분 사라지고, 현재는 외성 서쪽 성벽 북단 정도만 그 모습을 확인할 수 있는 상황이다. 이러한 오동성 유지의 연대와 성격을 규명하기 위해 2002년 8~10월에 내성 북쪽 성벽터 일부를, 2003년 8월에 외성 서쪽 성벽터 일부를 발굴하였고, 그 결과 층위학적으로 오동성의 건축 연대문제를 해결했다는 것이다. 여기에 따르면 1930년대 일본인 고고학자들의 발굴작업과 1960년대 북·중 공동 발굴작업 등을 통해 오동성이 발해시대 도성(都城)으로 인정되었으나, 재조사 결과 발해시대의 것이 아니라는 것이다. 즉 2002~2003년 발굴조사를 통해 지하퇴적층에서 출토된 유물과 유적형태 등을 비교한 결과 오동성 유지의 2002년 발굴구역 遺存 年代는 금나라(1115~1234년) 말기인 것으로 추정되며 2003년에 해부한 성벽도 금나라 시기의 지층에 건축되었음을 확인하였다는 것이다.

이에 따라 앞으로 구국의 도성에 대한 논의는 이전에 하나의 대안으로 논의되던 영승유지를 중심으로 진행될 것으로 생각된다.

---

19 임상선, 2005, 앞의 글, 199~200쪽.
20 吉林大學 邊疆考古研究中心·吉林省 文物考古研究所, 2006,「吉林 敦化市 敖東城遺址 發掘簡報」,『考古』2006-9.

(2) **永勝遺址**

이전부터 오동성이 그 규모와 성내 유물 상황, 주변 유지 관계, 기타 지리환경 등으로 보아 구국 도성으로서 의문시되면서 새로운 후보로 떠오른 것이 영승유지였다.[21]

1974년 5월 하향공작과정에서 발견된 영승유지는 돈화시 江東鄕 永勝村 북쪽 1km의 밭에 위치하며, 유지는 평탄하고 개활한 목단강 충적평원상에 있다. 유지 범위는 동서 1천m 내외, 남북 2500m이고, 오랜 경작으로 인해 유적은 이미 많은 파괴가 이루어진 것으로 보인다. 지표상에서 다량의 瓦片, 殘磚, 건축 재료, 陶片 등이 확인되며, 이전의 조사에서 당의 '開元通寶'와 宋錢도 채집되었다고 한다. 유구로는 크고 작은 다섯 개의 건축물의 기단터가 남아있으며, 유적의 가운데 있는 건물기단터는 동서 길이 30m, 남북 너비 20m 내외로 규모가 가장 크다. 여기서 동쪽으로 300m 지점에 남북으로 각각 놓인 비교적 작은 磚瓦로 만든 건축지 2개가 있다. 또 중심건물지의 서북 250m와 正西 200m에도 각각 건축지가 한 개씩이 있다. 영승유지는 정서 5km에 성산자산성(동모산)이 강을 사이에 두고 있고, 북으로 조금 동쪽으로 치우쳐 3km 떨어진 곳에 육정산고분군이 있으며, 서북쪽 2.7km지점에 발해 古廟址가 있는 등 주변 유적의 분포상황으로 볼 때 이 지역의 중심이 되는 곳으로 이해된다.[22] 그럼에도 불구하고 지금까지의 조사에 의하면 성벽 유적이 발견되지 않았다. 성벽은 도성으로 인식되는 데 있어서 중요한 유적이므로 성벽 유적이 발견되지 않은 것은 영승유지의 약점이라고 할 수 있다.[23]

---

21 임상선, 2005, 앞의 글, 200쪽.

22 劉忠義, 1997, 「渤海舊國都城位置新探」, 『高句麗 渤海硏究集成』5(渤海二), 哈爾濱出版社, 349쪽.

2) 中京顯德府와 西古城址

서고성은 일반적으로 발해가 구국(돈화)에서 도읍을 옮긴 후 3대 문왕 大欽茂가 상경용천부로 도성을 옮기기 전까지 발해의 수도였던 곳으로 이해된다. 즉 구국의 도성에서 천도한 742년부터 755년까지 13년간이라는 짧은 기간 동안이기는 하지만 발해의 수도였다는 것이다.

그런데 이 서고성이 초기 수도가 아니라는 견해가 제기된 바 있어 검토해 볼 필요가 있다. 이 견해에서는 초기의 도성을 서고성에서 직선거리로 남쪽 약 4.5km의 海蘭河 河邊에 있는 河南屯古城으로 보았다.[24] 이곳의 성벽은 거의 파괴되었지만, 주위 길이 2.5km 정도의 장방형을 띤 外城과 그 속에 주위 길이 500m의 방형 內城이 回자형으로 배치되어 있었다고 한다. 秋山進午는 이 하남둔고성이 賈耽의 『道里記』에 보이는 天寶 년간의 王都라고 하였다. 天寶 末年에 도읍이 상경용천부로 옮겨간 후에 협소한 땅이었던 하남둔고성이 폐기되고, 새로이 海蘭江가에 조영한 것이 바로 중경현덕부에 해당되는 서고성이라는 것이다.

이 견해는 이후 瓦當의 文樣을 편년하여 와당의 시대적 변천을 살펴보았던 田村晃一에 의해 다시 제기되었다.[25] 그는 西古城과 八連城에서 지금까지 출토된 蓮花文 瓦當은 上京城 창건시에 만들어진 것보다 1형식 내지 2형식이 늦다는 점에 주목하였다. 이렇게 볼 경우 서고성은 상경성 창건 이후에 만들어진 것이 되는 것이다. 반면 서고성에서 조금 떨어진 海蘭河 河邊의 河南屯古城에서는 고구려적인 문양이라고 생각되는 變形 忍

---

23 張博泉・魏存成 主編, 1998, 「제7장 渤海考古」, 『東北古代民族・考古与疆域』, 吉林大學出版社, 398쪽.
24 秋山進午, 1986, 「渤海"塔基"壁畵墓의 發見と硏究」, 『大境』10.
25 田村晃一, 2001, 「渤海의 瓦當文樣에 關하는 若干의 考察」, 『靑山史學』19 ; 田村晃一, 2002, 「渤海瓦當論再考」, 『早稻田大學大學院文學硏究科紀要』47.

冬文 와당이 출토된 바 있다고 한다. 더불어 하남둔 고성의 內城에서는 발해시대의 夫婦 합장묘가 발견되고 있는 것을 비롯해 佛像이 출토되는 등 王都로서의 역할이 일찍 폐기되고, 이후 서고성에 수반하는 陵園이 되었다는 견해도 제기되었다.[26]

이러한 정황을 바탕으로 이들은 상경 천도 이전의 도성은 하남둔고성, 이후 京制가 실시되면서 설치된 中京顯德府는 서고성에 소재하였을 가능성을 제기하였던 것이다.[27] 이러한 논의는 기본적으로 정황근거에 바탕으로 두었기 때문에 정설로 채택되기에는 아직 어려움이 있다. 현재까지 하남둔고성은 발굴된 적이 없으며, 서고성의 경우도 2000~2년, 2004~5년에 걸친 5년간의 발굴조사와 출토유물의 정리를 통해 2007년 종합보고서가 발간되어 시기를 한정하지는 않고 단지 中京이었음을 밝히고 있을 뿐이다.[28] 다만 명확한 것은 5京制가 확립될 당시 서고성이 중경현덕부의 치소로서 조영되었을 가능성이 높다는 점이다.

현재까지 서고성 주변에서는 河南屯古城, 竈頭城, 北大墓地, 河南屯墓葬, 龍頭山墓群, 龍海墓群, 古建築址 등 다수의 발해시기 유적이 존재하고 있음이 확인되었다.[29]

서고성은 현재 吉林省 和龍縣의 비옥한 頭道平野의 서북쪽 약 10km에 위치한 西古鄕 北古城村에 남아있다. 성의 남쪽으로 3km 떨어진 곳에 두만강의 지류인 해란강이 서북쪽에서 동남방향으로 흐르고, 성은 해란강의 좌우에 펼쳐진 평강평야의 서북쪽에 있다. 古城村 頭道平野 동남쪽에는 요·금대의 고성지인 東古城이 있는데, 서고성의 명칭은 여기에서 비

---

26 酒寄雅志, 1998,「渤海の王都と領域支配」,『古代文化』50-9 ; 酒寄雅志, 2001,『渤海と古代の日本』, 校倉書房, 141쪽.

27 田村晃一, 2001, 앞의 글, 10~13쪽.

28 吉林省 文物考古硏究所 외, 2007, 앞의 책.

29 鄭永振, 1983,「和龍縣龍海古迹調査」,『黑龍江文物叢刊』1983-2.

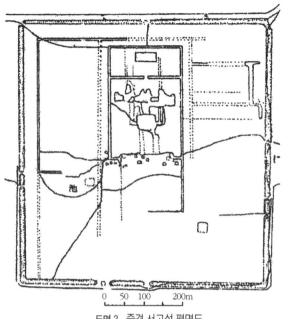

0 50 100   200m

도면 2 _ 중경 서고성 평면도

롯된 것으로 보인다.

　서고성의 구조에 대해서는 이중성과 삼중성의 두 가지 견해가 있는
데, 일반적으로는 이중성으로 이해되고 있다.[30]

　외성은 장방형으로 생겼는데 그 방향은 동쪽으로 10° 치우친 남향이
다. 성벽의 네 모서리는 모두 둔각을 이루면서 성벽의 두께가 다른 곳보다
두 배 이상 넓게 조성되었는데, 방어에 유리하게 하기 위한 것으로 이해하
는 견해가 있다.[31] 성벽 밖으로는 해자가 조성되었는데 그 흔적이 지금도
남아 있다. 남쪽 성벽과 북쪽 성벽 중앙에 너비 각 15m 정도의 문지가 남

30　이병건, 2003, 「발해 건축유적 현황 및 발해건축 연구동향」, 이병건 편역, 『발해건축의 이
　　해』, 백산자료원, 22쪽.
31　주영헌, 1971, 앞의 책, 16~17쪽.

아 있는데, 남북 중심축상에 있는 것으로 보아 남문과 북문자리로 이해된다. 이 축선을 기준으로 성내에는 3개의 궁전건물이 조성되어 있다.

외성의 총 둘레는 연구자들마다 차이가 있지만 약 2,714 m이고, 동, 서벽의 길이 각각 729m, 남북벽의 길이 각각 약 628m이다. 현재 남아 있는 성벽의 높이는 1.8~2.5m이고 부분적으로 4~5m에 달하는 곳도 있지만, 성벽이 심하게 파괴되어 동서 두벽과 남쪽 성벽 일부는 길로 변하였다고 한다. 내성은 외성의 중앙 북벽에 있으며 그 총 둘레는 약 1,000m로서 동서의 길이 약 190m, 남북의 길이 약 310m이다. 삼중성을 주장하는 경우에는 내성과 외성 사이에 또 하나의 벽이 있어 중성이 내성의 북쪽에 있는 것으로 본다.[32] 즉 중성의 북벽은 내성 북벽에서 북으로 34m, 외성 북벽에서 남으로 47m 되는 곳에 있다는 것이다. 이와는 별도로 연구자 중 일부는 앞에서 언급한 부분은 사실상 내성이고, 그 외곽에 별도로 외성이 있다고 하지만, 현재 그 흔적은 분명치 않다.[33]

한편 2000년과 2001년에 이루어진 발굴조사에서[34] 외성 남쪽의 성문이 서고성의 외부로 나가는 주요 통로가 아니라는 것이 확인되었다고 한다.[35] 이에 따르면 성문과 성벽이 門墩을 감싸며 연결되어 있고, 문돈 벽체 표층은 백회가 발라져 있었다고 한다. 성벽은 토축을 하였는데, 성벽 가로 단면의 판축 특징을 통해 볼 때 가로로 향한 성벽은 좌우 두 번에 걸쳐 판축이 이루어졌고, 벽체 바깥은 쐐기형 판축을 이용하여 벽체를 견고히 하여 무너지는 것을 막았다고 한다. 이와 같은 성벽 축조방식은 비교적 독특한 것이다. 내성 남부의 정중앙에 위치한 1호 궁전지구의 발굴을 통해서 1

---

32 주영헌, 1971, 위의 책, 16~17쪽.
33 주영헌, 1971, 위의 책, 16~17쪽.
34 國家文物局 主編, 2002, 앞의 글.
35 임상선, 2005, 앞의 글, 201~202쪽.

호 궁전지는 가로로 긴 장방형으로 동서길이 41m, 남북 폭 22.5m의 판축과 강자갈을 서로 중첩하여 조성한 기단 위에 만들어졌음이 확인되었다. 이 궁전에는 3문이 있는데, 기단 북쪽 중앙에 북쪽으로 한 개의 문이 있고, 기단 남쪽의 동서 양쪽 가까이에 각각 남쪽으로 향한 문이 있다고 한다. 이전에 이루어진 지표조사와 항공촬영에 근거하여 연구자들은 1호 궁전지 동·서 양측의 건축을 '廊廡' 성격의 부속건축이라고 이해하였으나 이번 발굴의 결과 기둥 사이에 벽체가 존재함이 확인되어, 곁채 '廂房'에 가까운 것으로 추정하게 되었다.

3) 東京龍原府와 八連城址

문왕은 755년 상경으로 천도하였는데, 아마도 당시 발해를 중심으로 대내외에서 벌어지던 정치적 문제가 관여된 듯 하지만, 여기서는 유적을 중심으로 발해사를 이해하고 있기 때문에 이 부분은 다루지 않기로 한다. 다만 상경성은 최종 천도가 마무리되는 단계에서 살펴보고 우선 貞元 연간 (785-805)에 東京으로 천도하였다는 부분부터 살펴보고자 한다.

문왕은 발해역사의 1/4이라 할 수 있는 57년 간 집권하면서 수도의 이전을 주도하였다. 780년대 후반으로 이해되는 문왕의 마지막 천도지는 대부분의 연구자들에 의해 琿春 八連城으로 이해되고 있다. 반면 북한의 연구자들은 동경의 소재지를 함경북도 청진시 부거리로 추정하고 있다.[36] 여기서는 일단 기왕의 견해에 따라 판련성을 785년에서 794년 사이의 도읍인 동경으로 이해하고서 논의를 진행하고자 한다.

팔련성과 관련하여 이곳에서 남쪽으로 7.5km 떨어진 두만강변의 溫

---

36 채태형, 1990, 「발해 동경룡원부-혼춘 팔련성설에 대한 재검토」, 『력사과학』 1990-3.

特赫部城에 주목한 견해도 있다.[37] 팔련성과 이 성과의 관계를 앞에서 살펴본 서고성과 하남둔고성과의 관계와 비슷한 것으로 이해하는 것이다.

비록 발굴조사를 통해 확인된 것은 아니지만 동서 468m, 남북 710m의 장방형 토성인 溫特赫部城에서는 고구려, 발해에서 요·금에 이르는 유물들이 출토되고 있다. 이를 근거로 온특혁부성을 고구려 성터를 이어받아 발해시대에도 사용된 것으로 이해하고[38] 八連城은 이에 비해 새롭게 조성되었던 것으로 추론하였다. 760년대 중반경에 5경제가 실시되면서[39] 종래의 온특혁부성에서 팔련성으로 옮겨갔고, 그 뒤에 이 성으로 도읍을 옮긴 것으로 보는 것이다. 이 때문에 대체로 상경성보다 늦은 시기에 만들어진 와당들이 팔련성에서 출토된다는 것이다. 이 부분은 앞으로 좀 더 고민해야할 부분이 있다.

현재 동경용원부로서의 팔련성은 琿春河와 두만강 사이의 삼각평원지대의 서북부인 길림성 훈춘시 국영우량종 농장 남부 경작지에 위치하고 있다.[40] 琿春市는 동쪽의 산맥을 경계로 러시아의 沿海州와 마주보고 있고, 서북은 老爺嶺山脈이 잇달아 있다. 이 지역에서 발해유적으로는 平原城이 4곳(八連城, 營城子城, 石頭河子城, 溫特赫城), 山城 2곳(城牆磖子城, 薩其城), 寺廟址 4곳(新生廟址, 良種農場廟址, 場木林子廟址, 馬滴達廟址), 塔址 1곳, 住居址가 1곳, 그리고 墓葬 1곳이 확인되었다.[41]

팔련성은 약 10° 정도 서쪽으로 기울어져 있는 남향의 방형 토성으로 외성과 여러 개의 내성으로 구성되어 있다. 외성의 전체 길이는 2,894m로

37 송기호, 2004, 「발해의 천도와 그 배경」, 『한국고대사연구』36.
38 송기호, 1989, 「발해 城址의 조사와 연구」, 『韓國史論』19, 443~444쪽.
39 송기호, 2002, 「발해 5京制의 연원과 역할」, 『강좌 한국고대사』제7권(촌락과 도시), 235쪽.
40 방학봉, 1992, 『발해유적과 그에 관한 연구』, 연변대학출판사, 52쪽.
41 王俠, 1982, 「琿春的渤海遺跡與日本道」, 『學習與探索』1982-4 ; 李健才, 1985, 「琿春渤海古城考」, 『學習與探索』1985-6 참조.

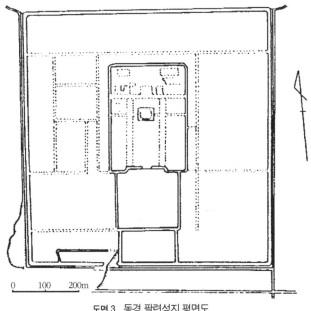

도면 3 _ 동경 팔련성지 평면도

북쪽 성벽의 길이는 712m, 남쪽 성벽의 길이는 701m, 동쪽 성벽의 길이는 746m, 서쪽 성벽의 길이는 735m이며, 네 성벽 중앙에는 문터로 추정되는 흔적이 각각 한 곳씩 확인된다고 한다. 성 밖의 외곽에는 해자가 돌려져 있기도 하다.

성 내부는 크게 남북을 기준으로 하여 북단부, 중앙부, 남단부의 3개의 구역으로 구분하여 중앙의 가운데에 궁전시설이 있었던 것으로 추정하기도 한다.[42] 이를 보다 작게 8개의 작은 구역으로 나누기도 하는데 정리하면 다음과 같다. 우선 북쪽벽에서 132m 되는 곳에 동서로 북쪽벽과 평행한 성벽이 있다. 성벽으로 둘러진 그 안은 하나의 커다란 구역을 이루는

---

42 이남석, 2005, 「유적으로 본 계승관계」, 『고구려와 발해의 계승관계』, 216쪽.

데, 이것을 성의 북쪽구역이라고 볼 수 있다. 북쪽구역의 남쪽벽 중심부에 잇닿아서 3개의 작은 구역이 남북방향으로 연이어 있는데, 이것이 제1, 제 2, 제3의 작은 구역이 되는 것이다. 이 구역들은 모두 사각형인데, 제1구역 이 가장 크고, 그 남쪽에 접해 있는 제2구역은 그보다 작으며, 다시 그 남 쪽에 접해 있는 3구역이 가장 작다. 남쪽벽에는 문터가 있어 서로 통할 수 있는데, 이 3개의 구역이 성의 중심구역을 이룬다. 중심구역의 좌우에는 성벽을 쌓은 동쪽구역과 서쪽구역이 있는데, 이들 구역은 다시 2개의 작 은 구역으로 이루어지며, 다시 여러 개의 구역으로 나뉜다. 결국 팔련성은 북쪽구역, 중심구역(작은 구역 3개), 동쪽구역(작은 구역 2개), 서쪽구역 (작은 구역 2개)으로 이루어졌으며, 이렇게 8개의 작은 성이 연이어 있기 때문에 팔련성이라고 부르게 되었다고 한다.[43]

물론 이들 각 구역은 시설물들이 설치되어 있었던 것으로 파악된다. 외성 중심부의 북쪽 장방형의 내성은 둘레 길이 1,072m로 동·서벽의 길 이가 318m, 남북 성벽의 길이는 218m이며, 남쪽 성벽 중간 약 80m 되는 곳은 안쪽으로 5m 가량 들어갔고, 그 가운데 대문자리가 있는데 너비는 25m 정도라고 한다. 내성 궁전구역의 내부에서 동서 길이 45m, 남북 너비 30m, 높이 2m 정도의 건물기단시설이 확인되고 있는데, 기단부는 자갈과 황토를 섞어 다졌다. 다만 그 위에 있던 초석은 원위치에서 이동된 것으로 보인다고 한다.

앞에서 살펴본 바와 같이 서고성과 팔련성이 비슷한 시기에 만들어 졌다는 견해를 바탕으로 할 때 현재 명확한 遺構는 확인할 수 없지만, 현 재의 外城이라 하는 것이 실상은 內城이고, 그 바깥에 다시 외성이 존재했 을 것이라는 주장은[44] 앞으로 지속적으로 고려해야 할 것으로 생각된다.

---

43 주영헌, 1971, 앞의 책, 16쪽.

이 지역 사람들에 의하면 이전에는 팔련성 밖으로도 성곽의 흔적이 있었다고 한다. 즉 성의 남쪽벽 밖에 동서로 긴 또 하나의 외성벽이 있었다는 것인데, 지금은 모두 남아있지 않다.[45]

4) 上京龍泉府와 上京城址

문왕의 사망 이후 성왕이 즉위한 직후인 793년 무렵 재천도된 上京은 이후 발해의 멸망 때까지 수도로 사용되었다. 상경성은 발해의 도성으로 가장 오랫동안 사용되었는데, 그 기간은 발해 역사의 2/3인 160~170년에 이른다. 이 성이 처음 도성으로 사용된 것은 제3대 문왕대로 중경현덕부에서 이곳으로 수도를 옮겨 30여 년 동안 머무르다 동경용원부로 천도하였다. 천도의 시점이 '天寶 末'임을 감안하여, 이 성의 축조연대를 이보다 10~20년 빠른 것으로 추정하기도 한다.[46] 이후에도 이곳은 발해 멸망 후의 괴뢰정권이었던 東丹國(926-982?)이 927년 遼陽으로 옮겨가기 전까지의 서울이었는가 하면, 발해국 부흥왕조였던 이른바 後渤海(927-1003?)의 중심지였다는 주장도 있다.

오늘날 흑룡강성 영안시 발해진(東京城鎭)에 위치한 상경성은 동남쪽에 해발 600~1,000m의 老爺嶺과 서남쪽에 張廣才嶺의 천연요새로 둘러싸여 있는 분지이며, 牧丹江이 노야령과 장광재령 사이를 흘러 상경용천부 동북 및 남쪽벽 약 1~3km 밖에서 돌아 흐른다.

이곳이 상경용천부였다는 사실이 밝혀진 것은 白鳥庫吉, 鳥山喜一,

---

44 齊藤兵甚衛, 1942, 「滿洲國間島省琿春半拉城に就いて」, 『考古學雜誌』32-5, 234~235쪽 ; 齊藤兵甚衛, 1943, 「琿春」, 『琿春・敦化』, 滿洲事情案內所, 15~18쪽 ; 駒井和愛, 1977, 「渤海の舊國・顯州・中京顯德府について」, 『中國都城・渤海硏究』, 雄山閣, 180쪽 참조.

45 주영헌, 1971, 앞의 책, 15~17쪽.

46 이남석, 2005, 앞의 글, 208쪽.

鳥居龍藏 등의 답사보고에 이어, 東亞考古學會가 중심이 되어 1933년과 1934년에 본격적인 발굴을 하고부터였다. 이후 鳥山喜一가 1940년과 1942년에 다시 이곳의 절터를 조사하여 그 전모가 더욱 확실하게 드러났다. 이후 중국에 의해 이곳은 1961년 제1차 全國重點文物保護單位로 선정되었고, 발해진에 이곳의 전문관리기구인 영안현문물관리소가 설치되었다. 1963년부터 1964년까지는 朝中共同考古學發掘隊가 결성되어 북한학자들이 상경성의 발굴 작업에 참여하기도 하였다. 이어 1979년에는 寧安縣文物管理所가 중심이 되어 또 다른 문터 등을, 그리고 1981년 이후에는 黑龍江省文物考古工作隊가 중심이 되어 회랑 등을 발굴하였고 최근에도 지속적으로 조사가 이루어지고 있다. 그 중에서도 대대적인 발굴이 이루어진 동아고고학회의 조사와 조중공동고고학발굴대에 의한 공동조사를 통해 현재 어느 정도 궁성의 구조를 파악할 수 있다.[47]

상경성은 크게 외성과 내성으로 나누어 있으며, 내성은 궁성(宮城, 북쪽)과 황성(皇城, 남쪽)으로 이루어져 있다. 세 구역으로 나뉘는 황성은 궁성 남쪽에 도로 하나를 사이에 두고 있으며, 도로의 폭은 92m이다. 황성은 여러 관부들이 위치하던 곳으로 이들은 모두 관청터로 추정되고, 궁성은 궁전공간이다. 크게 보면 내외성의 二重城이지만, 이렇게 외성, 황성, 궁성으로 나누어 三重城으로 이해할 수도 있다.

외성의 평면은 기본상 장방형이며, 남아있는 성벽의 높이는 대부분 약 2~3m인데, 남벽의 경우는 파괴가 심하여 1m에 불과하다. 외성의 총 둘레는 16,296.5m로, 동벽은 3,358.5m, 남벽 4,586m, 서벽 3,406m, 북벽

---

47 東亞考古學會, 1939,『東京城 -渤海國上京龍泉府址의 發掘調查-』, 東亞考古學會 ; 朝中共同考古學發掘隊, 1966,『중국 동북 지방의 유적 발굴 보고 1963-1965』, 사회과학원출판사 ; 中國社會科學院考古研究所 編著, 1997,『六頂山與渤海鎭─唐代渤海國的貴族墓地與都城遺址─』(中國田野考古學報告集 考古學專刊 丁種 56號), 中國大百科全書出版社.

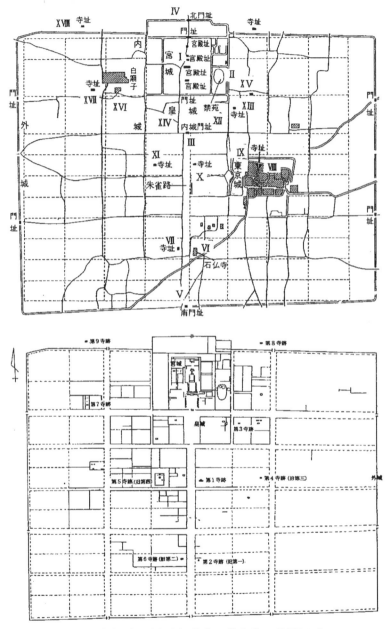

도면 4 _ 상경용천부 평면도(상 : 동아고고학회, 하 : 조중합동조사)

4,946m이다. 외성에는 10개의 문이 있는데, 동벽과 서벽에 각 2개, 남벽과 북벽에 각 3개씩 있다. 이 가운데 남쪽 성벽 중앙의 문과 북쪽벽 중앙의 문은 門道가 3개씩이고, 나머지 문들은 1개씩이다. 최근 11호 문지가 새로이 발견되었다.

궁성은 상경성 안 최북단 중앙에 위치하고 있는데, 이곳의 북쪽은 상경성의 북벽에 凸 모양으로 돌출되어 있어 특징적이다. 형태는 동서로 긴 장방형으로 크기와 형태가 불규칙한 돌로 성벽을 만들었으며, 동쪽 벽의 길이가 900m, 서쪽벽의 길이가 940m, 남쪽 벽의 길이가 1,050m, 북쪽벽의 길이가 900m로 전체둘레는 3,986m에 이른다. 이 궁성도 중심구역, 북쪽 구역, 동쪽구역 및 서쪽구역 등 4구역으로 나누어지는데, 궁성의 중심부는 역시 중심구역이다. 중심구역은 동서 성벽이 720m, 남북 성벽이 620m로 총 2,680m의 성벽으로 이루어져 있다.[48] 상경성의 주요 궁궐은 모두 내부에 조영되었는데, 이를 다시 중구를 중심으로 동구·중구·서구로 삼분하기도 한다. 이들 사이에는 너비 20~25m의 길이 나있으며, 1965년 당시 총 37개의 궁전터와 집터가 확인되었다.[49]

중심구역의 중구에는 7개의 궁전터가 있는데, 이 중 5개는 궁성 남문과 북문을 연결하는 일직선상에 놓여있을 뿐 아니라 외성 남·북 성벽을 연결하는 남북축상에 있다.[50] 상경성의 기본 간선도로는 皇城 남문으로 이르는 대도로이며, 남북길이가 무려 2,195m, 폭은 110m나 되어 당나라

---

48 魏存成은 상경성 궁성(620×720m)과 서고성(630×730m)을 장안성 궁전구(1285× 1492.1m)와 비교하면 길이와 폭의 비율이 7 : 6으로 대략 같은데, 이것은 절대로 우연이 아니고 축성할 때 장안성을 참조하였기 때문이며, 발해는 당의 지방정권에 속하기 때문에 상경성의 총면적은 대략 장안성의 1/5을 차지한다고 하였다(張博泉·魏存成 主編, 1998, 「제7장 渤海考古」, 앞의 책, 403쪽).

49 주영헌, 1971, 앞의 책, 23쪽.

50 이병건, 2003, 앞의 글, 32쪽.

장안성의 도로명을 따서 일반적으로 朱雀大路라 부르기도 한다. 궁성 안의 주요 건물은 이 도로를 따라 늘어서 있는 것으로 여겨진다.

발해의 도성은 이상에서 살펴본 바와 같이 상경성 이외에도 서고성과 팔련성이 이미 확인되었다. 따라서 서고성, 팔련성, 그리고 상경성을 같은 선상에 두고 논의를 진행하여야 할 것이다. 그러나 여기서는 한 국가의 왕경에 위치한 궁궐구조, 그 중에서도 정전을 중심으로 논의를 진행하고 있기 때문에 다음 장부터는 일단 상경성을 중심으로 궁궐구조에 대한 검토를 하고자 한다.

3. 唐 長安城 宮殿과의 比較에 있어서 認識의 問題

상경성에 대한 연구는 앞에서도 살펴보았듯이 일본학자들을 시작으로 하여 중국, 북한의 학자들에 의해 조사된 내용을 바탕으로 하기 때문에 건물구조에 대해서는 큰 차별성을 확인하기 어렵다. 그러나 그것을 해석하는 데 있어서는 서로 간에 시각차를 극복하기 어려울 정도이다. 이는 학자들 개개인이 가지고 있는 역사인식의 차이점도 있겠지만, 상경성을 분석하는 기준을 어디에 두느냐 하는 부분이 전제되어 있기 때문이다.

필자는 이를 당 장안성 중심의 인식과 고구려 안학궁 중심의 인식 사이의 차이라고 이해하고 이들 도성제에 대한 인식을 차례로 검토하도록 하겠다. 이를 바탕으로 발해 상경성 궁궐의 특징을 도출해 보고자 한다.

중국학자들을 비롯하여 건축학자 대부분은 상경성 궁궐건축의 경우 중요한 건물은 세로 중심축선상에 두었으며, 건축물의 크기도 뚜렷하게 차이가 있어 축을 강조한 것은 중국의 궁궐건축을 모방한 것이라고 보았다. 정전 앞에 넓은 조회공간을 둔 것도 중국의 일반적인 궁궐건축 배치법이라고 하였다.[51]

상경용천부는 755년부터 785년까지 30년 간, 794년부터 요나라의 침략으로 멸망할 때까지 132년 간, 도합 162년 동안 발해의 정치·경제·문화의 중심이 되었다. 상경용천부는 8~9세기에 당나라 수도 장안에 버금가는 큰 도시 가운데 하나였고 당시 동북아에서는 가장 큰 도시였다. 한편 당나라는 618년 고조 李淵에 의해 건국된 때부터 시작하여 哀帝 21년에 멸망할 때까지 290년 간 존속하였다. 당나라는 21대를 거치는 동안 수도를 정안에 정하고 전국을 통치하였다. 장안성은 수나라의 大興城을 이어받은 것인데, 개황 2년(582)에 시공을 시작하여 永徽 5년(654)에 외곽성이 완공될 때까지 50여 년이라는 긴 시간이 걸렸다. 장안성의 건축배치구조를 상경성의 조영시 많은 부분 참조하였음은 사실상 당연한 것이다.[52] 왜냐하면 이러한 양상은 중국에서 비교적 멀리 떨어져 있어 정치적 영향관계가 소원하였던 일본의 평성경에서도 쉽게 찾을 수 있기 때문이다.

그런데 장안성의 어떤 부분을 상경성에 활용하였는가에 대해서는 중국의 학자들 사이에서도 이견을 보이고 있다.

우선 李殿福의 경우 상경성의 궁궐을 당 장안성의 太極宮과 유사하다고 보았다.[53] 태극궁은 원래 隋代의 大興宮으로, 太極宮에는 16개의 대전과 많은 누각과 정자건축이 있었다. 正殿은 太極殿으로 承天門의 북쪽에 위치하며, 이는 일반적으로 중국의 전통적 궁궐제도인 三朝制에 있어서 '中朝'로 이해된다. 이곳은 당 초기 정치의 中樞 소재지로서 당 태종이 여기서 조정의 일을 처리하였다. 태극전의 북쪽에는 兩儀殿이 있는데, 이는 삼조제에 있어서 '內朝'로 이해된다. 단지 소수의 근신만이 이곳에서

51 孫進己·孫海, 1997, 「渤海的建築」, 『高句麗·渤海研究集成』6, 哈爾濱出版社, 77~78쪽.

52 方學鳳, 2000, 「발해의 상경성과 당나라의 장안성에 대한 비교 연구」, 『渤海史의 綜合的 考察』, 고려대 민족문화연구원, 243쪽.

53 李殿福, 1989, 「渤海上京永興殿考」, 『北方文物』1989-4 ; 『東北考古研究』2, 中州古籍出版社, 425쪽.

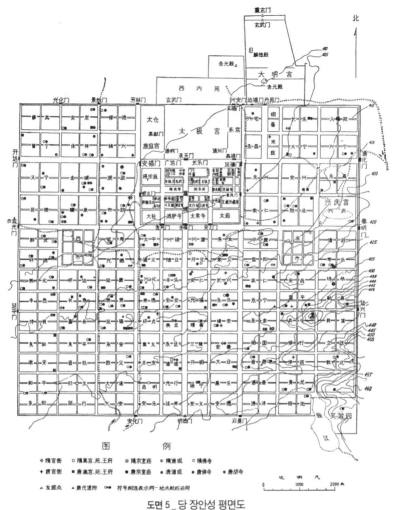

도면 5 _ 당 장안성 평면도

당의 황제와 국사를 상의하였다. 한편 궁궐의 중심남문인 承天門은 삼조
제의 '外朝'로서, 국가의 大典, 改元, 大赦, 元旦, 冬至大會 및 閱兵 등을
거행할 때마다 황제는 승천문에 올라 식을 거행하였다.

　　李殿福은 상경용천부 궁성의 제1호 전지를 장안성 태극궁 중의 태극

사진 1_ 발해 상경성 궁궐 제1궁전 전경

전에 상당하는 것으로 인식하였다. 궁중의 정전으로서, 발해왕의 '中朝' 소재지라는 것이다. 이렇게 볼 때 자연스럽게 상경궁의 제2호 전지는 태극궁의 兩儀殿에 상당하는 발해국왕의 '內朝' 소재지가 되며, 상경궁의 정문인 오봉루는 당 태극궁의 승천문에 해당하는 발해국왕의 '外朝'가 되는 것이다. 이러한 인식은 무리없이 수긍할 수도 있지만, 문제는 현재 이 태극궁지가 남아있지 않다는 점이다. 그로 인해 문헌에 전하는 자료와 고고학적 자료 간에 연결고리를 찾지 못하고 있고, 그에 따른 건축사적인 복원작업도 이루어지지 못하였다. 비교를 하고 싶어도 사실상 비교의 대상이 없었기 때문에 당의 도성제를 언급할 때면 항상 그 대안으로 제시되는 것이 大明宮이다. 상경성의 이해를 위해 대명궁의 含元殿을 언급하기 시작한 것 역시 오래되었다.

　魏存成은 상경 궁궐지에서 주 건물이 회랑으로 둘러싸인 것 외에도 제1·2·3·4 궁전터 사이와 제1궁전터에서 궁성 남쪽 성벽까지가 회랑으로 연결되었다는 점에서 논의를 시작하였다. 이 회랑은 왕래하는 통로로 쓸 수 있을 뿐만 아니라 공간을 구획하는 역할도 했다는 것이다. 상경성 제1궁전의 회랑은 대전 양측으로 대칭되게 뻗어나간 후, 다시 남쪽으로 굽어들어 궁전과 연결되어 궁궐 격식을 갖추고 있다. 그는 이러한 구획으로 궁전과 廊 사이를 폐쇄와 반폐쇄 구역으로 변화있게 나누어 이곳을 광장으로 꾸몄는데, 제1궁전터의 앞 광장이 가장 넓다는 점에 주목하였다.

그 이유로 첫째, 敦煌壁畵에 그려진 唐朝의 佛殿圖를 보면 대전 앞에서 歌舞를 할 수 있도록 광장을 넓게 하였는데, 상경성의 제1궁전에서도 대전 앞에 큰 광장 하나를 할애하여 朝會 등 성대한 활동을 진행하는 장소로 했다는 것이다. 둘째, 蕭默이 돈황벽화에 의거하여 당조건축을 연구한 데 의하면, 높고 큰 궁전 규모를 강조하기 위해서는 대전 앞에 비교적 긴 시각거리가 있어야 한다는 것이다. 일반적으로 말하는 이 시각거리가 나오려면 광장 길이가 궁전 높이의 2배 내지 3배 정도는 되어야 한다는 것이다.[54] 그런데 대명궁 안 함원전은 바로 이런 설계의도에 부합된다고 하면서 발해의 상경 제1궁전과의 유사점을 강조하였다.[55]

魏存成은 나아가 대명궁의 각 궁전들을 상경성 궁전과 1 : 1로 연결하는 시도를 하였다.[56] 그는 중궁 궁전지의 제1궁전 좌우의 曲尺形 回廊은 그 위치, 주향으로 볼 때 당 장안성 대명궁 함원전의 주전과 좌우 전방의 翔鸞閣과 棲鳳閣 사이의 廊道와 같다고 보았다. 다만 상경성의 경우 함원전 및 그 전 앞의 布局을 간략화하여 함원전의 左右廊과 東西朝堂을 하나

---

54 蕭默, 1983, 「唐代建築風貌」, 『全國敦煌學術討論會會議材料』, 中國敦煌吐魯版學會成立大會.

55 魏存成, 1984, 「渤海的建築」, 『黑龍江文物叢刊』1984-4 ; 이병건 편역, 2003, 앞의 책, 110~111쪽.

56 魏存成, 2004, 「渤海都城的布局發展及其與隋唐長安城的關係」, 『邊疆考古研究』2, 科學出版社.

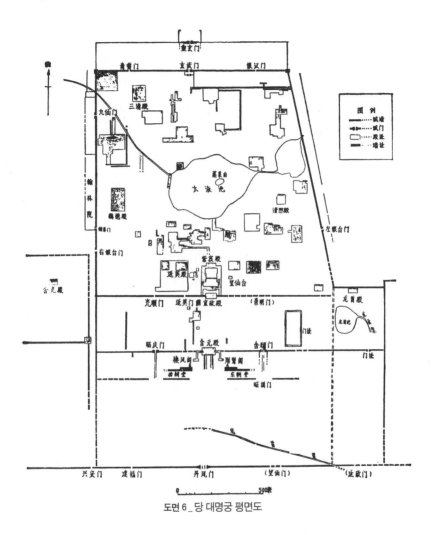

圖例
誠墻
誠門
殿址
墻址

도면 6 _ 당 대명궁 평면도

로 합하고, 翔鸞閣과 棲鳳閣 같은 건물은 생략하였다는 것이다. 나아가 제
2전은 그 위치와 규모로 볼 때 대명궁 宣政殿과 같다고 보았다. 제3전과 4
전 역시 당 대명궁의 紫宸殿으로 3전은 자신전의 前殿으로 4전은 後殿과
같은 것으로 보았다. 마지막으로 제5전지는 그것이 북문에 있다는 점에서
사료에 나오는 당 대명궁 玄武門 내에 있는 玄武殿과 같은 것으로 이해하

였다.

이렇게 볼 때 현재 상경성과 장안성의 관계를 중심으로 이해하는 중국의 연구에 있어서도 서로 간에 비교의 대상에 문제가 있음이 자연스럽게 드러나게 된다. 물론 이에 대한 대안 역시 논의된 바 있다.

朱國忱의 경우 궁전배치형태(布局)를 중심으로 이해하면서 발해의 상경성이 당 장안성에 있었던 태극궁과 차이가 있으며, 대명궁과도 일정한 차이점이 있음을 인정한다.[57] 그러면서 그는 이러한 문제를 태극궁에서 받은 영향과 대명궁에서 받은 영향을 나누어 이해하는 것으로 해결하고자 하였다. 그는 여러 가지 차이점에도 불구하고 상경궁성이 장안궁성의 중요한 영향을 받았음을 알 수 있다고 하였다. 기본적인 궁전배치형태는 태극궁의 것을 따르고 있으면서 일부 形制의 변형을 대명궁 함원전의 예를 통해 설명하고자 한 것이다. 특히 제1호 궁전의 경우는 함원전의 영향을 많이 받은 것으로 보았다.

한편 張鐵寧의 경우는 복원과정을 통해 이 문제를 해결하고자 하였다.[58] 그는 주로 일제시기에 작성된 『東京城』 보고서에 의거하여 복원을 시도하였는데, 여기에는 나름대로의 몇 가지 원칙을 세워놓았다. 우선 그는 1唐尺을 0.294m로 환산하고 송대의 자료인 『營造法式』에 나오는 최소단위인 材가 唐代에도 사용되었을 것으로 보면서 상경성 궁전건물이 單補間으로 되었을 것이라는 점을 전제로 하였다. 이를 바탕으로 상경성의 궁전건물이 위치하고 있는 중요성과 유적 실측도에 나타난 정면길이를 살펴 唐 佛光寺 大殿과 유사한 제2궁전의 用材等級이 상경성에서 제일 높다고 하였다. 다음 용재등급으로 같은 1等材인 제1궁전을 들었고, 제3궁전과 제4궁전을 2等材로, 제5궁전의 用材를 3等材로 이해하였다. 기둥배치형

---

57 朱國忱, 1996, 『渤海故都』, 黑龍江人民出版社.
58 張鐵寧, 1994, 「渤海上京龍泉府宮殿建築復原」, 『文物』1994-6.

식에 있어서도 『영조법식』에서 분류한 방법을 적용하여 제2궁전이 제1궁전보다 높은 등급의 형식을 사용하고 있다고 하였다. 지붕의 경우도 앞에서 이해한 기둥배치형식과 건물의 중요성, 그리고 규모 등을 통해 제2궁전을 상경성에서 가장 격식있는 중층의 우진각으로 복원하였다.(도면 8) 다음으로 제1궁전과 제3궁전은 단층의 우진각으로 복원하였다.

이와 더불어 궁전구역의 남북 성벽에 의해 이루어지는 동서남북 네각의 대각선 교차점이 제2궁전의 위치와 일치한다는 점을 들어 제1궁전보다 더 중요한 건물로 이해하였다. 그 규모에 있어서도 75.9m에 이르는 당장안성 대명궁의 함원전 상층기단과 유사한 점을 들어 含元殿을 참고하여 복원하였다.(도면 7) 궁전의 기단도 현재 남아 있는 높이가 2.9m이고, 제1궁전의 기단높이가 2.7m라는 점을 참고하여 이보다 높게 3.23m로 추정하였다.

이와 같은 과정을 통해 그는 제1궁전이 제2궁전보다 작았다는 것을 논증하였다. 그리고 그 원인을 당과의 관계에서 찾았는데, 당시 발해는 당으로부터 책봉을 받는 관계였기 때문에 당 대명궁이나 태극궁과는 달리 당 등의 외국사신을 접견하였던 제1궁전이 內朝大殿인 제2궁전에 비해 규모가 작을 수 밖에 없었다는 것이다.

그런데 張鐵寧이 제시한 복원에는 기본적인 문제가 있다. 1999년 새롭게 발굴된 성과를 바탕으로 제2궁전을 이해할 때 기존의 인식에서 몇가지 변화한 내용이 있기 때문이다.[59] 우선 기단의 정면 길이는 이전의 80m보다 더 늘어난 동서길이는 93.5m로 확인되었다. 이를 통해 볼 때는 역시 제2궁전이 상경성에서 가장 큰 궁궐이라고 할 수 있을 것이다. 그러나 기단의 측면은 남북 22.4m로서 이전에 이해하였던 남북 30m에 크게

---

59 黑龍江省文物考古硏究所 等, 2000, 「渤海國上京龍泉府宮城第二宮殿遺址發掘簡報」, 『文物』 2000-11.

사진 2 _ 발해 상경성 중궁 정전 전경

못 미친다. 이에 따라 복원된 측면 6칸도 무리이며, 측면 4칸 정도가 알맞은 것으로 보인다. 더 중요한 것은 기단의 높이를 최소한 3m 이상일 것으로 예측하고 있으나, 1999년도 성과를 바탕으로 한 연구에서는 2.16m로 수정하고 있다. 그렇다면 정면의 길이를 제외하고는 측면의 길이도, 기단의 높이도 결코 제1궁전보다 높은 등급이었다고 할 수는 없는 것이다. 오히려 높이 약 3m의 기단, 동서 56m, 남북 24.24m의 규모를 가지고 있는 제1궁전이 더 넓고 높은 것을 확인할 수 있는 것이다.[60] 그리고 이 제1궁전의 정면 광장은 남북 170m, 동서 150m에 이르는 거대한 규모로서 일본 평성궁의 제1차 태극전 전면보다 2배 이상의 차이가 있다.

　　어쨌든 앞에서 살펴본 이러한 인식은 현재의 연구수준으로는 당의 영

60　田村晃一, 2005, 「渤海上京龍泉府址の考古學的檢討」, 田村晃一 編, 『東アジアの都城と渤海』(東洋文庫論叢 第64), 東洋文庫.

도면 7 _ 당 대명궁 함원전 복원도

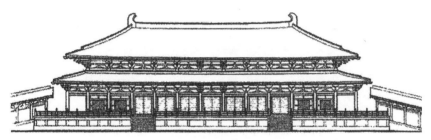

도면 8 _ 상경성 제2궁전 복원도

향을 받았다는 기본적인 내용을 공유하고 있지만, 정확하게 어느 부분이
라고 이야기하기는 어렵다는 것을 잘 보여준다. 그렇기 때문에 영향을 받
지 않은 독자적이거나 전혀 계보가 다른 궁전건축양식을 받아들였을 가능
성도 있다. 이때 주목할 수 있는 것이 바로 고구려의 궁궐인 安鶴宮이다.

4. 安鶴宮과의 比較를 통해 본 上京城 正殿의 意味

渤海 上京龍泉府의 궁궐구조와 관련하여 당의 도성과의 관련성만큼
이나 유사점에 있어서 많이 언급되는 것은 고구려의 도성인 안학궁이다.
1973년에 발간된 『대성산의 고구려유적』에서도 이미 "발해의 수도 상경
용천부의 황성유적은 안학궁터의 건축술을 그대로 계승하였으며 개성 만

월대의 고려왕궁터에도 안학궁의 건축술을 많이 본받은 것을 보게 된다"
고 하여 그 계승관계를 논한 바 있다.

안학궁의 궁전배치와 관련하여 본격적으로 8세기의 발해 상경성의
그것과 가까운 것으로 본 것은 千田剛道라고 할 수 있다.[61] 그는 고구려에
서 안학궁 이외에 궁전배치를 아는 예는 없으며, 백제 및 신라의 궁전도
실체가 분명하지 않지만, 8세기의 발해 도성인 상경용천부의 유적은 안학
궁의 궁전배치와 많은 점에서 비교할 수 있는 요소가 있다고 보았다. 상경
용천부의 궁성의 배치가 안학궁과 기본적인 구성이 비슷하다는 것이다.
요컨대 개개의 殿舍에 대해서도 翼廊狀建物을 공반하는 건물이 많다거나
건물들이 회랑에 의해 연결되는 많은 구획으로 구성되어 있다 등을 들어
안학궁과 상경용천부의 유적은 동일한 계보에 있는 궁전으로서 이해할 수
밖에 없는 것으로 보았다. 더불어 안학궁의 건물 가운데 최대규모이며 가
장 중심에 위치하고 있는 남궁 제1호 궁전의 동서 양측에 있는 土間(길이
24m)에 주목하였다. 이 토간에는 건물이 있던 흔적은 보이지 않는데,[62] 발
해 상경용천부의 궁성 부분의 중심적인 건물 양측에 있는 '土階'와[63] 유
사한 것으로 보았다.[64] 그런데 이러한 그의 논리의 바탕에는 안학궁의 건
립시기를 7세기로 보는 편년관을 바탕으로 양자가 연대적으로도 근접한
관계에 있다고 보려는 의도가 있다.

한편 이러한 문제와 관련하여 오히려 안학궁을 우리나라 궁전건축의
원형이라는 방향에서 이해하려는 견해가 나오기도 하였다. 전제헌은 "당
대 가장 높은 수준에 이르렀던 고구려의 건축술은 안학궁 건축에 대칭법

---

61 千田剛道, 1983, 「淸岩里廢寺と安鶴宮」, 『奈良國立文化財研究所創立30周年記念 文化財
    論叢』, 1033~1034쪽.
62 千田剛道, 1983, 앞의 글, 1030~1031쪽.
63 東亞考古學會, 1939, 앞의 책, 15쪽.
64 千田剛道, 1983, 앞의 글, 1038쪽.

사진 3 _ 상경성 궁궐 제1궁전 측면 상계

과 비대칭법을 쓰고 건물의 종심을 깊게 정하며 중심건물의 건축터를 높이고 기둥간격을 조절하여 궁전건물이 더 웅장하게 보이도록 하며, 건축평면형성에서 이등변삼각형과 동심원법을 적용하고 건축기초를 튼튼히 하며, 궁전건물마다 회랑으로 막고 건물 내부를 방과 마루로 구성하는 등 궁전건축의 모든 측면에서 높이 발휘되었다"[65]고 하면서, 이러한 우수한 건축술이 발해에 그대로 계승되었다고 보았다. 즉, 상경용천부의 궁전건축을 보면 중심축상의 궁전은 어느 것이나 다 집터를 높이 쌓았으며, 5개의 중심궁전이 모두 회랑으로 연결되어 있다고 하였다. 더불어 안학궁에서와 같이 2등변삼각형의 도형을 적용하여 궁전건물과 회랑건물을 배치하였으며, 제2궁전을 중심으로 동심원상에 배치하고 있는 것으로 보았던

65 전제헌, 1985, 「안학궁유적에 대한 연구」, 『고구려력사연구(안학궁유적과 일본에 있는 고구려관계 유적, 유물)』, 김일성종합대학출판사, 102쪽.

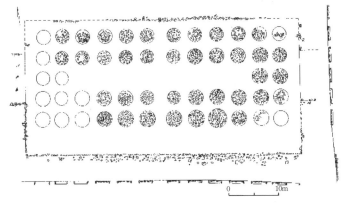

도면 10 _ 안학궁 남궁 제1호 궁전터 실측도

것이다.

　김봉건도 상경용천부의 궁성에서 5개의 궁전터가 중심축선상에 대칭
으로 배치되어 있는데 그 중 1·2·3 궁전터는 회랑으로 에워싼 형태로
회랑의 크기가 진입하면서 점점 줄어들고 있어 고구려 안학궁과 유사하다
고 보았다.[66] 나아가 이를 다른 나라의 궁궐 건축에서는 사례를 찾아 볼 수
없는 독특한 배치수법이며, 고구려의 유지를 이어받아 건립한 발해의 정
체성에서 기인한 것으로까지 보았다.

　그런데 상경용천부의 궁궐과 안학궁을 비교하는 논의의 공통점은 모
두 궁궐의 기본적인 배치구조를 남북을 축으로 하는 종방향으로 이해한다
는 것이다. 이러한 논리를 가지고 접근할 경우 결국 당 장안성의 태극궁이
나 대명궁과의 비교를 통해 발해 상경성을 이해하는 방식과 다를 바 없게
된다. 따라서 이 문제를 안학궁과 연결하여 이해하기 위해서는 보다 다른
방향에서의 접근이 필요하다.

66　김봉건, 2002, 「궁궐」, 『北韓文化財解說集』Ⅲ, 국립문화재연구소.

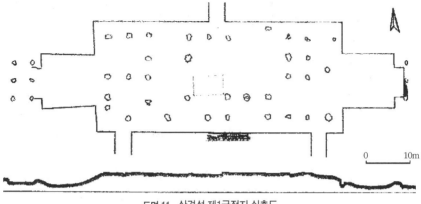

도면 11 _ 상경성 제1궁전지 실측도

앞서 살펴본 주장들에 의하면[67] 대명궁 함원전 앞의 광장과 용미도의 경우를 상경성 제1궁전이 받아들인 것이라고 하지만, 사실 이 부분은 고구려 안학궁 남궁 제1호 궁전의 모습과 더 유사하다. 다른 점이 있다면, 기단의 높이가 안학궁의 남궁 제1호 궁전보다 상대적으로 높다는 것 뿐이다. 따라서 이들의 논지대로라면 고구려의 안학궁이 대명궁의 함원전보다 이전에 나오기는 어렵게 된다는 것이다. 그러나 이를 그렇게 보기는 어렵다. 안학궁의 남궁에는 수당대 도성제에서는 이미 사라진 동서당제가 존재하고 있기 때문이다.[68]

안학궁 남궁 제1호 궁전과 상경성 제1호 궁전은 여러 가지 면에서 유사점을 가지고 있다.

우선 상경성 제1궁전과 안학궁 제1호 궁전은 각기 동서 56m, 남북 24.24m의 규모와 동서 57.1m, 남북 27.3m 규모의 장방형으로 그 평면에 있어서 유사함을 알 수 있다.[69] 건축의 외형을 좌우하는 초석자리의 수 역

---

67 魏存成, 1984, 앞의 글; 이병건 편역, 2003, 앞의 책, 110~111쪽.
68 본서 1장 참조.

시 정면 11칸×측면 4칸으로 동일하다. 궁궐배치구조에서 차지하고 있는 위치의 경우도 거의 동일하다. 이 두 건물은 모두 좌우로 익랑을 통해 동서 회랑과 연결되어 있다는 점에서도 동일하다. 다만 안학궁 남궁 제1호 궁전의 익랑과 상경성 제1호 궁전의 익랑은 기단의 고층화로 인하여 약간의 차별성이 있을 뿐이다. 즉, 안학궁과 상경성의 각각의 제1궁전에 있어서 근본적인 차이점이라고는 동서당의 유무와 기단의 고저에 지나지 않는다고 할 수 있다. 그리고 이는 고구려 안학궁과 상경성이 가지고 있는 시간적 차이와 그로 인해 생겨난 당시 발해 지배층의 권위건축에 대한 인식의 변화를 상징하는 것으로 생각된다. 더불어 필자는 이러한 구조를 가지고 있는 건물을 '太極殿形 正殿' 이라고 정의한 바 있다.[70]

이런 규모의 태극전형 정전이 발해의 상경성 제1궁전과 같은 규모라는 것이 무엇을 의미하는지는 분명하다. 이는 宋代에 발간된 건축총서인 『營造法式』에서 11칸과 9칸은 같은 一等材를 사용하는 것으로 나오고 있어 사실상 동일한 최고 등급의 殿堂으로 이해되고 있었음을 통해서도 방증할 수 있다.[71] 위진남북조 이래로 태극전은 중국 황제의 권위를 상징하는 건물로서 그 의미는 여타의 正殿과 같을 수 없었다. 조선시대 경복궁을 위시한 궁궐의 정전은 모두 제후의 예를 따라 정면 5칸의 구조를 가질 수밖에 없었던 것도 이러한 실정에 기인한 것이다. 따라서 발해 궁궐은 종속적인 지방정권이나 제후국으로서는 결코 가질 수 없는 특징이 있음을 알 수 있는 것이다. 바로 상경성 궁궐에 '太極殿 體系' 가 도입되었던 것이다. 이는 결국 발해와 당과는 별도의 독자적 세계관에 입각한 도성제를 운영하였음을 의미하는 것이기도 하다.

---

69 안학궁의 경우에는 정면에 약간 넓은 공간이 있어 이 부분에서 약간의 차이가 있다.
70 양정석, 2004, 『皇龍寺의 造營과 王權』, 서경, 136~138쪽.
71 陳明達, 1993, 『營造法式大木作制度硏究』, 文物出版社.

IV. 高麗 宮闕 正殿廊의
變形과 意味

1. 滿月臺 調査와 硏究의 現況과 正殿廊의 問題

최근 들어 高麗時代史 연구는 기존의 정치·경제 중심의 연구에서 한 걸음 나아가 그 시대 정치와 문화의 중심지라고 할 수 있는 都城에 대한 연구까지 확장되었다.[1] 고려 도성제에 대한 연구는 현재 다양한 방면에서 논의가 진행되고 있으며, 그 과정에서 고려 도성의 기본적인 배치구조에 대해서는 어느 정도 진척된 성과를 거두고 있다. 2007년부터는 남북 합의로 고려궁궐지인 만월대에 대한 남북 공동 발굴조사 작업을 진행하고 있으며, 시굴조사에 대한 학술조사 보고서가 발간되기에 이르렀다.[2] 그렇지만 고려의 왕(황제)이 거주하면서 정치를 주관하였던 궁궐, 즉 滿月臺에 대해서는 이러한 조사와 연구에도 불구하고 많은 의문점들이 여전히 풀리지 않고 있다.

關野貞의 『韓國建築調査報告』(1904) 이래로 많은 연구자들이 『高麗圖

---

1 朴龍雲, 1996, 『고려시대 開京 연구』, 一志社 ; 한국역사연구회, 2002, 『고려의 황도 개경』, 창작과 비평사 ; 김창현, 2002, 『고려 개경의 구조와 그 이념』, 신서원.
2 국립문화재연구소, 2008, 『開城 高麗宮城』—試掘調査報告書—

사진 1 _ 고려 만월대 회경전 앞의 계단

經』을 인용하여 만월대를 설명하였는데, 1920년대에 高裕燮은 주로 지상
에 노출된 건물 초석과 축대, 석조 계단유적을 통해서 부분적으로 확인된
건축물들을 『고려도경』의 기록과 연결하여 중심 건물을 會慶殿으로 보고
그 앞에 閶闔門과 神鳳門, 毬庭이 있으며 회경전 뒤로는 長和殿, 元德殿이
있었던 것으로 보았다.[3] 한편 『高麗史』에 나오는 사료를 바탕으로 고려 궁
궐에서 이루어졌던 행사를 구체적으로 정리하여 각 건물의 기능을 고찰한
연구가 前間恭作에 의해 이루어졌다.[4] 특히 이 연구에서는 궁궐의 정전으
로 알려진 회경전은 대규모 불교행사나 외국사신의 영접과 같은 한정된
목적으로만 사용되었고, 실제 왕이 하례를 받고 각종 궁중 행사를 치르는
常用 正殿은 乾德殿이었음을 밝혔다. 이를 통해 고려의 궁궐을 만월대로

<hr />

3 高裕燮, 1964(1999), 『韓國建築美術史草稿』, 고고미술동인회(대원사).
4 前間恭作, 1963, 「開京宮殿簿」, 『朝鮮學報』 26.

한국 고대 정전의 계보와 도성제

알려진 유구만으로 이해해서는 궁궐의 전모를 파악할 수 없다는 점을 알 수 있었다.

그러나 이후 고려 궁궐에 대한 연구는 유적 접근의 한계로 인해 한동안 진전되기 어려웠다. 이러한 상황에서 고려 궁궐에 대한 논의가 본격적으로 이루어질 수 있었던 것은 북한에서 1973년부터 1974년 사이에 이루어진 만월대에 대한 부분적인 발굴조사의 성과와 이를 바탕으로 한 궁궐 평면도가 알려지면서라고 할 수 있다.[5] 이를 통해 고려 궁궐 내 개별 건축물의 구조와 배치에 대한 일정 수준 이상의 가시적인 인식이 가능하게 되었다. 그럼에도 불구하고 당시의 조사 역시 궁궐 전역에 대하여 완전하게 이루어지지는 못하였기 때문에 이를 바탕으로 궁궐 전체에 대한 이해에까지는 미치지 못하였다. 이에 따라 고려 궁궐에 대해 전체적인 배치 구조를 어떻게 해석할 것인가 하는 부분에서 서로 다른 견해가 제기되고 있는 상황이다.[6] 최근 발굴조사에서 추정 景靈殿址와 그 주변 건물에 대한 배치 구조를 확인할 수 있었지만,[7] 궁궐 전체에 대한 명확한 이해를 위해서는 앞으로도 더 많은 조사가 필요한 것이다.

그럼에도 불구하고 기존의 연구를 통해 공통적으로 발견할 수 있는 점은 만월대의 궁궐배치에 있어서 安鶴宮과의 유사성에 대한 인식을 공유한다는 것이다. 이러한 인식은 안학궁에 대한 발굴조사 결과가 보고서를 통해 제출되면서부터 지속적으로 존재하였는데, 이후 고려 궁궐에 대한 연구는 대부분 이에 대해 기본적으로 인정하는 암묵적인 합의 하에 이루어졌다고 해도 과언은 아닐 것이다.

---

5 사회과학원 고고학연구소 편, 1977, 『조선고고학개요』, 과학,백과사전출판사 ; 정찬영, 1989, 「만월대유적에 대하여」(1), 『조선고고연구』1989-1.
6 김동욱, 1997, 「11,12세기 高麗 正宮의 건물구성과 배치」, 『建築歷史硏究』6-3 ; 김창현, 2002, 위의 책.
7 국립문화재연구소, 2008, 앞의 책

궁궐 내의 건축물들의 배치를 통해 볼 때 이러한 인식에 큰 문제가 있다고 생각하지는 않는다. 다만 이러한 논의가 정확한 검토를 바탕으로 하고 있는가 하는 부분은 짚고 넘어가야 할 것으로 보인다. 실제로 안학궁과 만월대의 궁전들이 어떤 부분이 유사한지, 만약 차이점이 있다면 어떤 부분인지에 대한 검토가 필요한 것이다.

특히 기존의 연구에서 고구려의 안학궁을 고려 궁궐 중에서 상대적으로 늦은 시기에 건설된 것으로 생각되는 회경전 구역과 그대로 비교하였다는 것은 한국 궁궐의 변천과정과 그 계보를 고려할 때 문제가 없는 것은 아니다. 이러한 문제는 고구려의 멸망 이후 고려가 성립할 때까지 이 지역을 지방으로 편제하여 영향력을 행사하였던 통일신라에 대한 인식이 개성 궁궐에 대한 연구에서 존재하지 않았다는 것도 한 원인이 될 수 있을 것이다. 더불어 고려의 궁궐에서 먼저 正殿으로 조영되었던 것으로 여겨지는 건덕전 구역에 대한 검토가 선행되어야 함에도 불구하고 현재 정확한 유구와 그 위치가 확인되지 않았지 때문에 이에 대한 발굴조사가 이루어지기 전까지는 이를 검토하기 어렵다는 점도 또 다른 원인이라고 할 수 있다.

이에 다음 장에서는 우선 만월대의 정전구역과 안학궁의 정전구역에 대한 비교 검토를 통해 기존의 연구에서 간과하였던 정전 건축물 자체에 대해 분석해 보려고 한다. 이를 바탕으로 하여 만월대 정전인 회경전지의 특징이 무엇인지를 확인하고자 한다. 더불어 비록 유구는 확인되지 않았지만 또 다른 정전인 건덕전에 대한 검토를 진행하여 건덕전과 회경전의 관계가 고려 궁궐에서 가지고 있는 의미가 무엇인지를 찾아보고자 한다.

2. 滿月臺와 安鶴宮의 正殿廓 構造의 比較

북한에서 이루어진 고려 궁궐에 대한 기본적인 정리는 1977년 발간된 『조선고고학개요』를 통해 확인할 수 있다.[8] 여기에서는 만월대로 알려진 고려 궁궐을 중심건축군과 서쪽 및 동쪽 건축군으로 나누어 보았다. 우선 중심건축군에는 국가의 주요행사들이 진행되는 정전들이 있었고 서쪽 건축군 전면에는 왕이 일상적으로 일을 보거나 생활하는 궁전들이 있었으며 서쪽의 북부건축군에는 왕후와 비처들이 살던 내전들, 기타 궁전들이 자리 잡고 있었다고 하였다. 중심건축군 동쪽에는 왕의 후계자인 왕자가 생활하는 동궁이 자리 잡고 있었다. 이는 기본적으로 『高麗圖經』의 내용을 바탕으로 남아 있는 유구를 연결시켜 이해하는 일제시대 이래의 전통적인 인식과 상통한다고 볼 수 있다.

그런데 『조선고고학개요』에서는 만월대 궁궐에 대한 인식과 관련해 이전과는 달라진 부분이 확인된다. 즉, 고려 궁궐의 계보는 중심건축군을 비롯한 중요 궁전들의 배치상태와 건물의 주요 특징을 통해 볼 때 발해, 더 올라가서는 고구려 궁전과 매우 유사하다는 것이다. 이는 기본적으로 1973년 발간된 보고서를[9] 통해 안학궁의 배치구조가 발해의 상경용천부, 그리고 고려의 만월대 궁궐과 유사한 형태라는 인식에 바탕을 두고 있다.

안학궁은 발굴성과가 알려지면서부터 高麗 滿月臺 궁궐구조와의 유사점이 끊임없이 부각되었다. 1973년에 발간된 『대성산의 고구려유적』에서도 이미 "발해의 수도 상경용천부의 황성유적은 안학궁터의 건축술을 그대로 계승하였으며 개성 만월대의 고려왕궁터에도 안학궁의 건축술을

---

8 사회과학원 고고학연구소 편, 1977, 앞의 책.
9 김일성종합대학 고고학 및 민속학강좌, 1973, 『대성산의 고구려유적』, 김일성종합대학출판사.

많이 본받은 것을 보게 된다"고 하여 그 계승관계를 논한 바 있다.

더불어 안학궁을 우리나라 궁전건축의 원형이라는 측면에서 이해하려는 견해가 나오기도 하였다. 전제헌은 "당대 가장 높은 수준에 이르렀던 고구려의 건축술은 안학궁 건축에 대칭법과 비대칭법을 쓰고 건물의 종심을 깊이 정하며 중심건물의 건축터를 높이고 기둥간격을 조절하여 궁전건물이 더 웅장하게 보이도록 하며 건축평면형성에서 이등변삼각형과 동심원법을 적용하고 건축기초를 튼튼히 하며 매 궁전건물들을 회랑으로 막고 건물 내부를 방과 마루로 구성하는 등 궁전건축의 모든 측면에서 높이 발휘되었다"고[10] 하면서, 이러한 우수한 건축술이 고려로 그대로 계승되었다고 보았다. 같이 비교된 발해의 상경용천부 궁전건축과 더불어 고려 만월대 유적의 경우 안학궁과 같이 중심축상의 궁전은 어느 것이나 다 집터를 높이 쌓았으며, 종방향의 중심궁전은 모두 회랑으로 연결되어 있다고 하였다. 궁전 배치에 있어서도 2등변삼각형의 도형을 적용하였으며, 제2궁전을 중심으로 동심원상에 배치되어 있는 것으로 보았다.

이러한 논의를 종합해 보면 고려 만월대의 궁궐과 안학궁의 궁궐을 비교할 때 궁궐의 기본적인 배치구조가 남북을 축으로 종방향으로 이루어졌다는 것에 초점을 맞추고 있음을 알 수 있다. 이러한 특징은 궁궐구조에 있어서 매우 중요한 요소임에는 틀림없다. 그러나 이것만으로 이들 궁궐 전체를 造營하는 핵심 배치계획을 확인하였다고 말하기는 어렵다. 왜냐하면 다른 궁궐과는 달리 안학궁에서는 종방향으로의 궁궐배치만큼이나 독특한 특징이 있기 때문이다. 그것은 바로 안학궁에서 가장 큰 규모로 조성된 남궁이 "중앙에 있는 큰 궁전을 중심으로 동쪽과 서쪽에 대칭되게 작은 궁전이 하나씩 있어 3개의 부분으로 구성되어" 있다는[11] 점이다.[12]

---

10 전제헌, 1985, 「안학궁유적에 대한 연구(안학궁유적과 일본에 있는 고구려관계 유적, 유물)」, 『고구려력사연구』, 김일성종합대학출판사, 102쪽.

현재까지 조사된 바에 의하면 고려 만월대의 正殿으로 알려진 회경전이 위치한 中心廓에서는 안학궁의 남궁과 같이 옆으로 나란히 축조된 제1호 궁전, 제2호 궁전, 제3호 궁전의 존재에 비견될 만한 유구는 확인되지 않는다. 따라서 이렇게 배치구조에 있어서 이들 정전곽 사이에 존재하는 차이점에 대한 정확한 究明없이 고려 만월대의 궁궐을 안학궁과 동일한 배치구조를 가진 것으로 이해하는 것은 문제가 있다. 궁궐과 같이 造營에 있어서 意圖性이 높은 權威建物의 경우 그 배치구조의 차이는 궁궐 조영의 時期라든가 그것이 가지고 있는 意味의 차이와 연결될 수도 있기 때문이다.

여기서는 기본적으로 유사한 배치구조상의 특징이 확인됨에도 불구하고 이러한 정전이 위치한 중심곽의 배치구조에 차이가 있다는 점에 논의의 초점을 두고자 한다. 그리고 논의를 보다 심화시키기 위해 서로 비견되는 개별건물인 만월대와 안학궁의 중심 정전의 구조를 비교검토 해 보려고 한다.

고려 궁궐에서 중심건축군의 첫 궁전인 회경전은 높은 축대 위에 솟은 가장 큰 궁전으로서 정면 9칸, 측면 4칸이며 동서 길이 43.10m, 남북 길이는 건물의 가운데 부분이 23.72m, 건물의 양 끝부분이 23.06m이다.[13]

회경전 건축군의 첫 번째 특징은 남북으로 긴 장방형의 회랑으로 둘러막혀 있고 북쪽으로 치우친 곳에 건물을 놓은 것이다. 이것은 회경전 뿐아니라 그 북쪽에 놓인 궁전들도 비슷하지만 회경전 건축에서 전형적으로 나타난다고 한다. 회경전 건축의 두 번째 특징은 가운데 부분이 양옆보다 한단 높고 남쪽과 북쪽으로 조금씩 넓힌 것이다. 그리하여 그 평면구도는

---

11 김일성종합대학 고고학 및 민속학강좌, 1973, 앞의 책, 148쪽.
12 1장 참조.
13 리창언, 2002, 『고려유적연구』, 사회과학출판사.

사진 2 _ 만월대 복원 회경전 전경(기단과 계단부분은 변형)

사진 3 _ 만월대 회경전 전경

⊏▭⊐형으로 되어 있다.

　이에 대해 정찬영은 이러한 기본적인 특징을 가지고 있는 회경전 전각은 원래 건물의 몸채가 3개였던 것으로 보았다.[14] 남아 있는 건축의 평면을 『高麗圖經』에 전하는 "세발솥처럼 섰다"고 한 기록과 연결시켜 지붕은 3개의 지붕을 하나로 통일된 지붕으로 묶은 형식이었다고 하였다.[15] 이와 같은 점은 회경전의 특징일 뿐만 아니라 규모가 큰 궁전들의 공통된 특징으로 회경전 북쪽의 건축군이나 서북 건축군의 6호 궁전, 그 남쪽의 몇 개 궁전, 임천각 등에서 확인할 수 있다. 더불어 이런 특징은 고구려 안학궁에서도 확인할 수 있다는 것이다.

　안학궁을 통해 볼 때 고구려시대의 궁전에도 중심건축군이 있고 그 동쪽과 서쪽에 여러 개의 건축군이 있었는데, 여기서 중심건축군에 속하는 남궁, 중궁, 북궁이 한줄로 놓여있고 그것을 회랑으로 둘러막은 점과 주가 되는 궁전의 자리잡음이 만월대 궁궐과 서로 비슷하다는 것이다. 그리고 앞에 큰 건물을 놓고 북쪽으로 가면서 건물의 규모가 작아지는 점도 같다. 정찬영이 특히 주목하였던 것은 중심건축군의 主궁전의 양식이 서로 공통적이라는 점이다. 안학궁의 궁전의 주된 형식은 ⊏▭⊐형이라는 점인데 이것은 만월대 고려궁전의 기본형식과 똑같다는 것이다. 나아가 안학궁의 남궁과 회경전이 서로 같은 것과 더불어 안학궁의 중궁과 장화전으로 전하는 고려왕궁의 두 번째 궁전의 평면구도 역시 같다고 보았다. 즉, 만월대 고려왕궁은 그 기본형식이 안학궁의 고구려 궁전형식을 거의 그대로 이어받았다는 것이다.

　그렇다면 이제 이러한 모습이 과연 안학궁의 남궁과 같은 것인지에

---

14 정찬영, 1989, 앞의 글.
15 『고려도경』에 대한 해석에는 문제가 있다. 원래 본문의 대구관계가 회경전과 연결되지 않고 뒤의 청연각과 이어진다. 그럼에도 불구하고 회경전 유구에서 보이는 양상이 개별 건물로 보이기 때문에 북한의 고고학자들에 의해 자주 원용되고 있다.

대하여 살펴보고자 한다. 우선 논의의 기본축이 되어 온 안학궁의 남궁, 그 중에서도 제1궁전을 먼저 검토해보고[16] 그에 비견되는 만월대의 회경전을 비교해 보고자 한다.

안학궁의 궁궐 건물이 모두 남궁 제1호 궁전을 중심으로 하는 동심원상에 배치되어 있다는 견해에서도[17] 알 수 있듯이 남궁은 안학궁 궁궐에 있어서 중심이라고 할 수 있는데, 앞에서도 살펴보았듯이 만월대의 중심 건축물인 회경전과 비교대상이 된다. 안학궁 남궁은 남벽의 동쪽 성문과 서쪽 성문을 연결하는 선의 남쪽 중앙에 위치하는데, 중앙에 있는 큰 정전을 중심으로 동쪽과 서쪽에 대칭되어 있는 작은 궁전 등 3부분으로 구성되어 있다.

남궁의 대지면적은 88,500m²로서 여타의 궁과는 규모에서 큰 차이가 나며, 남궁 1호 궁전은 잔존 기단높이가 1.5m이고, 남궁 제2호, 제3호 궁전건물은 각기 1m에 다다른다. 이를 통해 제1호 궁전과 2호·3호 궁전 사이에 格의 차이를 보이며 좌우로 나란히 배열되어 있음을 알 수 있다.

남궁의 1호 궁전터는 전면 57.1m, 측면 27.3m 규모의 장방형이며 건물은 전면 11칸(49m), 측면 4칸(16.3m)의 규모인데, 다른 궁전건물들과 달리 건물에 비하여 공간을 넓게 조성하였다. 현재 도면 1의 평면도를 통해 볼 때 차양칸 없는 11칸×4칸의 내외진구조를 가지고 있으며 중심의 8개의 기둥을 제거하여 내부공간을 넓게 조성한 통칸 양식의 건물이라고 할 수 있다.

건물 밖 전면은 비교적 넓은 공간을 가질 수 있도록 토방을 돌로 쌓았으며 앞뜰에 오르내리기 위한 계단이 있었다. 건물 앞에는 전면에 걸쳐 계단석이 있었고 건물 뒤에는 중심부분에만 2m 남짓한 폭으로 계단을 만들

---

16 본서 1장 참고.
17 전제헌, 1985, 앞의 글, 84쪽.

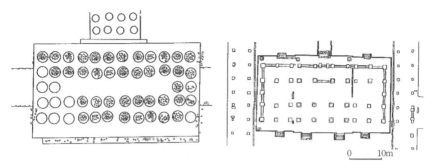

도면 1 _ 안학궁 남궁 정전(좌)과 만월대 회경전(우)의 비교

사진 4 _ 만월대 회경전지와 회랑 전경

었던 자리가 있다.

　이와 같이 남궁 제1호 궁전은 안학궁의 여러 건물들 가운데서 가장 웅장한 건물이었다고 할 수 있는데, 이를 만월대 최대의 궁전인 회경전지와 비교해 보고자 한다.

　도면 1에서 알 수 있듯이 안학궁의 남궁 제1궁전지와 만월대 회경전지와는 여러 가지에서 차이점이 발견된다. 우선 건물의 규모를 이해하는

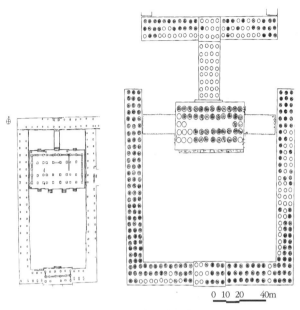

도면 2 _ 만월대 회경전구역(좌)과 안학궁 남궁 제1궁전구역(우)의 비교

데 가장 중요한 요소로 작용하는 칸수에 있어서 남궁 제1궁전의 경우 11
칸인데 비하여 회경전은 9칸으로 이해되고 있다. 게다가 회경전의 정면
길이는 43.1m로 남궁 제1궁전의 57m와는 차이가 크다. 이는 위의 도면에
서 볼 수 있듯이 안학궁의 전면 길이가 회경전에 좌우의 회랑을 합친 것과
유사한 것에서도 확인할 수 있다. 그런데 이러한 개별건물의 규모는 회랑
을 포함한 정전곽 전체로 확대하여 비교할 경우 더욱 벌어진다(도면 2).

안학궁 남궁의 제1궁전 건물의 주위에는 동서 양쪽에 남북으로 길이
114.5m, 너비 13.8m의 회랑과 남쪽에 총길이 128.75m, 너비 8.5m의 중앙
에 1호 궁전의 정문자리가 있는 회랑으로 둘러 쌓여있다. 반면에 만월대
회경전을 둘러싸고 있는 회랑의 크기는 동서 약 60m, 남북 약 100m에 불
과하다. 이를 통해 볼 때 만월대 정전곽의 규모는 안학궁과 많은 차이가
있으며, 특히 동서 길이의 차이는 현격하다고 할 수 있다. 만월대 정전곽

의 이러한 형태는 만월대의 전체적인 景觀을 細長해 보이게 한다. 어쨌든 거의 같은 규모의 門址가 있음에도 불구하고 만월대 정전곽은 안학궁의 정전곽에 비해 좌우가 매우 좁은 형태라고 할 수 있다.   .

한편 앞에서도 언급하였듯이 안학궁에는 고려 만월대 궁궐에서 확인할 수 없는 건물군이 존재한다.[18] 이는 동쪽 건물군, 서쪽 건물군에 대비될 수 있는 성질의 것이 아니다. 이들 건물들은 만월대 회경전 구역에 대응하는 것으로 이해되는 안학궁의 남궁 구역 내부에 위치하기 때문이다.

안학궁 1호 궁전과 회랑 그리고 그 좌우에 2호, 3호 궁전이 배치된 평면구조를 가지고 있는 남궁의 성격에 대하여 필자는 太極宮區域으로 이해하고, 제1호 궁전을 正殿인 太極殿에, 제2호 궁전을 東堂에, 그리고 제3호 궁전을 西堂으로 본 바 있다. 즉, 안학궁의 축조 당시 수당대 이후 폐기되었던 동서당제가 채용된 소위 위진남북조시기의 궁궐배치제도가 활용되었다고 보았던 것이다. 그런데 앞서 살펴본 바와 같이 현재 확인된 만월대 회경전 구역의 건물 배치구조에서는 이러한 안학궁 남궁곽의 특징은 찾아볼 수 없다.

이상의 내용을 정리하면 만월대의 정전인 회경전과 안학궁의 정전인 남궁 제1호 궁전 사이 뿐만 아니라, 회경전 구역과 남궁 구역의 경우도 규모에 있어서 비교할 수 없을 정도로 상당한 차이가 있음을 알 수 있었다. 더불어 회경전 구역의 배치구조에서는 안학궁 남궁 구역의 배치구조에서와 같은 횡방향으로 구성된 건축군이 존재하지 않는다는 근본적인 차이점이 있음도 확인하였다.

---

18 본서 1장 참고.

3. 滿月臺 宮闕 正殿의 變形構造와 意味

회경전은 안학궁 남궁의 제1호 궁전에 비하여 규모와 형태에 있어서
많은 차이가 있음은 앞서 살펴본 바와 같다. 더불어 회경전을 중심으로 한
회랑 일곽 역시 제2, 제3궁전지가 포함된 안학궁 남궁의 정전곽과는 규모
로 보나 건물의 배치로 보나 많은 차이가 있다. 그렇다면 이과 같은 회경
전을 어떻게 보아야 할까? 일단 9칸으로 알려진 회경전의 정면 칸수에서
부터 논의를 출발하고자 한다.

동아시아 諸國의 도성에 대한 연구는 이미 상당한 수준에 이르렀다
고 할 수 있지만, 正殿과 관련된 연구는 일정한 한계가 노정되어 있다. 도
성제와 관련하여 가장 많이 논의되는 唐 長安城의 太極宮 구역에서는 당
시 正殿이었던 太極殿의 구조를 판명할 수 있는 유구가 현재까지 확인되
지 않고 있기 때문이다. 따라서 정전에 있어서는 기본적인 기준을 가지고
있지 않은 관계로 항상 태극궁 옆의 大明宮이 논의의 대상이 되었다. 그러
나 대명궁의 정전인 含元殿은 일반적인 구조의 건물이 아닐 뿐더러 唐代
에는 여전히 태극전이 儀禮의 중심으로 남아 있었다.

다행히도 일본 藤原京의 藤原宮 지역에서 太極殿의 유지가 발굴조사
를 통해 확인되어 그 구조와 규모에 대한 유추가 가능하게 되었다.[19] 발굴
조사보고서에 의하면[20] 藤原宮의 태극전지는 9칸×4칸에 內陣高柱 6개를
생략한 통간의 구조였다고 한다. 일본의 경우 신라의 영향을 받은 것으로
여겨지는 藤原京에 大極殿이 조성된 이래[21] 후기 難波宮 등으로 지속적으
로 비슷한 규모의 大極殿이 正殿으로 만들어지고 있어, 이러한 규모의 건

---

19 花谷浩, 1996, 「藤原宮」, 『古代都城の儀禮空間と構造』, 奈良國立文化財硏究所.

20 奈良國立文化財硏究所, 1976, 『飛鳥・藤原宮發掘調査報告書』Ⅰ(奈文硏學報第27冊).

21 梁正錫, 2000, 「新羅 皇龍寺・北魏 永寧寺 그리고 日本 大官大寺 -5~7세기 동아시아 都城
制와 관련하여-」, 『韓國史學報』9.

사진 5 _ 후기 난파궁 대극전지 모형

사진 6 _ 후기 난파궁 대극전지 전경

물을 '태극전형태' 의 건물이라고 하기도 한다.[22]

藤原宮이나 難波宮의 大極殿은 비록 만월대의 회경전과 전면의 길이에서는 차이가 나지만 정면 9칸이라는 점에서는 동일하다. 따라서 만월대 회경전의 정면 9칸 구조 역시 태극전과 관련지어 검토해 볼 필요가 있을 것이다.

또한 宋代에 발간된 건축총서인 『營造法式』에서도 11칸과 9칸은 같은 一等材를 사용하는 것으로 나오고 있어 사실상 동일한 최고 등급의 殿堂으로 이해되고 있었음[23]을 통해서도 안학궁 남궁의 제1호 궁전이 태극전 형태에서 벗어나지 않았던 것을 알 수 있다.

위에서 본 것과 같이 정면 칸수를 중심으로 볼 때 회경전이 태극전의 의미를 가질 수 있다면, 이제 정면 길이가 50여m가 채 되지 않는 43.2m에 머물렀던 이유에 검토해 볼 필요가 있다. 이를 위해서는 고려 궁궐에 회경전 구역이 조성되었던 원인부터 살펴보아야 하겠지만, 여기서는 지형적인 측면부터 먼저 검토하고자 한다.

뒤의 만월대 평면 배치도에서도 나타나듯이 회경전을 조성하고자 한 대지는 지형적으로 좁은 공간이었다. 따라서 한 국가의 중심부라고 할 수 있는 궁궐에서 정전을 조영하기에는 적합하지 않은 조건이었던 것이다. 그럼에도 불구하고 그 안에 고려 궁궐에서 가장 크고 화려한 건물인 전면 9칸의 회경전 건물을 배치하는 것은 매우 이례적이라고 할 수 있다. 현재까지 남과 북에서 확인된 궁궐 중 이처럼 가파르고 좁은 공간에 위치한 정전구역은 없었기 때문이다.

이렇게 좁은 구역에 정전을 조영하였기 때문에 그 주변에 부속시설을 만들 수 있는 공간은 거의 남지 않았던 것으로 생각된다. 회경전 좌우

---

22 梁正錫, 1999, 「皇龍寺 中金堂의 造成과 丈六尊像」, 『先史와 古代』12.
23 陳明達, 1993, 『營造法式大木作制度研究』, 文物出版社.

회랑의 경우에도 건물지에 바짝 붙어 있어 건물과의 이격거리를 둘 수 없을 정도로 기형적인 양상이 만들어지게 되었던 것이다(도면 3). 앞서 살펴보았던 만월대 회경전 구역 경관의 특징인 細長性은 이러한 지형적 상황에서 비롯된 것이 아닌가 한다. 이러한 지형적 상황이 정면 9칸, 측면 4칸으로 이해되고 있는 회경전의 구조에 영향을 주었던 것으로 볼 수도 있을 것이다.

　　그럼에도 불구하고 이러한 지리적인 상황만으로 만월대의 정전인 회경전과 안학궁 남궁의 정전곽의 제1호 궁전이 평면구조에서 차이가 나게 된 배경을 설명하기에는 무언가 부족함이 있는 것 같다. 사실 세 동의 개별건물이 하나로 합하여 진 것 같은 회경전의 평면구조는 이미 안학궁과 발해의 상경용천부에서도 활용되었던 기법이다. 그러나 고구려 안학궁과 발해의 상경 용천부의 궁궐에서 정전을 조성할 때에는 일반적인 장방형의 內外陣構造 평면계획을 채용하였지 ⊏▢⊐ 형의 평면구조를 사용하지는 않

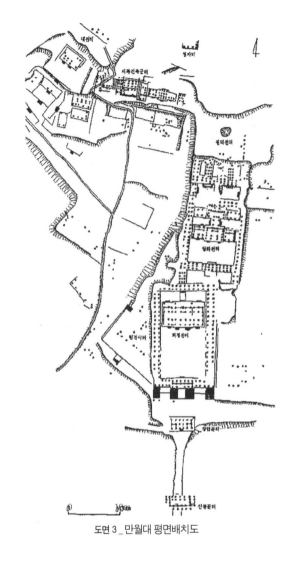

도면 3_ 만월대 평면배치도

있다. ⊏⊐ 형의 평면구조는 현재까지 알려진 일본 고·중세 태극전의 평면구조에서도 확인되지 않고 있다.

그런데 이러한 독특한 회경전의 평면구조는 비교적 늦은 시기라고 할 수 있는 조선시대 客舍건물에서 확인되어 주목된다.

객사건물과의 유사성은 고유섭에 의해 이미 간략하게 언급된 바 있는데,[24] 자세하게 검토가 이루어진 것은 아니었다. 현존하는 객사와 各邑誌 혹은 『輿地圖書』 등에 보이는 것을 통하여 객사를 구성하는 중심 건물을 살펴보면 우선 정면 3칸의 正殿으로

---

24 高裕燮, 1964(1999), 앞의 책.

도 불린 正廳을 중심으로 그 좌우에 각각 2-3칸 내지 그 이상의 東·西翼軒이 있다.[25] 이 주건물의 평면형식은 크게 두가지로 분류할 수 있는데, 정청과 익헌이 각각 구조적으로 분리된 '분리형' 과 단일건물로 구성된 '단일형' 으로 나누어진다.[26]

이 중 분리형이 보다 일반적이며 정형적인 형식으로 여겨진다. 정청은 殿牌 또는 闕牌를 모시고 의례를 행하는 곳으로 객사가 다른 관아건물보다 더 높은 격식을 갖는 이유가 바로 이 정청 때문이다. 그런데 분리형 객사의 경우는 이런 정청의 위상을 여러 가지 의장적 수법을 사용하여 나타내고자 하였던 것으로 보인다. 즉 익헌보다 지붕을 높게 하고 처마길이를 길게 빼기도 하며, 보다 높은 격식의 공포를 사용하고 평면상으로 익헌보다 돌출시키거나 기단의 높이에 차등을 두는 등 여러 가지 방법이 동원되기도 하였다.[27]

도면 4는 문의객사로서 동익헌이 4칸으로 기준에서 약간 차이는 있지만 앞에서 말한 분리형 객사의 특징을 잘 보여준다.[28] 그런데 이러한 건물의 특징을 바로 만월대의 회경전에서도 확인할 수 있는 것이다(도면 5). 비록 건물의 규모에 있어서는 많은 차이가 있지만, 문의객사의 정청과 동·서익헌 사이에 존재하는 연석에 의한 기단의 구분과 주초간 거리의 차이는 회경전과 통하는 바가 있다.

그런데 이렇게 객사와 관련 시켜 이해할 경우 앞에서 설명하였던 개념과 상충되는 부분이 생기게 된다. 즉, 회경전을 분리형의 객사건축과 유사한 것으로 볼 수 있다면, 그와 동시에 전면 9칸의 건축물이 아니라 전면

---

25 고양시·경기도박물관·연세대 건축과학기술연구소, 2000, 『고양 벽제관 건축유적지 발굴조사보고서』, 25쪽.
26 柳泳秀, 1989, 『朝鮮時代 客舍建築에 관한 研究』, 고려대 석사학위논문.
27 고양시, 2000, 앞의 책, 119쪽.
28 고양시, 2000, 앞의 책.

사진 8 _ 문의객사 전경(복원 이전)

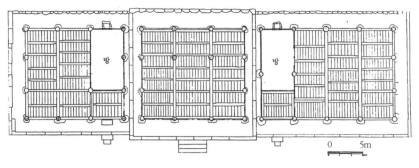

도면 4 _ 문의객사 평면도

3칸의 정전과 전면 2칸의 동서익헌으로 구성된 건축물군이 되기 때문이다. 그렇게 볼 경우 회경전의 건축물은 건물 사이의 공간을 제외하면 전면 7칸의 건물이 된다. 이는 앞서 회경전을 전면 9칸의 태극전 구조로 인식한 것과는 차이가 있는 것이다.

　이에 대하여 리창언은 이 부분의 구조상 차이에서 생긴 것으로 회경전 본전에서 가운데 부분과 동서부분이 연결되는 지점이며 기둥을 덜어 넓은 공간을 조성한 것으로 보았다.[29] 즉 회경전 본전을 3개의 가마가 병립해 있는 것처럼 보인다는 『고려도경』의 기록과 연결하여 가운데 부분과 동, 서 부분에 서로 다른 정점을 가진 지붕들이 씌워져 있었으며, 그것이 하

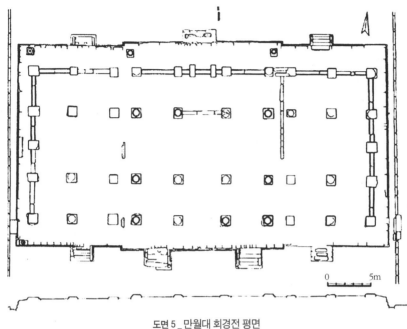

도면 5_ 만월대 회경전 평면

나로 통일되어 있었던 것을 형상적으로 표현한 것이라고 보았던 것이다.

한 걸음 나아가 이 건물의 운용에 대해서 회경전에서 연회를 할 때면 가운데 부분에는 왕이 자리 잡고 동쪽부분에는 봉건고관들이, 서쪽 부분에서는 외국의 사신들이 제각기 가운데 있는 국왕을 향하여 앉았던 것으로 보았다. 즉 리창언은 지붕의 겉모양과는 관계없이 내부공간은 서로 바라볼 수 있게 통칸으로 되어 있었던 것으로 설명하였는데, 이는 회경전을 정면 9칸의 건물로 보고자 하는 것이다. 그럼에도 불구하고 가운데 부분과 동서부분이 이어지는 곳의 기둥간격은 좁게 되어 있고 또 그 경계에 연석들이 줄 지어 있는 것을 볼 때 이 부분의 연결이 복잡하게 되어 있었다

---

29 리창언, 2002, 앞의 책.

고 하여 정확한 해석이 어려움을 토로하고 있다.

현재까지 확인된 자료를 바탕으로 정리하면 회경전은 중앙부분과 좌우부분이 구조적으로 분리되어 있다는 점에서 내진주 내부가 통칸으로 이루어진 하나의 공간구조를 가지고 있는 남궁 제1궁전의 경우와는 구조적으로 차이가 있다. 따라서 회경전의 평면구조를 9칸으로 보아야 할 것인지 아니면 7칸으로 보아야 할 지, 그것도 아니면 9칸처럼 보이는 7칸인지에 대해서는 명확하게 이야기하기 어렵다.

다만 고려 궁궐에 대한 견문을 담은 『고려도경』에서는 회경전을 단일건물로 보았던 것은 분명한 것 같다. 회경전을 3개의 가마가 병립하고 있는 것으로 이해한 견해가 사료를 정확히 해석한 데서 기인한 것이 아니라는 점은 앞에서 언급한 바와 같다. 그렇다면 회경전은 일단 구조적으로는 분리된 형태지만 외형상으로는 연결된 전면을 갖고 있는 건축물로 보는 것이 타당하지 않을까 한다. 지형적으로 대형건물을 조영하기 어려운 조건에도 불구하고 최대한 큰 규모로 회경전을 조영하였음은 분명하며, 회경전에서 그와 같은 독특한 평면구조를 채택한 것은 만월대 회경전 구역의 細長性과 더불어 지형적인 한계를 극복하기 위한 것이었다고 이해할 수 있지 않을까 한다. 따라서 회경전은 지형적 조건으로 인해 이전의 전형적인 태극전형태의 정전이 아닌 변형된 태극전형태의 정전으로 건립되었던 것으로 이해하고자 한다. 한편으로는 이 9칸과 7칸의 양상이 혼합된 구조적 특징을 당시 국내외적 정치상황에 따라 이루어진 불가피한 선택이 아닌가 하는 고려도 염두에 두고자 한다.

4. 宮闕內 二重 正殿과 便殿의 系譜

앞에서도 언급한 바와 같이 회경전은 고려의 궁궐이 처음 만들어질 때 같이 조영된 것이 아니라, 顯宗代에 비로소 만들어졌다.[30] 당시 고려에는 정전으로서 乾德殿이 존재하고 있었기 때문에 회경전 구역은 원래는 궁궐조영계획에 들어있지 않았던 건축군인 셈이다. 이에 따라 회경전이 건립된 이후에는 2개의 정전이 양립하고 있는 양상이 고려 궁궐이 가지고 있는 특징 중 하나가 되었다.[31]

고려가 개국한 이래 태조대부터 궁성 내부는 정전인 天德殿, 便殿인 詳政殿과 重光殿, 그리고 寢殿인 神德殿 등이 존재하였던 것으로 보인다. 이 중 태조가 정전을 천덕전이라 호칭한 것은 그가 철원에서 즉위할 때 연호를 '天授'라고 한 바가 있었음을 고려한다면, 천명을 받아 왕위에 올랐으며 후삼궁을 통일해야 할 황제로 자임하며 '천'자를 넣었다는 추론도 가능하다.[32] 그런데 목종 12년 2월 康兆가 乾德殿의 御榻 아래에 앉자 군사들이 만세를 부른적이 있다. 여기의 건덕전은 국초 이래의 천덕전을 개칭한 것으로 여겨지는데, 이는 華風을 흠모한 성종이 유교질서를 강조한 결과라고 보기도 한다. 즉 성종 2년(983) 정월에 천덕전에서 군신에게 연회를 베푼 데에서 보이듯 이때까지는 천덕전이 확인된다.

성종대는 다른 시기와 달리 불사의 비중이 현격하게 줄어든 반면 많은 예제건축, 그 중에서도 종묘와 사직 그리고 학교같은 유교적 건축물들이 조영되었다.[33] 대부분의 왕들이 시행하였던 원당사찰의 건립도 성종 때에는 없었다. 이는 禮를 중심으로 사회의 질서를 변화시키려던 당시의 분위기를 잘 보여주는 것으로 성종 5년 王命을 황제의 '詔'에서 제후의 '敎'로 바꾼 것과도 부합한다. 물론 이는 성종대에 상황이고 이후에는 다

---

30 김창현, 2002,『고려 개경의 구조와 그 이념』, 신서원.
31 前間恭作, 1963, 앞의 글 ; 김동욱, 1997, 앞의 글.
32 김창현, 2002, 앞의 책.
33 韓再洙, 1991,「AD 10世紀 高麗時代 建築史의 時代的 特性에 관한 硏究」,『大韓建築學會論文集』7-2.

시 과거의 왕명체계로 돌아가게 된다.

따라서 殿의 명칭이 개칭된 시기는 이 이후가 되는데, 이에 대해 성종은 중국 황제를 의식한 나머지 고려를 대표하는 대궐의 정전의 명칭에 '천'자를 사용하는 것에 부담을 느껴 그와 의미가 통하는 '乾'자로 바꾸어 천덕전을 건덕전으로 개칭하였다고 판단하기도 한다.[34]

다만 천덕전에서 건덕전으로의 변화를 이름의 변화로만 보는 것은 약간 문제가 있다. 천덕전이라든가, 천수연호 등을 통해 볼 때는 천자국에 준하는 것으로 보이지만, 건덕전이 전면 5칸이라는 『高麗圖經』의 기사는 그 칸수가 가지고 있는 의미를 염두에 둔다면 天子에 걸맞지 않기 때문이다. 물론 조선의 경우에도 光武年間에 지금의 덕수궁인 경운궁의 정전인 중화전을 신축하기 전까지 正殿의 역할을 하였던 卽祚殿을 太極殿으로 부르던 시기도 있었다. 그러나 이는 조선이 개념상의 제후국에서 황제국으로 변화하는 과정에서 일시적으로 나타난 것이다. 잘 알려져 있는 바와 같이 조선의 궁궐체계는 제후국에 준하는 5칸에 맞추어 정전을 조영하였다. 이는 景福宮의 勤政殿을 비롯한 諸宮의 정전에서 확인할 수 있다. 그렇다면 황제국을 주창하던 광종대에 정면 5칸의 천덕전을 정전으로 운영하였고, 성종대에 왕명을 '詔'를 '敎'로 바꿀 때 천덕전을 건덕전으로 명칭만 바꾸었다고 보기는 어렵다.

일반적으로 전근대 사회의 정치체계에서 왕권의 강약 여부를 떠나 왕은 그 중심에 있었다고 할 수 있다. 그리고 왕의 통치행위는 왕의 말을 통해 시행되었으며, 이것은 명령의 형태인 王命으로 공포되어야 비로소 하나의 통치행위로 발현될 수 있었다. 즉, 전근대사회의 왕명은 바로 법과 행정에 연결되어 있는 것이라고 할 수 있다.

---

34 김창현, 2002, 앞의 책.

따라서 이처럼 중요한 의미를 갖는 王命이 변화하였다는 것은 다른 부분에 있어서도 그에 준하는 변화가 동반되었을 가능성이 있다. 필자는 그러한 변화와 궤를 같이하여 왕권의 또 다른 상징이라고 할 수 있는 정전에 있어서도 위상의 변화가 있지 않았을까 한다. 즉 천자의 정전에 준하는 9칸의 천덕전이 조영된 이래 성종대에 이르러 제후의 왕명인 '敎'의 사용을 전후로 하여 5칸의 건덕전으로 변화한 것이 아닌가 하는 것이다.

그렇게 볼 때 현종대 이후 9칸의 변형된 태극전형태의 회경전을 좁고 높은 지형적 조건에도 불구하고 굳이 건립한 배경에 대하여 새로운 해석이 가능할 것으로 생각된다. 즉 기존 5칸의 건덕전을 중심으로 한 궁궐의 배치구조로는 왕권의 위상을 제고할 수 없다는 인식에도 불구하고 궁궐의 평면구조를 전면적으로 변경하기 어려운 상황에서 궁궐의 공간구조를 변경하지 않는 대신 새롭게 회경전 구역을 조성한 것이 아닌가 한다.

동아시아 도성제를 통해 볼 때 당시 이러한 양상은 예외적이긴 하지만 전례가 없는 것은 아니다. 비록 그 배경에는 차이가 있겠지만 唐의 長安城에서도 그 예를 찾을 수 있다. 장안성의 경우도 원래 隋 大興城으로 조영할 때에는 大明宮이 도성계획에 포함되어 있지 않았는데, 太宗대에 태극궁 옆에 있던 높은 대지를 정지하여 대명궁을 새로이 조영하고 高宗대에 크게 개축한 것이다. 그 결과 장안성에는 태극궁과 대명궁이 양립하는 형국이 만들어졌고, 이후 주요한 의례가 대명궁으로 옮겨 이루어졌음을 확인할 수 있다.

따라서 회경전이나 건덕전을 모두 정전으로 파악하여 고려 궁궐에 2개의 정전구역이 존재하였다고 이해하는 것도 무리는 없으리라 생각한다. 다만 그 위상으로 보아 전자는 제1정전, 후자는 제2정전으로 정의할 수 있을 것이다.[35]

제1정전인 회경전에서는 불교국가에서 중요한 백고좌 인왕도량과 장경도량이 개설되었으며, 또한 송 황제의 조서를 영접하고 宋使를 접견하거나 송사에게 연회를 베푸는 일 등이 행해졌다. 반면 제2정전인 건덕전에서는 태후·후비·태자·왕자·공주의 책봉, 원자탄생 축하, 태자의 稱名立府, 元服 착용, 혼인 등의 嘉禮, 고관을 임명하는 宣麻, 群臣에 대한 연회, 과거의 覆試, 때로는 왕의 즉위 등 중요한 행사가 행해졌다. 특히 건덕전(대관전)은 元正, 冬至, 節日의 朝賀, 매달 衙日의 視朝를 행하는 곳이었는데, 이는 정전의 특징을 잘 드러내주는 것이다. 공식적인 행사의 대부분은 건덕전(대관전)에서 거행되었던 것이다. 이외에도 건덕전은 齋醮, 消災道場 등 각종 종교의식이 행해지는 곳이자 왕이 보살계를 받는 곳으로 자주 이용되었다. 또한 건덕전에서는 요 내지 금의 조서와 그 사신의 접대가 이루어졌다. 기본적으로 요·금·몽골 등 북조 황제의 조서는 제2정전인 건덕전(대관전)에서 맞이하고 여기에서 연회도 베풀어 송의 경우와 차별하였던 것이다.

즉, 고려의 경우 전면 5칸의 건덕전과 전면 9칸의 회경전이 각기의 역할을 나누어 정전으로 기능하였던 것으로 이해된다.[36] 이러한 양상은 기본적으로 황제 중심의 정치형태를 유지하였고 자국을 천하의 중심으로 인식하고 있던 중국이나 황제 중심의 정치체계를 그대로 계수하여 사용한 고대 일본과는 달리 급박한 국제정치적 상황에 처한 고려의 국왕이 행한 고도의 정치적 행위의 결과로, 고려 왕권의 상징인 정전의 중건이나 새로운 정전을 추가하는 과정에서 나타난 것이 아닌가 한다.

그렇다면 이제 안학궁 남궁 정전곽에 존재하는 제2, 3건물지는 어떤 의미가 있는 것이며 이러한 건축군이 고려 궁궐에는 존재하지 않았던 것인가 하는 문제가 남게 된다. 중국의 건축사연구에 있어서 수당 이전 위진 남북조시기의 궁궐제도에서 특징적인 것으로 이야기하는 것이 太極殿의

---

35 김동욱, 1997, 앞의 글.
36 前間恭作, 1963, 앞의 글 ; 김동욱, 1997, 앞의 글.

조영과 더불어 태극전을 보좌하는 좌우의 건물, 즉 東西堂制의 採用이다. 劉敦楨은 삼국시대의 魏 文帝가 鄴에서 洛陽으로 천도하면서 大朝인 太極殿과 더불어 東西堂을 조성한 이후 魏晉南北朝期에 지속적으로 東西堂이 조성되었다고 하였다.[37]

그런데 이러한 태극전 및 동서당과 아주 유사한 평면구조가 바로 고구려 안학궁의 남궁에서 확인할 수 있다. 즉 태극전과 같은 평면구조를 가지고 있는 제1호 궁전의 좌우에 조성된 제2호 궁전, 제3호 궁전이 동서당과 거의 유사한 배치양상을 보이기 때문이다.[38]

이러한 궁궐의 구조는 고구려에서만 확인되는 것은 아니다. 신라 중고기에 건립된 황룡사는 비록 궁궐은 아니지만 그 규모에 있어서 궁궐의 정전을 제외한 다른 건축물과는 비교하기 어려운 당시 최대의 사찰이다. 전고에서 필자는 황룡사 중건가람의 금당구조가 궁궐의 태극전과 관련이 있고,[39] 좌우에 배치된 건물 역시 태극전과 관련된 궁궐배치구조에 맞게 조성되었을 가능성이 있는 것으로 생각한 바 있다. 이를 바탕으로 신라 중고기 황룡사의 중건이 태극전이 채용된 궁궐을 조성한 도성제와 밀접하게 관련되어 있는 것으로 보았다. 그리고 신라 궁궐 관련 사료에서 확인되는 경순왕대의 '西堂' 기사를 통해 신라의 마지막 시기까지 궁궐에 太極殿 뿐 아니라 東西堂制가 채용되어 운영되었음을 확인하였다.[40]

그런데 신라 말까지 운영되었던 동서당제가 고려의 정전으로 생각되는 회경전에서는 확인되지 않는다. 이는 고려시대에 더 이상 동서당제가 도성제도로 운영되지 않았음을 보여주는 것이다. 다만 이미 앞에서도 언급

---

37 劉敦楨(鄭沃根 외 共譯), 1978(1995)『中國古代建築史』, 中國建築工業出版社(세진사).
38 본서 1장 참조.
39 梁正錫, 1999, 앞의 글 ; 2000, 앞의 글.
40 본서 2장 참조.

하였듯이 회경전은 현종 20년 이후가 돼서야 비로소 사료에서 나타난다. 그렇다면 그 이전에는 어떠하였는지 검토해 볼 필요가 있겠다. 여기서 주목할 만한 것은 便殿으로 분류되면서 국초부터 존재하였던 詳政殿과 重光殿이다.

일반적으로 궁궐의 주요 건물은 正殿, 便殿, 寢殿으로 구성되었다고 한다. 그러나 편전의 경우에는 초기부터 필수적이었다고 보기는 어렵다. 조선 초기까지도 편전에 대해서는 內朝와 外朝의 중간에 어중간하게 끼어 있는 것으로 이해하는 경향이 많다.[41]

그런데 이 2동의 편전은 상당히 오랫동안 그 역할이나 지위를 유지하고 있었던 것으로 생각된다. 고려 전기 궁궐명칭의 변화과정을 정리하면, 정전인 천덕전은 성종대에 건덕전으로, 그 후 인종대에 大觀殿으로 그 명칭이 변화하였다고 한다. 그리고 편전인 重光殿은 인종대에 康安殿으로,[42] 또 다른 편전인 詳政殿은 현종 5년 완성된 1차 공사 때 아니면 2차 공사 시기인 현종 12년 정월에 宣政殿으로, 인종 16년에는 薰仁殿으로, 이후 바로 宣仁殿으로 개칭되었다. 특히 선인전은 정전인 대관전과 짝을 이루어 지속적으로 사료에 등장한다. 이들 궁전들은 모두 건덕전 구역에 위치하고 있는데, 이 구역이 바로 회경전 구역이 조성되기 전까지 정전구역이었던 것이다.

그렇다면 이 건덕전 구역에 조영된 2동의 便殿은 어디에서 연원한 것일까. 필자는 이것이 고구려와 신라의 궁궐 정전곽에 존재하였던 동서당의 변형이 아닐까 생각한다. 일반적으로 동서당은 중심 정전인 태극전을

---

41 尹晶玹, 2001, 『朝鮮時代 宮闕 中心空間의 構造와 變化』, 서울대 박사학위논문.
42 중광전을 왕의 정침으로 이해한 견해(김동욱, 1997, 앞의 글)도 있으나 예종 4년(1109) 8월의 重光便殿 기사나, 上元燃燈 때 1차적으로 의식이 치러지는 강안전을 便殿이라 표현한 것 등을 볼 때(김창현, 2002, 앞의 글) 편전으로 이해하는 것이 타당하다.

보좌하여 朝見과 聽政의 기능을 수행하였다고 한다.[43] 고려시대 궁궐에서 이러한 행사가 이루어진 곳이 바로 상정전과 중광전인 것이다. 물론 현종 이후가 되면 새로이 長慶殿이 조영되는 것으로 여겨지므로 이전과 같은 기능을 수행하였다고 보기는 어려울 것으로 생각된다. 여기에 路寢의 개념이 투영된 것은 신라에서 고려로 변화하는 가운데 이루어진 『周禮』를 중심으로 한 禮制意識에서 발원한 것이 아닌가 한다.

---

43 劉敦楨(鄭沃根 외 共譯), 1978(1995), 앞의 책. 한편 신라의 경순왕대에 서당에서 행해졌
   던 殯禮가 고려시대 건덕전의 편전에서 행해지기도 한다. 물론 고려시대에 빈전으로 자
   주 쓰인 곳은 그 위치는 분명하지 않지만 宣德殿이다(김창현, 2002, 앞의 책).

2부 都城制를 보는 몇가지 觀點

V. 開發이라는 觀點에서 본 新羅王京研究

　　최근 경주지역에서는 역사문화도시계획을 비롯하여 개발과 관련된 많은 문제에 대한 논의가 진행되고 있다. 여기서 말하는 '開發'은 기존에 이미 존재하고 있는 지역의 상황을 의도적인 계획에 의하여 일부 혹은 전체를 새롭게 바꾸는 과정, 즉 그 지역의 所有權을 포함한 용도 변경을 의미한다. 여기에 이러한 행위를 하는 것이라는 개념을 더하여 '事業'이라는 명칭을 붙이기도 한다. 따라서 '開發事業'은 인간의 의도적 행위이며 철저하게 역사적 산물이라고 할 수 있다.

　　경주지역의 개발사업은 사실 이 지역에 일정단위 이상의 政治體가 형성되면서부터 지속적으로 이루어져 왔다고 할 수 있지만, 전통사회에 있어서 경주의 가장 큰 개발사업은 신라의 王京建設이었다. 史書에는 이렇게 건설된 신라의 왕경을 360坊, 혹은 1,360坊에 이르는 규모에 178,936 戶라는 인구가 살고 있는 거대한 도시로 그리고 있다. 그러나 1,000년의 역사를 가지고 있는 신라의 왕경으로 번영을 구가하였던 경주는 신라의 패망과 더불어 차츰 쇠퇴하였고 왕경의 흔적도 역사에서 사라져 갔다. 조선시대 말기에 와서는 지역의 유생들과 몇몇 研究者들에 의해서만 이곳이 왕경이었음이 상기되었을 뿐이다.

　　이렇게 사람들의 기억 속에서 사라져 가고 있던 왕경의 흔적이 다시 역사의 전면에 부각되기 시작한 것은 대부분의 근대적 의미의 학문이 그러하듯이 일제강점기에 와서였다. 1927년 이래 몇 차례의 답사를 통해 만들어진 왕경복원의 구상을 정리한 藤島亥治郎의 연구는 지금까지도 신라 왕경 연구의 기본적인 틀이 되고 있다. 그런데 왜 이때 갑자기 왕경복원이 가능하게 된 것인지 궁금하지 않을 수 없다. 이를 단순히 조선의 건축에 대해 관심을 가지고 있는 호기심 많은 개별 연구자의 답사에 의한 것으로 보기에는 무언가 부족한 점이 있는 것 같다.

만약 신라 왕경에 대한 연구가 당시 이루어진 대규모의 개발사업에 대한 연구라고 할 수 있다면, 이러한 전모가 드러나기 위해서는 소규모의 개별 개발이 아닌 의도적인 계획에 따라 신라의 왕경 건설에 상응할 만한 규모의 개발사업이 있지 않으면 안 되기 때문이다. 후지시마의 글에 의하면, 당시 그가 활용하였던 자료는 史料 이외에 경주지역의 地形圖와 地籍圖였다고 한다. 그 중에서도 지적도는 그의 王京復原圖를 만드는데 기초적인 자료였다고 할 수 있다.

지금부터는 지적도가 왜 왕경 연구에 이용되었는지, 그리고 앞에서 언급한 개발사업과는 어떤 관계가 있는지에서부터 논의를 시작하고자 한다. 이에 대한 이해를 바탕으로 이후에 이루어진 신라 왕경에 대한 연구에서도 개발사업이 어떠한 역할을 하였는지 살펴보고자 한다.

1. 土地調査事業, 地籍圖 그리고 新羅王京研究

일제강점기 이전 조선의 연구자들에게 신라 왕경에 대한 인식이 전혀 없었던 것은 아니었다. 정약용의 저서 『經世遺表』제6권 地官修制 田制考 6의 邦田議에는 다음과 같은 기사가 있다.

『東京續志』에 "秦나라에서 도망친 사람이 鷄林으로 많이 와서 비로소 天荒을 開墾하여서 商鞅이 마련한 阡陌제도를 準用하였으므로 계림 전지는 모두 正方으로서 법이 있었다. 이러므로 辰韓을 秦韓이라 하기도 한다"고 하였다. 성호 이익은 "기자가 동쪽으로 와서 평양에다 정전을 구획했고, 秦나라 말기에 진나라의 학정을 피해온 사람들이 嶺南에 와서 慶州에다 전제를 창시했는데 비록 세월이 오래되어 경계가 허물어졌으나 남은 자취를 볼 수가 있다. 지금 경주읍 안에 있는 전지는 대소와 장단을 막론하고 모두 모나고 곧았으니 생각건대, 그 사람들이 반드시 진나라 법을 시행했던 것이다. 『漢書』지리지를 상고하니 "商君이 轅田을 만들어서 천맥을 개간했다"고 했는데 원전이란 直田이다"고 하였다. 생각건대, 상앙이 비록 정전을 파괴했으나 그가 마련한 법에도 阡·陌이라 했으니 또한 10×10을 세어서 천맥에 이른 것이 분명하다. 만약 그렇다면 그 전지도 반드시 정연하고 반듯해서, 遂人法과 멀지 않으므로 진나라의 학정을 피해서 동쪽으로 온 사람도 경계를 정리한 것이 이와 같을 수 있었다.[1]

정약용이 이야기한 경주지역의 井田遺址에 대한 내용은 이보다 먼저 만들어진 『新增東國輿地勝覽』에도 전하는데, 제21권 慶尙道 慶州府 고적조의 井田에는 "신라 때의 정전으로 그 터가 지금까지도 남아 있다"고 하였다. 이외에도 『東京雜記』와 『增補文獻備考』田賦考에도 경주의 '井田遺基'가 전하고 있다. 이처럼 전통시기의 연구자들에 의해서도 경주에 신라시대의 기본적인 도시계획의 틀이 있었음은 인식되었던 것이다.

그러나 이것만으로 당시 경주가 가지고 있는 왕경으로서의 구조와 성격을 이해하기에는 어려움이 있었다. 이에 대하여 정약용은 "생각건대, 전지를 측량한다는 것은 천하의 큰 일이다. 중국에서는 頃畝로써 전지를 경계했으니 이것은 형체가 있는, 전지의 모양이 크고 작은 것을 살펴 경계한 것이고, 우리나라는 결·부로써 전지를 경계했으니 이것은 형체가 없는, 전지의 기름짐과 메마름을 살펴 경계한 것이다"라고 하여 그 문제점

---

1 정약용(민족문화추진회 역), 1977, 『경세유표』(고전국역총서 90-93), 민족문화추진회.

을 지적한 바 있다.[2]

　이는 곧 당시의 토지제도를 통해서는 도면에 그 내용을 표현할 수 없었다는 것이다. 이를 바탕으로는 면적을 기준으로 한 토지구획도 할 수 없으며 수치화된 면적을 확인할 수도 없었던 것이다. 이렇게 전통시대에는 존재하지 않았던 토지가 구획된 면적을 확인할 수 있는 도면, 즉 지적도가 일제의 침탈과 동시에 시작된 토지조사사업의 성과물로서 만들어진 것이다. 이후 일제시대에 이루어진 경주의 모든 개발은 토지조사사업을 통해 만들어진 지적도라는 기본적인 틀을 바탕으로 이루어졌다.

　일제강점기에 이루어진 토지조사사업은 기존의 토지제도를 식민지 지배를 목적으로 일본법에 의하여 '法認'한 것이라고 할 수 있다. 물론 이보다 먼저 대한제국시기에 이루어진 量田과 官契 발급사업 역시 근대국가의 토지조사사업이라고 할 수 있다. 대한제국이 발급한 官契는 조선역사상 처음으로 국가가 토지소유주에게 소유권을 사정하고 법인한 증표로 발급해준 증빙서류이기 때문이다. 그러나 대한제국의 양전사업은 비록 사업의도가 국가가 소유권을 조사하여 '법인' 관리하고자 하였던 데 있었다고 하더라도 미완성으로 끝났기 때문에 일제의 토지조사사업과 같은 완성된 성과물을 확보할 수는 없었다.

　더불어 광무양안은 일제의 토지조사사업의 결과물인 토지대장과는 그 성격을 달리하고 있었다. 사실상 현재 우리 토지제도의 근간을 이루는 것은 일제강점기 토지조사사업의 결과물인 것이다. 물론 양지아문 양안에는 지적도에 준하는 田畓圖形圖를 도시하고 있다. 이에 따라 일부 연구자들은 양전을 위한 실지조사의 실시와 조사내용의 정확한 기재, 소유자 및 경작자에 관한 정확한 파악 등을 들어 '實地調査簿'의 성격을 갖는 것

2　정약용(민족문화추진회 역), 1977, 앞의 책.

으로 보기도 하였다.[3] 그러나 근대적 삼각측량법의 채택까지는 아니더라도 魚鱗圖册조차 만들지 않은 양전이 가지고 있는 한계는 분명한 것이다.[4]

　본격적이지는 않지만 일제에 의한 토지조사사업은 統監府의 감독 하에 조선정부가 토지조사에 필요한 측량기사를 일본에서 초빙하는 한편 기술원을 모집하여 측량기술을 습득하게 하고, 대구·평양·전주의 3개소에 量地課 출장소를 설치하여 각 관내의 토지를 조사케 한 바 있어 강점 이전부터 시작되었다.[5] 이들 사업을 감독하는 중앙기관으로는 1910년 초에 조선정부 내에 土地調査局이 설치되어 度支部大臣이 총재를 겸임하여 사업을 진행하였으나, 동년 8월 강점되면서 이 조사국은 朝鮮總督府의 소속으로 되었다가 그해 10월 臨時土地調査局으로 개칭되었다. 1912년 '土地調査令'의 발포로 시작된 이 사업은 2,040여 만원의 예산으로 1918년 11월에 일단락되었다.[6]

　이때 이루어진 토지조사사업은 내용상 크게 土地所有權, 土地價格, 土地의 形貌調査의 3부문으로 구분할 수 있는데, 우리의 논의와 관련 되는 것은 토지의 형모조사, 즉 地籍圖의 작성부분이다. 물론 지적이라는 용어를 염두에 둔다면 우리나라에서 근대적 의미의 지적제도는 1985년 3월 版籍局에 地籍課를 설치함으로써 시작되었다고 할 수 있다. 이후 1901년 지계아문이 신설되자 여기에 통합되었다. 地籍이라는 명칭에서도 알 수 있듯이 토지의 장부화는 이미 개념화되어 있었던 것으로 생각된다. 그러나 근대적 의미의 지적 작성은 결국 통감부의 감독 하에 대구시가의 측량에서부터 본격화되어[7] 임시토지조사국에서 완성되었던 것이다.

---

3 한국역사연구회, 1995, 『대한제국의 토지조사사업』, 민음사.
4 조석곤, 1997, 「서평 - 대한제국의 토지조사사업」, 『經濟史學』 19.
5 高永璟, 1963, 「朝鮮土地調査事業에 대한 小考」, 『經營論叢』 9(고려대 경영대학).
6 朝鮮總督府 臨時土地調査局, 1918, 『土地調査事業報告書』.
7 統監府 財政監査廳, 1907, 「大邱市街土地測量規程」, 『財務週報』 11.

여기서 지적이란 토지에 대하여 地番, 地目, 境界 등의 일정한 사항을 국가가 등록하여 그 기록을 비치하는 것으로 기존의 量田과 가장 큰 차이는 측량에 의한 경계를 바탕으로 한 면적을 기록하였다는 것에 있다. 그리고 이러한 地籍測量은 토지에 대한 물권이 미치는 한계를 밝히기 위해서 이루어졌던 것이다. 따라서 지적측량은 토지표시사항 중 경계와 면적을 평면적으로 측정하는 측량으로서 지형현황을 파악하는데 사용되는 測地測量과는 전혀 다른 것이었다. 또한 지적은 법적으로 물권이 미치는 권리의 객체, 즉 소유자가 동일하고 지반이 연속된 동일 성질의 토지인 筆地를 등록단위로 하여 만들어졌다.

이러한 과정을 통해 토지의 경계점을 圖解的으로 도면에 표시한 地籍圖를 신라 왕경 연구에 본격적으로 활용하였던 것이 바로 藤島亥治郎였다. 그는 1899년에 태어나 1923년 동경제국대학 공학부 건축학과를 졸업하고, 같은 해에 조선총독부 京城高等工業學校 助敎授로 부임하였는데 조선총독부 기사를 겸임하였다. 다음해 敎授로 승진하였던 후지시마는 1927년부터 地籍圖와 地形圖를 가지고 경주지역을 답사하였던 것이다.

사실 이보다 먼저 신라 왕경을 연구하였던 사람은 당시 第三高等學校 敎授 藤田元春이었다.[8] 그는 당시 陸地測量部가 제작한 1/10,000 地形圖를 기초로 慶州 邑城의 道路, 濠, 土壁, 石壁 등의 遺構를 실측하였다. 이를 통해 읍성의 크기가 사방 6町으로 360間이며, 濠의 바깥에서 토성 내부까지의 폭이 20間임을 밝혔다. 성 양쪽 20間씩 40間을 제외하면 실제는 320間으로 이를 중국 고대 도성의 家口 分割인 九經九緯를 적용하여 6町, 즉 360間을 9등분하면 40間이 된다고 하였다. 그리고 전체 360間에서 濠와 城壁의 폭 40間을 제외하면 읍성 내부는 320間이 되어 앞의 40間 단위의 가구가 가로, 세로 각각 8개가 되는 것이다. 따라서 성 전체는 64區가

---

8 申昌秀, 2002, 「新羅의 王京」, 『강좌 한국고대사』7, 가락국사적개발연구원.

되며, 이것의 2배에 해당하는 80間 正方形區는 16개가 되는 것으로 보았다. 이에 따라 읍성의 내부는 40間과 80間 크기의 區로 형성되었는데, 여기에서 1間은 東魏尺(高句麗尺)으로 5尺이므로 읍성 내부는 200尺 크기의 區 64개와 400尺 크기의 區 16개로 구획되었고, 이 일대의 옛 坊里는 1坊의 크기가 160間으로 구획되었다는 것이다. 이것을 田字로 사등분한 1坊의 크기는 80間(400척, 약 140m) 정사각형이 되며, 40間마다 小路가 설치되어 있었다고 보았다.[9] 요컨대 그는 地圖에 의거하여 경주분지에 正方의 條里가 존재하였음을 인식하고 있었던 것이다.

이와 같은 후지다의 연구는 경주지역에 대한 연구를 진행하고 있던 후지시마에게 많은 영향을 준 것으로 추정되지만, 坊里가 400東魏尺(140m, 高麗尺)으로 地割되었음을 槪念圖로 작성한 것일 뿐 구체적인 案이라고 하기는 어렵다.

그러나 후지시마의 연구는 후지다와는 달리 왕경 전체에 대한 보다 정확한 자료를 바탕으로 이루어졌다. 도로구획과 등고중심의 축척 1/10,000의 地形圖를 사용한 연구와 소유자가 동일하고 지반이 연속된 동일 성질의 토지인 筆地를 圖解的으로 도면에 표시한 1/1,200의 地籍圖를 바탕으로 한 연구는 평면의 이해에 있어서 많은 차이가 있을 수 밖에 없었기 때문이다. 당시 지적도를 확인하는 것은 그 과정도 번거롭고 수수료 부담도 많았기 때문에[10] 토지의 소유권을 확인하기 위한 사람들을 제외하고는 그다지 활용되지 않았다고 할 수 있다. 그가 이러한 지적도를 자유롭게 활용할 수 있었던 것은 京城高等工業學校의 敎授이자 朝鮮總督府의 建築技士를 겸임하고 있었던 데 기인한다.

---

9 藤田元春, 1929, 「都城考」, 『尺度綜考』, 刀江書院.
10 박석두, 1997, 「土地調査事業에 대한 地主家의 認識과 對應」, 『朝鮮土地調査事業의 研究』, 민음사.

그는 우선 1916년 발간된 『朝鮮古蹟圖譜』 第3冊 古新羅篇에 실려 있는 慶州附近新羅遺蹟地圖를 검토하여 그곳에서 大小의 道路와 논둑길이 동서남북에 正方으로 井字狀을 이루며 존재하는 것을 확인하였다. 이어 陸地測量部特殊地圖 1/25,000분의 慶州圖幅에서 같은 규모의 井字路를 발견하였으며, 陸地測量部의 1/10,000의 지도에서도 다시 미세한 논둑길이 井字狀으로 나 있는 것을 확인하였다. 마지막으로 地籍圖를 통해 각 田畓의 區劃이 동일한 형태로 규칙적으로 분할되어 있음을 확인하였다. 그는 이 井字路를 王京道路와 地割의 흔적을 보여주는 것으로 이해하였다. 후지시마는 이를 바탕으로 慶州 분지와 주변에 위치한 삼국 및 통일신라 시대의 遺蹟에 대해 직접 실측조사와 현황조사를 하여 신라 왕경에 대한 복원안을 제시하였던 것이다.[11] 후지시마의 『朝鮮建築史論』은 기존의 연구와는 달리 地理的 建築史學의 입장에서 개별 건축 중심의 연구가 아닌 都市建築史로서의 연구를 입론의 기반으로 하였다. 이를 입증하기 위한 연구의 第1編이 바로 新羅王京建築史論이었다. 일반적으로 언급되는 新羅王京復原論은 이 것의 第8章에 해당하며, 이 논문의 결론은 第11章인 中國(支那) 및 日本 都城制와의 關係이다.

　　그는 이 논문에서 新羅 王京의 시가지 구성은 1변이 약 400東魏尺인 정방형의 블록으로 方格을 이루며 시가지 전체는 左·右京으로 나뉘고 左京의 동서 길이는 7,120척, 右京의 동서 길이는 7,280척으로 모두 14,400척이 되고, 남북의 길이는 左京 쪽에서는 12,860척, 右京에서는 13,220척으로 복원된다고 하였다.[12]

　　여기에 일본 平城京의 1坊 16坪制를 新羅 王京에 대입하여 시가지 전체가 동서 8坊(좌경 4방, 우경 4방), 남북 8條로 이루어지고 각 條坊은 平

---

11 藤島亥治郞, 1930, 「新羅王京建築史論」, 『建築雜誌』 44-530·531.
12 신창수, 2002, 앞의 글.

城京과 마찬가지로 다시 16평으로 각각 분할되는 新羅 王京의 조방계획을 상정하였는데, 남북방향으로 10條를 설정했을 가능성도 있는 것으로 추정하였다. 또한 좌경과 우경의 시가지 편성에서 약간의 설계상 차이가 나타나고 있는 것은 新羅 王京의 도성계획이 일시에 이루어진 것이 아니라 여러 차례에 걸쳐 실시되었기 때문으로 해석하였다.

新羅 王京의 규모와 범위에 대해서는 기록에 보이는 1,360坊은 일본의 경우 1町에 해당하는 면적을 1坊으로 기록한 것으로 보고, 坊의 계획은 동남쪽으로는 四天王寺 南大門 앞의 大路까지, 그리고 四天王寺 남쪽에 있는 望德寺는 그 이후 새로 條坊으로 구획된 것으로 보았다. 아울러 王京 동쪽 끝은 해당하는 普門寺가 있던 곳의 條坊은 당초부터 구획되었던 것 같으며, 서남쪽 끝의 興輪寺 부근, 즉 남천 이북 지역까지로 그 남쪽은 王京에 포함되지 않았던 것으로 보았다.

후지시마의 논문에서 이러한 구획의 기준이 되었던 것은 皇龍寺 주위의 가로구획이었다. 당시 지적도 등을 통해 볼 때 그 주변의 구획이 가장 명확하게 나타나고 있었는데, 1구획의 크기는 140~160m 정도이며 동서의 길이가 남북의 길이보다 약간 크게 구획되어 있었다. 그가 이 지역을 실측 조사한 것에 근거해 큰 도로는 東魏尺으로 80척, 작은 것은 40동위척의 도로로 판단하였는데, 이것을 m로 환산하면 대략 28m와 14m의 도로가 된다.

70년대의 한 연구[13]에 의하면 이미 이와 같은 폭의 도로는 없어지고 좁은 논두렁으로 되었지만 당시의 정연한 가로구획에 의한 도로가 그 좌우측에서 잠식되어 매 구획마다 논두렁이 서로 엇갈리고 있으므로 그 엇갈린 폭을 합하면 대략 10~20m는 되기 때문에 노폭을 80척과 40척으로

---

13 張順鏞, 1976,「신라왕경의 도시계획에 관한 연구」, 서울대 석사학위논문.

본 것은 합당한 것 같다고 하였다. 더불어 이 부근의 가로구획의 남북방향 축이 현대에 제작된 지도의 남북방향과 일치되고 있기도 하였다고 한다.

한편 坊의 크기가 400동위척 단위로 되어 있는 점, 남북축을 경계로 좌·우경으로 나누어진 점, 동서와 남북의 길이가 약 8里로 계획된 점, 도성을 둘러싼 성곽(羅城)이 없는 점, 1개의 리가 16개의 坊(혹은 町)으로 이루어진 점, 도로의 폭이 40척 또는 80척으로 계획된 점 등은 일본의 平城京 및 平安京과 비슷하나, 新羅 王京이 일본의 도성 계획에 비해 정연하지 않은 것은 지형적인 특성 때문으로, 일본과 마찬가지로 중국의 도성제도를 받아들이되 新羅는 오랜 세월에 걸쳐 여러 왕조의 것을 받아들였기 때문으로 후지시마의 연구를 정리하기도 하였다.[14]

이와 같은 결론이 나오게 된 것은 궁극적으로 지적도의 활용에 있음은 두말할 필요가 없다. 후지시마는 신라시대의 가로구획 또는 토지구획 등의 도시계획에 관한 물적 증거를 현존하고 있는 地籍圖上의 垈地境界線에서 찾으려 하였던 것이다. 그리고 지적도상의 대지경계선이 내포하고 있는 史的 의미를 찾아보면, 통일신라시대 이래로 조선 말기까지 중앙집권체제 하의 농경 위주의 사회에서는 도시의 변화속도가 느리며 과거의 전통을 그대로 유지하였음이 확실하다는 전제가 그 밑에 깔려 있다. 후지시마는 1930년에 이러한 방법을 이용하여 「新羅王京建築史論」을 『建築雜誌』에 발표하였던 것이다.

2. 慶州觀光開發計劃과 槪念으로서의 朱雀大路

1970년대에 들어가면 경주에서는 天馬塚의 발굴을 시작으로 皇南大

---

14 田中俊明·東潮, 1988, 『韓國の古代遺蹟(新羅編)』, 中央公論社.

塚, 그리고 皇龍寺址에 대한 대규모 발굴조사가 국가 주도로 연이어 시행되었다. 이러한 대규모의 조사는 당시의 경제상황으로는 감당하기 어려운 막대한 비용과 인력을 필요로 하였는데, 그것이 가능하였던 것은 당시 정부가 추진하고 있던 정책과 관련이 있었기 때문이다.

그것은 慶州觀光綜合開發計劃의 樹立과 公布에 따른 史蹟地區 整備事業과 觀光都市造成을 위한 諸般事業, 즉 소위 '慶州古都開發事業', '慶州市 綜合開發事業' 등으로 불렸던 정부 주도의 개발사업이었다. 당시 정부에서는 1963년 국토건설종합계획법을 제정하고, 1972년부터 제1차 국토종합개발계획을 수립하여 추진하였다. 이 당시 만들어진 각종 국토개발제도는 국토의 이용에 관한 것이 주를 이루었다. 이는 기본적으로 國土總合開發法에 의하여 내각총리가 전국의 구역에 대한 개발계획을 작성하여 1962년 제1차 계획이 수립된 일본의 全國總合開發計劃[15] 과 매우 유사한데, 국가시책의 종합적이며 기본적인 계획이었다. 이러한 기본계획과 더불어 진행된 것이 사안별, 지역별로 이루어진 개별 종합개발계획이었다. 이 중 경주와 관련되어 진행된 것이 건설부에 의해 신라의 천년 고도 경주를 국제적인 관광도시로 꾸미기 위한 10개년 계획으로 확정된 慶州觀光綜合開發計劃이었던 것이다. 이 계획은 1972년부터 연차적으로 10년간 內外資 288억원을 투입하여 신라의 고도를 재현하고 문화재를 보존하는 한편 현대식 관광시설을 갖춤으로써 국내외 관광객을 유치하며 문화관광도시의 본보기를 이룩하려는 데 그 목적을 두고 있었다.[16]

이 같은 국가시책에 따라 확대일로에 있던 각종 개발사업에 동반된 고분 및 기타 유적의 발굴은 당시 고고학계에 급격한 변모를 야기하였는

---

15 이창우, 1998, 「국토종합개발계획의 평가 및 제언(상)」, 『국토』 1998-12.
16 주종원, 1972, 「이달의 이슈 -경주관광종합개발계획-」, 『도시문제』 7-3(대한지방행정공제회).

데, 그 대표적인 예가 경주시 종합개발사업의 일환으로 착수된 초대형 발굴이었다. 일례로 1973년에 실시된 계림로공사와 미추왕릉지구의 정화사업과 관련해서만도 100여 기에 달하는 대소형의 고분들이 발굴되었다.[17]

이러한 과정에서 관광개발계획을 진행하기 위한 여러 연구가 이루어졌는데, 그 중 하나가 윤무병의 연구였다. 그는 觀光都市化를 위한 개발과 인구의 증가로 초래된 시가지의 확장, 새로운 상가지역의 팽창과 학교 등의 공공시설 건립으로 인해 문화재가 파괴 인멸된 예를 열거하면서, 공장 등 산업시설에 의한 문화재 파괴보다는 공공기관의 시설에 의한 피해가 더 큰 것으로 보았다.[18] 민간인의 시설은 관의 규제를 받고 있으므로 어느 정도 안전조치가 취해지고 있으나 공공기관에 의한 각종의 시설은 외부의 규제 없이 자체의 검토에 따라 시행되기 때문이라는 것이다.

이러한 인식은 이후 역사도시를 보존 개발하기 위해서는 사적에 대한 철저한 연구조사가 이루어져야 하며, 현재와 같은 点調査의 방식을 지양하고 都市全體에 대한 一貫的 調査方式을 택해야 한다는 견해가 나오도록 하였다.[19]

윤무병은 당시 관광개발계획으로 초래될 수 있는 문제점에 대한 지적과 더불어 신라 왕경에 대한 새로운 복원안을 제기하였는데,[20] 이는 향후 신라 왕경에 대한 인식이 이전과는 전혀 다른 방향으로 전개되게 한 계기가 되었다. 그 핵심은 바로 統一期 新羅 王京에 中國의 唐 長安城에 존재하였던 朱雀大路와 같은 南北大路가 존재하였다는 것이었다. 그는 이

---

17 尹武炳, 1975, 「光復三十年 韓國考古學界의 反省과 方向」, 『제18회 全國歷史學大會 發表資料集』.
18 尹武炳, 1972, 「文化財의 保存」, 『文化財의 科學的 保存에 關한 硏究(1)』, 科學技術處.
19 張順鏞, 1976, 앞의 글.
20 尹武炳, 1972, 「歷史都市 慶州의 保存에 對한 調査」, 『文化財의 科學的 保存에 關한 硏究(1)』, 科學技術處.

를 입증하기 위해 이전까지 왕경 연구에서 그다지 논의되고 있지 않았던 城東洞 殿廊址에 대한 재해석을 시도하였다.

城東洞 殿廊址는 경주시 성동동 17-1번지 현 경주고등학교 서쪽과 北川의 남쪽 강둑에 인접하여 있다. 1937년 봄 北川 護岸工事 때 이 지역에 土壇이 있어 廢寺址로 추정되어 부분적인 발굴조사가 실시되었다. 발굴조사한 유적의 범위는 약 2,000평에 달하였는데 여기서는 많은 建物址가 드러났다. 발굴조사 결과 殿堂址가 6개소, 長廊址가 6개소, 門址가 2개소, 담장터가 3개소, 우물이 1개소, 배수구시설이 2개소 확인되었다. 건물지의 礎石들은 圓形柱座가 새겨진 통일신라시대의 礎石들이 많이 출토되었다. 門址는 長臺石으로 基壇을 만들었으며 排水路는 平瓦를 세워서 만들거나 전돌을 사용하여 만든 것도 있었다. 당시의 조사는 초석과 장대석이 있는 부분을 시굴하는 조사였기 때문에 정확한 규모는 알 수 없지만 일정규모 이상의 궁궐이 있었음을 확인할 수 있었다.[21] 그러나 이 전랑지가 왕경 연구에서 어떠한 의미를 갖고 있는지에 대한 논의는 윤무병의 논문이 나오기 전까지 거의 없었다고 할 수 있다.

윤무병은 우선 후지시마가 궁성의 위치를 현재의 月城 일대로 비정한 것과 남북대로를 月城과 皇龍寺址의 중간을 통과하는 도로로 착각한 것은 그의 복원론에서 가장 큰 약점이 될 수 있다고 지적하였다. 즉, 王京의 中央을 관통하는 南北大路는 중국 長安城이나 일본 平城京, 발해 東京城의 예로 보아 궁성 정문과 연결되어 있어야 하는데, 후지시마의 견해를 그대로 따르면 주작대로의 너비가 약 28m에 불과하게 되어 律令體制가 확립된 당시에 있어서는 도저히 있을 수 없는 현상으로 생각되었던 것이

---

21 齊藤忠, 1938, 「慶州における新羅統一時代遺構址の調査 -城東里の遺構址-」, 『昭和十二年度古蹟調査報告』, 朝鮮古蹟研究會 ; 齊藤忠, 1978, 「慶州城東洞遺蹟再考」, 『古代東アジア史論集(上)』, 吉川弘文館.

다.[22]

　이러한 전제를 바탕으로 하여 그는 성동동 전랑지로부터 月城 북쪽 중앙부로 이어지는 남북대로의 존재를 상정함으로써 후지시마가 풀지 못했던 지적도상 條里痕迹의 東西 不一致 문제를 해결함으로써 왕경 복원 연구에 새로운 방향을 제시하였다. 지적도를 중심으로 한 후지시마의 연구에서는 남북도로의 軸이 서로 약간의 각도 차이가 있어 월성의 중앙부에서 북측으로 올라갈수록 좁아지게 되는데, 윤무병은 바로 이 부분을 당 장안성의 남북대로에 해당하는 신라시대의 남북대로로 추정하였다.

　이를 증명하기 위해 그는 王京의 범위에 대한 새로운 해석을 시도하였다. 종래에는 왕경의 범위가 북천, 남천, 서천을 벗어나지 않는 것으로 파악해 왔지만, 新羅 王京의 형태를 중국의 도성처럼 정방형으로 정리하려면 南川과 北川 사이가 1.7km도 되지 않아 결국 蚊川과 北川을 지나 남북으로 확장할 수밖에 없었기 때문에 시가지의 일부가 이들 지역까지 확장되었을 가능성을 제기하였다. 더불어 坊里의 폭이 좁아진 南高壘가 똑바로 월성을 향하여 남하하는 선을 서쪽 경계로 동쪽으로 120m 폭에 해당하는 지역을 당의 장안성, 발해의 동경성, 일본의 평성경 등에서 볼 수 있는 남북대로에 해당하는 부분으로 보았다. 나아가 이 대로의 북쪽 끝부분에 위치한 성동동 殿廊址를 월성에 상대하는 궁궐, 즉 北宮으로 이해하였다.

　결국 남북대로는 북궁과 월성을 연결하기 위해 계획되었던 것 같으며, 또 160m의 坊이 이 대로를 중심으로 동서 양편에 각각 12개씩 배열되어 있어 이곳이 좌·우경의 중심이 되었다고 하였다. 따라서 그는 후지시마가 북궁의 존재를 인식하지 못하고 주작대로의 위치를 월성과 皇龍寺의 중간지점으로 잘못 파악한 것으로 짐작하였다.

22　신창수, 2002, 앞의 글.

한편 윤무병은 왕도의 범위를 周尺(1척=19.91cm)으로 계산하여 남북 3,840m, 동서 3,670m로 보아 이는 현 경주시가지 남북 4.3km, 동서 3.9km 와 거의 일치된다고 하였다. 그러므로 1坊의 크기는 東魏尺 400척×460척으로 계산하여 王都 4,300m×3,990m를 나누면 27방×24방으로 648방이 되지만, 여기에 왕궁, 월성, 낭산 및 하천 등의 면적을 제외하면 360坊이 정확한 수치라고 하였다.

이후 그는 자신의 견해를 일부 수정하여 북쪽의 궁성과 남쪽의 궁성을 연결하는 주작대로와 동서폭 약 3,900m에 동서 160m, 남북 140m 크기의 블록 16개로 된 坊이 36개로 구성된 왕경 복원안을 제시하였다.[23] 즉 북궁으로 이해되는 전랑지의 존재와 사료에 나오는 '35里' 및 '35金入宅'의 내용을 통해 그는 新羅 王京은 남북대로(주작대로)를 중심으로 동서에 12개씩의 坊이 배치되어 있었으며, 남북 역시 비슷한 규모로 나누었다. 이때 '坊'과 '里'는 동일한 것으로 여겼다. 나아가 王京 전체는 576개의 블록으로 분할되어 있었으며, 여기에 1坊이 16개의 작은 단위로 구성되어 있는 일본 平城京의 제도를 대입하여 왕경에 모두 36坊이 존재한 것으로 파악하였다. 이 숫자는 '35' 坊의 기록과 1개 차이를 보이는데, 전랑지는 16개의 블록, 즉 가로 세로 4개씩의 블록으로 구획되어 1坊을 차지하였던 것으로 추정하였다. 따라서 전체 36坊에서 왕궁이었던 성동동 전랑지의 면적을 제외하면 35坊이 되어 『三國史記』 지리지의 '三十五里'라는 기록과 일치하게 되므로 360坊이라는 기록은 36坊을 잘못 기록한 것으로 보았다.

이러한 그의 복원안은 이후 학계에 많은 영향을 미치게 된다. 田中俊明도 그의 복원안의 매력적인 점을 동서·남북 모두 6방이 되는 方形의 王京으로 보며, 그 가운데 王宮 1坊分을 제외한 35坊으로 복원한 것이라

---

23 尹武炳, 1987, 「新羅 王京의 坊制」, 『斗溪李丙燾博士九旬紀念韓國史學論叢』.

고 하였다.[24] 그렇게 될 경우 문헌에 보이는 '三十五里'와 부합하기 때문이다. 다만 다나까는 자신의 글에서 남북대로는 윤무병의 남북대로보다 조금 동쪽으로 월성의 중앙에서 출발하는 선을 상정하고 있어서 약간의 차이가 있다.[25]

　　이희준도 일일이 그 논거를 제시하지는 않았으나 포괄적인 측면에서 향후 연구 및 야외조사의 기본적인 출발점이 될 것이라고 하면서도 윤무병의 추정대로 신라왕경이 당 장안성의 영향을 크게 받았다면 북쪽 궁 뒤의 동서행방은 제외되고 남쪽 궁성 앞에 한 행의 방이 추가되는 편이 자연스럽지 않을까 하는 견해를 제시하였다.[26]

　　오영훈 역시 한국의 건축이나 조영이 보편적으로 산세나 지형을 따라서 이루어지는데 都市도 자연환경을 전혀 무시하고 형성, 발전되기는 어렵기 때문에[27] 당의 장안성이나 일본의 평성경과 같은 획일적인 구획이 이루어졌다고 보기는 어렵다고 하였다.[28]

　　이상과 같은 지적은 실제 윤무병의 연구가 가지고 있는 문제점이기도 하였다. 왜냐하면 그의 논지는 실제적인 조사를 통해 확인된 내용을 중심으로 한 것이 아니라 연역과 유추에서 출발하였기 때문이다. 즉, 그의 논지는 律令體制가 확립된 신라에 唐이나 日本의 都城과 같은 南北大路가 없는 것은 있을 수 없다는 前提를 바탕으로 한 推論이었던 것이다. 나아가 신라 왕경의 坊里區劃法의 起源을 직접적으로 중국 隋唐의 都城制에서 찾았으며, 왕경의 이미지도 일본 평성경의 운용방식과 유사하였던 것으로 보았다. 그는 사실상 당시 일본에서 많이 연구되고 있던 당 장안성과 일본

24　田中俊明, 1991,「朝鮮三國の都城制と東アジア」,『古代の日本と東アジア』, 小學館.
25　田中俊明・東潮, 1988, 앞의 책.
26　李熙濬, 1988,「統一新羅以後の考古學」,『韓國考古學報』21.
27　金秉模, 1984,「도시계획」,『역사도시 경주』, 열화당.
28　吳英勳, 1992,「新羅王京에 대한 考察」,『慶州史學』11.

평성경의 비교연구에 사용되었던 방법론을 그대로 신라 왕경에 대입하였던 것이다.

이 과정에서 이전에 藤島亥治郎이 제시하였던 신라 왕경이 隋唐代以前 도성과 관련이 있다는 인식은 사라져 버리고 말았다. 후지시마는 경주에 남아있는 坊里흔적의 분석과 문헌사료의 검토를 통해 平城京이 唐長安城의 영향을 받았다는 關野貞의 견해를 따르면서도 신라 왕경은 그 이전, 특히 魏晉南北朝時期의 중국 도성제와 밀접한 관련이 있다고 보았다.[29] 이러한 인식은 윤무병에 의해 南北大路 개념이 도입되면서 사라지고, 이후 신라 왕경 연구의 중심연대도 中古期가 아닌 統一期가 되었던 것이다. 물론 신라 왕경의 도시정비가 일시에 이루어진 것이 아니라 오랜 시간에 걸쳐 여러 차례의 변용과정을 겪어 왔으며, 문무왕대에 당 장안성의 도성제가 도입된 것으로 보는 절충안도 나왔다.[30] 뿐만 아니라 여기서는 고구려 도성제의 영향을 받았을 가능성도 언급하였다.

한편 慶州觀光綜合開發計劃이 확대되면서 1976년부터 황룡사지의 전체 가람규모를 확인하고 그 자료를 기초로 정비 · 정화하는 것을 목적으로 3개년 계획의 발굴조사가 시작되었다. 황룡사의 발굴조사를 통해 처음에는 藤島亥治郎이 작성하였던 추정 가람배치도에 심각한 오류가 있음이 지적되었고, 이를 바탕으로 기존 연구가 가지고 있는 한계라는 부분이 중점적으로 부각되었다. 조사기간도 처음 계획과는 달리 몇 차례 연장되어 1983년에 이르러서야 내곽에 대한 조사가 일단락되었다.[31]

그런데 황룡사 중심곽에 대한 조사가 어느 정도 마무리되고 1984년부터 사역의 정확한 확인을 위하여 외곽지역에 대한 발굴조사가 본격화되

---

29 藤島亥治郎, 1930, 「新羅王京の支那日本都城との關係」, 『建築雜誌』.
30 閔德植, 1989, 「新羅王京의 都市計劃에 관한 試考(上)(下)」, 『史叢』35 · 36.
31 文化財管理局 文化財硏究所, 1984, 『皇龍寺 遺蹟發掘調査報告書 I』.

면서, 의도하지는 않았지만 왕경과 관련된 새로운 내용이 확인되었다. 사지의 외곽지역에서 사지의 유구와는 관련이 없는 건물지와 집수·배수시설, 담장 기초석렬 등과 함께 道路로 추정되는 유구가 조사된 것이다. 이는 앞서 윤무병에 의해 만들어진 왕경에 대한 인식이 안압지나 성동동 왕경 관련 건물지 등을 통해 주로 통일신라를 중심으로 이루어지던 것을 삼국시대 신라로 확장시키기에 충분하였다.

더불어 주작대로를 중심으로 한 槪念으로서의 도성제가 아닌 발굴되어진 도로구간을 중심으로 후지시마의 王京復原圖가 다시 왕경 연구의 중심으로 부각되는 단초가 되었다. 그러나 이러한 도로유적을 중심으로 한 왕경에 대한 인식의 변화는 단지 황룡사지 주변의 조사 성과만을 바탕으로 해서는 이루어질 수 없었다. 왕경 전체에 대한 정확한 복원을 위해서는 보다 많은 지역에 대한 조사가 선행되어야 했기 때문이다.

이 부분은 장을 달리하여 황룡사지 주변의 도로유구와 1987년부터 새롭게 황룡사지의 동편지역에서 국립경주문화재연구소에 의해 발굴된 왕경유적의 조사 성과를 살펴보는 것에서 시작하고자 한다.

3. 都市開發에 따른 救濟發掘과 王京道路

1986년 황룡사지의 조사가 확대되어 서외곽의 사지를 발굴할 때 발견된 남북도로는 축조시기가 다른 상하 두개의 도로로 확인되었다. 하층유구는 밤자갈과 모래가 섞인 황갈색점질토를 섞어 다졌으며 확인된 노면의 너비는 7m 정도였으며, 노면의 동쪽에 側溝가 있었는데 화강암제의 切石으로 정연하게 2단 가량 쌓아올린 구조였다고 한다.[32] 후에 박방룡은 이

---

32 朴方龍, 1998, 『新羅都城研究』, 동아대 박사학위논문.

도로를 1998년 국립경주박물관 전시 및 수장고 건립예정부지 발굴조사에서 확인된 너비 23m의 남북도로와 직선으로 연결되는 것으로 이해하였다. 1987년부터는 황룡사지 동편지역의 도시유구에 대한 조사가 王京遺蹟이라는 이름으로 국립경주문화재연구소에 의해 시작되었다. 여기에서 확인된 유구는 통일신라시대의 건물지들을 비롯하여 당시의 도로 · 담장 · 우물 · 배수시설 등이 중심을 이루고 있지만, 그 아래에서 삼국시대의 건물지 · 도로유구 · 배수시설 등의 중복이 확인되었다.[33]

그 중에서도 황룡사지 남외곽 동서도로는 본격적인 왕경유적조사에서 처음으로 발굴된 도로유구이다. 1987년도부터 1990년도까지의 발굴에서 전체 폭 15m 내외의 상층과 하층으로 확인된 동서방향의 도로유구와 이 도로유구 동단부에서 접속되어 북으로 꺾여 올라가는 약 5.5m 폭의 남북방향 도로유구 일부가 확인되었다.[34] 상층의 동서도로는 그 중심이 황룡사지 남북중심선에서 161.25m 남쪽에 위치하며 폭이 15m이고, 경계석은 20~30cm 내외 크기의 냇돌을 사용하여 1단으로 축조하였는데 내부에는 5~10cm 내외 크기의 자갈과 인두대 크기의 냇돌 그리고 장대석 등이 혼입된 채 채워져 있었다.[35] 이 도로의 70cm 아래 부분에서 이 도로유구보다 앞선 시기의 것으로 보이는 도로유구가 확인되었는데 양쪽에 석축으로 된 배수구(측구)가 있고 윗면은 적갈색점질토와 지름 10cm 내외의 비교적 굵은 자갈을 섞어서 층층이 다졌다. 도로의 너비는 13.5m로 상층의 도로보다 좁고 40cm 아래에서 원지반층이 노출되는 것으로 볼 때 왕경지역의 도로유구 가운데 가장 오래된 유구로 추정하였다.[36]

---

33 國立慶州文化財研究所, 2002, 『新羅王京 發掘調査報告書 I』.
34 國立慶州文化財研究所, 1990, 『年報』창간호.
35 國立慶州文化財研究所, 1993, 『年報』4.
36 申昌秀, 1995, 「王京遺蹟 發掘에 대하여」, 『新羅王京研究』(新羅文化祭學術發表會論文集 16); 朴方龍, 1998, 앞의 글.

한편 1980년에 東門址 발굴을 실시하여 門의 평면형태와 그 외곽의 垓字 일부가 확인된 바 있는 월성지역은 1984년 월성, 계림, 월정교지, 안압지, 첨성대 등의 역사유적을 하나로 묶어 역사관광자료로 활용하고자 하는 월성대공원조성계획을 수립하면서 垓字를 포함한 성벽 바깥쪽에 대한 대대적인 발굴조사에 착수하게 되었다.

그 중 월성 북편과 첨성대 사이를 흘러가는 농수로의 하부를 조사하는 과정에서 월성 북편 석축수로 및 석교지가 발견되었는데, 이에 연결된 도로가 남북방향으로 9m 너비로 확인되었다.[37] 도로의 상면은 3~5cm의 잔자갈을 황갈색 모래자갈층 위에 깔아 다졌다. 도로의 동측 가장자리를 따라서 너비 110cm의 배수로가 정연하게 축조되어 있었으나 서측에는 배수로가 축조되어 있지 않았다.

이와 같은 경주관광개발과 관련 또는 그 일환으로 조사된 유적들에서 신라 왕경과 관련되는 도로유구가 확인되면서 신라 왕경에 대한 연구는 활기를 띠게 되었다. 그럼에도 이들 조사는 기본적으로 월성과 황룡사 주변이라고 하는 공간적 제약으로 말미암아 경주지역 전체라는 구도 속에서 이루어져야 할 왕경 연구에 있어서는 다소의 한계를 안고 있었다. 그런데 이러한 한계는 이후 왕경 연구자들이 의도하든 하지 않았든 간에 경주 시내 곳곳에서 이루어진 발굴조사를 통해 확인된 유적과 연결되면서 새로운 방향으로 전개되었다. 이제 경주 전역에서 도로를 중심으로 한 왕경 관련 유적들이 확인되는 계기가 마련된 배경에 대해 살펴보고자 한다.

경주관광개발계획에 따른 개발사업과는 별개로 80년대 이후 경주는 곳곳에 건물과 아파트들이 들어서면서 급속하게 팽창하였다. 그런데 경주지역의 개발문제가 본격적으로 이슈화되었던 것은 경주 북쪽에 위치한 황성동 개발부터였다. 1990년 황성동 526-4번지 일대에 주공아파트 택지

---

37 李相俊, 1997, 「慶州 月城의 變遷過程에 대한 小考」, 『嶺南考古學』21.

조성을 위한 발굴조사과정에서 3세기경으로 여겨지는 제철 관련 유적이 확인된 것이다. 이 유적은 당시 정부가 대선 공약사항으로 추진하고 있었던 주택 200만호 건설사업으로 인해 보존되지는 못하였다. 당시는 전국적으로 도로, 학교, 공공시설 등을 먼저 완성한 후 개발에 들어가는 것이 아니라 우선 주택단지부터 조성하고 주민들을 입주시킨 후에 기반시설은 천천히 갖추어 나가는 방식의 이른바 신도시 개발사업이 이루어지던 시기였다. 이후 황성동 유적이 존재하였던 곳의 주변에도 지속적으로 아파트들이 들어섰다. 주공아파트의 공사가 허가되었기 때문에 주변의 다른 건설사업도 인허가에 문제가 생기지는 않았던 것이다.

사실 경주는 다른 지역에 비하여 도시개발에 여러 가지 제약조건이 있었다.[38] 경주시는 총면적 1,319.6km² 중 고도 100m 이상의 고지대가 60.1%이며, 경사 15% 이상의 급경사지가 59%를 차지하고 있는 구릉 · 산악형 지형으로 형성되어 있다. 따라서 개발 가능한 평지는 협소하고 시외곽의 임야는 약 10%인 138.16km²가 국립공원지역이며, 문화재 보호구역이 204개 지구에 34.56km², 보전녹지구역은 21개 지구에 12.25km², 농업진흥지역이 131km²로서 마음대로 개발할 수 있는 지역은 전체 면적의 약 20%에 불과하다. 이에 따라 조금이라도 개발이 가능한 지역이 있게 되면 바로 난개발로 이어지게 되었던 것이다.

이렇게 황성동 주공아파트 건설은 이른바 경주지역 난개발의 시발점이 되었고, 이후 경주지역에서 법적으로 개발이 가능한 곳에는 수많은 아파트들이 들어섰으며, 그에 따른 공공시설과 기반시설도 함께 건설되었다. 이와 같이 본격화 된 도시개발은 이전까지 학술 발굴 위주로 전개된 경주지역의 고고학적 조사가 이른바 救濟發掘이라는 성격으로 바뀌는 계

---

38 강태호, 1993, 「경주시 도시특성 및 도시개발 규제 실태에 관한 연구」, 『사찰조경연구』, 동국대 사찰조경연구소.

기가 되었다.

　그러나 역설적이게도 경주 시내 곳곳에서 이루어진 구제발굴조사를 통해 그 동안 밝혀지지 않았던 고대 慶州의 도시 형태가 조금씩 드러나게 된다.[39] 앞서 언급한 황성동의 주공아파트 개발공사를 위한 구제발굴조사가 1990년 11월부터 1991년 7월까지 2차에 걸쳐 이루어졌다. 그 결과 신라시대의 대규모 제철유적이 발굴되었는데, 이와 더불어 이 유적의 동쪽에서 길이 15m, 너비 6.5m의 도로유구가 확인되었다. 路面은 밤자갈과 그보다 좀 더 큰 돌을 이용해 두께 30cm 내외로 다졌는데, 路面과 그 아래층 자갈 사이에서 통일신라시대 토기편이 다수 출토된 점으로 미루어 축조시기는 통일신라시대로 이해되었다.[40] 이 황성동 유적을 필두로 경주지역 곳곳에서 개별단위 개발이 이루어짐에 따라 조사된 유적들에서 도로를 비롯해 왕경 관련 유구가 확인되기 시작하였다.

　1994년 3월부터 5월까지 황남동 376번지에서 이루어진 발굴을 통해 유적의 북쪽에서 古道가 발견되었다.[41] 발굴된 도로의 길이는 18m이고 도로 방향은 동서방향인데 시멘트 포장도로 아래의 50~60cm 깊이에 위치하며 路面 너비는 약 70cm 정도까지만 확인되었다고 한다. 같은 해 황룡사 동외곽지역 약 1,350m 구간에 가스관을 매설하기에 앞서 긴급 발굴조사가 시행되었는데, 1010지점(N170~N160 및 S760~S910)에서 도로유구가 발견되었다.[42] 이 중 N170~N160구간에서는 간선도로의 교차로 흔적이 노출되었고, S760~S820구간에서는 지표 아래 30~60cm의 암갈색 부식토층에서 통일신라 기와무지가 확인되었고, 이를 제거하자 5cm 내외의 밤자

39　국립경주문화재연구소, 2002, 앞의 보고서.
40　국립경주박물관, 1989, 『경주 황성동유적 발굴조사 약보고서』(주공아파트건립부지 제2차지구)
41　동국대학교 경주캠퍼스 박물관, 2002, 『慶州 皇南洞 376 統一新羅時代 遺蹟』.
42　국립경주문화재연구소, 1996, 『王京地區內 가스관埋設地 發掘調査報告書報』.

갈과 사질토로 윗면을 다진 도로유구가 노출되었다.

1997년에는 동천동 우방아파트 부지 1차 발굴에서 남북 방향의 도로 유구가 조사되었는데[43] 거기에서 서쪽으로 180m 정도 떨어진 위치에서 다시 남북 방향의 도로가 확인되었다.[44] 道路의 길이는 82m, 너비는 6.5m 내외이고 크게 3개 층이 확인되었는데, 최하층 도로는 통일신라 하대에 축조된 것으로 보이는 담장시설이 도로 양측에 물려있어서 이보다 빠른 시기에 축조되었음이 확실하다. 한편 동천동 우방아파트 부지의 남북도로가 확인된 자리에서 동서로 직교하는 두 개의 동서도로가 발견되었다.[45] 도로의 구조와 시기는 남북도로와 비슷하며 북쪽 동서도로는 폭 5m 이상으로 추정되고, 잔존 길이는 25m 정도였다. 남쪽의 동서도로의 최대 너비는 6.5m이고 길이는 75m까지 확인되었다.

옛 문화중·고등학교 부지였던 서부동 19번지에서는 1997년에 동서 도로가 조사되었는데, 도로유구는 전면적으로 잔자갈을 깔고 측구를 지닌 형태로 북편과 동편의 연결부분이 드러났다.[46] 동서도로는 너비 4m, 길이 130m 정도가 확인되었는데, 도로의 남편으로 석축배수시설이 축조되고 도로의 북편에서는 별다른 시설이 확인되지 않았다. 도로 상부에서 확인된 자갈층과 단면조사를 통해 도로유구는 3차 이상 개축된 것으로 보이고 路面은 잔자갈로 촘촘히 다졌는데, 그 속에 통일신라시대 토기편이 섞여 있어 통일신라시대의 도로임을 알 수 있었다. 더불어 이곳에서는 너비 7m

---

43 동국대학교 경주캠퍼스 박물관, 1997, 『경주시 동천동 유적 발굴조사 현장설명회 및 지도 위원회자료』.
44 동국대학교 경주캠퍼스 박물관, 1997, 『경주시 동천동 택지개발 사업지구내 유적발굴조 사 현장설명회자료』.
45 동국대학교 경주캠퍼스박물관·경주대학교박물관, 1998, 『동천동 7B/L 내 도시유적 발 굴조사보고』(지도위원회 회의자료) ; 동국대학교 경주캠퍼스 박물관, 1998, 『동국대 경주 캠퍼스 개교 20주년 기념 발굴유물특별전』.
46 國立慶州文化財研究所, 2003, 『慶州 西部洞 19番地 遺蹟 發掘調査報告書』.

정도의 남북도로도 50m 가량 확인되었다. 도로의 서쪽에는 너비 60cm, 깊이 40cm의 단면 V자형 側溝가 있으며 노면은 밤자갈과 황갈색 사질점토를 섞어 다졌는데 통일신라시대의 것으로 추정되고 있다. 단면을 조사한 결과 3차에 걸쳐 보수한 흔적이 발견되었다. 이 도로의 남동편에서도 잔자갈을 폭 12.5m로 정연하게 깐 남북도로가 발견되었다.

한편 인왕동 556번지 선덕여상 교사 증축 예정부지에서도 지표 아래 30~50cm 깊이에서 지름 5~10cm 크기의 잔자갈과 와편을 섞어 다진 동서도로가 확인되었다.[47] 하층에도 잔자갈이 깔린 도로유구가 노출됨에 따라 2차 이상 개축한 것으로 보인다. 노출된 도로 유구는 조사범위상 너비 8.2m까지만 확인되었다. 같은 조사구역 내에서 지표 아래 60cm 깊이에서 밤자갈이 깔린 남북도로의 路面이 나타났는데 그 너비는 10m 내외였다. 도로는 잔자갈을 깔고 서쪽 끝부분에는 약간 큰 자갈로 마감하였으며 도로 경계지점에서 서쪽으로 약 2m 거리를 두고 건물의 기단석열과 같은 형태의 석열 2열이 노출되었다. 이 도로가 성동동 건물지 중앙에서 남쪽으로 월성까지 연결되는 남북도로이다.

국립경주박물관 전시 및 수장고 건립부지 내에서도 상하 2단으로 된 동서도로가 확인되었는데 상층은 지름 10~20cm 크기의 비교적 굵은 자갈을 깔았고 하층은 5~10cm 크기의 잔자갈을 깔았다.[48] 이같은 상하 2단은 축조시기보다는 축조공법에 따른 것으로 이해되고 있다. 노면의 너비는 15~16m였고 길이는 30m까지 확인되었다. 노면에서는 잘게 부서진 통일신라시대 와편들이 상당수 발견되어 통일신라시대에 축조된 것으로 추정된다.

이렇게 확인된 도로유구의 조사 성과를 집성한 것이 朴方龍의 『新羅

---

47 國立慶州文化財研究所, 2003, 『慶州 仁旺洞 556·566番地遺蹟 發掘調査報告書』.
48 國立慶州博物館, 2002, 『國立慶州博物館敷地內 發掘調査報告書』.

都城研究』이다. 여기에서는 앞에서 조사된 성과를 바탕으로 신라 왕경 도로의 특징을 다음과 같이 정리하였다. 우선 노면은 지름 5~10cm의 자갈 (밤자갈)을 깔고 황갈색 점질토와 사질토를 함께 섞어 다졌으며, 석축 배수구(측구)를 두는 것을 원칙으로 하였다. 도로는 기본적으로 직선이고 너비에 따라 대로(15.5m~23m 내외), 중로(9m 내외), 소로(5.5m 내외)로 구분되며, 시대가 내려오면서 노면 너비가 좁아지는 경향이 있다고 보았다. 이와 더불어 국립경주박물관 부지 내의 남북도로를 같은 부지 내의 동서도로와 축조수법은 동일하지만 路面의 너비가 23m나 되는 것으로 보아 이를 '王京大路'로 이해하여야 한다는 견해를 새롭게 제시하였다.[49] 이러한 견해는 기존의 주작대로 혹은 남북대로의 개념과는 전혀 다른 시각이라고 할 수 있다. 이는 오히려 과거 지적도를 바탕으로 왕경 복원을 시도하였던 藤島亥治郎의 복원안과 비슷한 것이었다.

이후로도 소규모개발과 연계된 구제조사는 지속적으로 이루어지고 있는데, 그 중 왕경유구와 관련하여 대표적인 것을 들면 다음과 같다.

황성동 537-2번지 일대에서 확인된 동서도로 유구에서는 북서-남동향으로 평행한 2열의 석열이 길게 뻗어 있었다.[50] 노출된 석열의 길이는 북쪽 석열이 770cm 이고 남쪽 석열은 1,150cm 이며, 서쪽은 현재 사용되는 포장도로의 하부로 들어간다. 석열과 석열 사이의 간격은 160cm이고 석열의 폭은 20cm이다. 남북석열 사이에 또 하나의 석열이 뻗어 있는데 유구의 성격은 동일하지만 교란이 심하여 하부 일부만 잔존하였다. 또한 남쪽 석열의 하부에서는 先築된 석열이 확인되었다. 이 속의 토층은 鐵滓 및 爐壁 등이 혼입된 짙은 흑갈색 점질토층으로 기반층인 역석층 상부에

---

49 박방룡, 1998, 앞의 글.
50 한국문화재보호재단, 1999, 『경주 황성동 537-2유적 발굴조사』(지도위원회 및 현장설명회자료).

복토되어 있었다. 이는 제철유구가 폐기된 후 이 지역을 인위적으로 평탄하게 조성한 것으로 추정된다. 석열은 160cm의 간격을 두고 한변 0.5~5cm 가량의 자갈을 점질토에 섞어 깔았다. 석열의 바닥면은 단면이 'U'자 형태로서 바퀴가 지나간 흔적으로 추정되며 깊이가 6cm가 넘는 곳도 있다. 바닥면의 두께는 2~2.5cm이다. 조사기준점에서 서쪽으로 51m 지점에서는 9회 가량 석열축이 중복되어 노출되었고 남쪽 석열의 남쪽과 북쪽 석열의 북쪽에서는 敷石이 확인되었다.

국립경주박물관 共同溝敷地에서도 담장이나 건물지에서 동쪽으로 약 40여m 떨어진 지점에서 너비 5m 내외의 남북도로가 확인되었다.[51] 주축은 거의 남북방향이며 주변지형보다 약 10cm 가량 오목하게 들어가 있었다. 도로 바닥은 지름 5cm 내외의 밤자갈로 다졌으며 남북방향으로 여러 줄의 수레바퀴혼도 발견되었다. 도로의 동쪽 가장자리에는 많은 양의 평와편이 도로를 따라가면서 깔려 있었다. 이 도로는 1998년에 신관 부지를 발굴하면서 노출된 동서 및 남북도로에 비하면 그 규모가 1/3 이하 정도로 작기 때문에 신관 부지 동서도로에서 派出된 소규모의 남북도로로 추정된다.

경주 성동동 북문로에서도 동서도로가 약 70m 정도가 노출되었다.[52] 동편으로 도로가 교란되어 삭평된 부분이 많지만 일부 도로의 잔흔이 남아 있어서 도로가 동쪽으로 계속 이어질 것으로 생각된다. 도로 유구는 폭 3.5m 정도까지만 조사되어 전체폭은 추정하기 힘들다. 도로 유구에서는

---

51 이한상, 2000, 「국립경주박물관 공동구부지 발굴조사의 성과」, 『제3회 국립박물관 동원학술전국대회 발표요지』, 한국고고미술연구소 ; 국립경주박물관, 2000, 『국립박물관 공동구부지 발굴조사의 성과』(지도위원회 회의자료)
52 한국문화재보호재단, 2001, 『경주 성동동 북문로(A지역) 228-4번지 일대 발굴조사』(지도위원회의 및 현장설명회 자료) ; 한국문화재보호재단, 2003, 『慶州 北門路 王京遺蹟 試・發掘調査報告書』.

모두 3개의 층위가 확인되었는데, 최상층 도로면은 출토유물로 보아 조선 시대의 도로로 추정되며 도로축으로 보아 경주읍성 북문을 통하는 동서도로일 가능성도 있다. 중간 도로면은 적갈색 점토와 마사토를 혼합시켜 잔자갈로 다졌으며, 최하층 도로면은 적갈색 점토층을 기반으로 비교적 굵은 자갈(대략 10cm 내외의 천석)을 먼저 깔고 폭 1~3cm 정도의 잔자갈을 그 위에 밀집시켜 단단하게 다져 노면을 만들었다.

현재까지 확인된 도로유구 중 가장 외곽에 위치한 것은 북쪽에서는 황성동 제철유적의 남북도로와 황성동 537-2유적의 동서도로로, 남쪽에서는 국립경주박물관부지의 동서 · 남북도로로, 서쪽에서는 서부동 동서 · 남북도로가, 그리고 동쪽으로는 황룡사지 동쪽 외곽 남북도로로 파악되고 있다. 현재까지는 이들 유구를 통해 왕경의 외곽선을 이해하고 있지만 앞으로 새로운 조사를 통해 이전과는 다른 외곽선이 확인될 수도 있을 것으로 생각된다. 어쨌든 왕경연구자들은 이러한 도로유적을 통해 왕경의 도시계획에 대한 보다 많은 정보를 갖게 되었다. 그 동안 단일유적으로 발굴되어 부분적인 확인작업의 성격에 한정되었던 고고학적 조사만으로 고대도시를 이해하는 것은 한계가 있으며, 왕경 연구를 위해서는 보다 종합적이고 계획적인 조사가 필요함을 인식하게 되었던 것이다.

요컨대 왕경에 대한 새로운 인식은 아이러니하게도 곳곳에서 무분별하게 이루어진 개발과 더불어 시행된 구제발굴을 통해서 시작되었다고 할 수 있다.

國立慶州文化財研究所는 16년에 걸친 황룡사지 동편지역에 대한 발굴조사의 성과를 『新羅 王京』이라는 이름으로 2002년에 발간하였다.[53] 그리고 이 보고서의 발간 기념으로 2003년 이에 대한 종합적인 학술대회까

---

53 國立慶州文化財研究所, 2002, 앞의 보고서.

지 개최하였다.[54] 이는 이전까지 기준이 될 만한 공간적 자료도 없이 개별 연구자들에 의해 각자의 관점에서 이해되어 온 신라시대 경주에 대한 인식을 완전히 바꿀 수 있는 기본자료가 만들어졌음을 보여주는 것이기도 하다. 왜냐하면 이러한 성과를 바탕으로 당시 조사에 참여하였던 많은 이들에 의해 신라 왕경에 대한 새로운 이해가 나오기 시작하였기 때문이다.[55]

이들은 기본적으로 신라 왕경에 都市計劃의 출발을 황룡사가 건립된 6세기 중반 전후로 파악하였다. 즉 왕경유적의 발굴성과를 근거로 6세기대에는 왕경 전체를 염두에 두고서 도시계획을 수립하였던 것이 아니라 황룡사 부근부터 도시계획을 시작하여 8세기대 후반에 왕경 전역으로 그것을 확대하여 적용했다고 이해하였던 것이다. 坊과 里에 대한 인식도 각기 설치된 지역이 구별되었다고 이해하여 양자를 並列的인 行政單位로 파악하기도 했다. 나아가 기존에 인식되어 온 16방제의 분할에 의해 대·중·소로가 구획되는 것이 아니라 도로와 택지를 균등하게 배열한 방식의 도시구조를 제안하였는데, 東魏尺(35.5cm)을 활용하여 처음에는 택지공간 400척, 도로부지 60척으로 균등하게 배열되다가 2~3단계 도성확장시기(7~8세기)가 되면 도로 폭이 40척, 20척 정도로 줄어들었다는 안이었다. 그와 같은 새로운 견해는 지금까지 일본이나 중국의 경우를 바탕으로 주작대로의 유무라든지, 대·중·소로라는 도로의 폭에 따른 9분할, 16분할

---

54 國立文化財研究所·國立慶州文化財研究所, 2003, 『新羅王京調査의 成果와 意義』(文化財研究 國際學術大會 發表論文 第12輯).

55 申昌秀, 2002, 앞의 글 ; 김교년, 2003, 「신라 왕경의 발굴조사와 성과」, 『新羅王京調査의 成果와 意義』(文化財研究 國際學術大會 發表論文 第12輯) ; 李恩碩, 2003, 「新羅王京の都市計劃」, 『東アジアの古代都城』, 奈良文化財研究所 ; 李恩碩, 2004, 「왕경의 성립과 발전」, 『통일신라의 고고학』(2004년 전국고고학대회 자료집) ; 黃仁鎬, 2004, 「慶州 王京 道路를 통해 본 新羅 都市計劃 硏究」, 동아대 석사학위논문 ; 李恩碩, 2005, 「신라 왕경 발굴의 과제」, 『新羅史學報』5.

등 다양한 안이 제시되었지만 모두 신라 왕경에는 맞지 않는 결과가 산출되어 그대로 이를 적용할 수 없다는 문제의식에서 출발하였다. 이러한 이해는 현재 왕경의 한 구역으로 여겨지고 있는 특정시기의 평면에 대한 조사를 바탕으로 한 것이기 때문에 앞으로 신라 왕경 연구에 있어 많은 영향을 줄 것임에 틀림없다.

한편 최근 이와는 별도의 방향에서 新羅 王京의 연구와 관련된 논의가 진행되고 있는데, 바로 2005년 3월 5일에 공포된 '고도보존에 관한 특별법'에 따른 고도보존 중장기 계획과 문화관광부에서 추진하고 있는 歷史文化都市計劃이 그것이다. 문화관광부가 2004년도 주요업무계획의 하나로 신국토구상과 연계된 지역별 문화 성장거점 육성안을 마련하였는데 그 중 하나가 바로 경주역사문화중심도시 조성이었다. 이에 따라 2005년 10월에 경주시는 歷史都市의 오늘과 내일이라는 주제로 제9회 世界歷史都市會議를 개최하고 여기에서 慶州歷史文化都市 造成事業의 長期計劃을 발표하였다.[56] 이 계획에 의하면 경주시 일원에 2005년부터 2034년까지 30년 동안 '경주역사문화도시 만들기'를 한다는 것이다. 구체적으로는 1단계로 2009년까지 추진기반의 조성 및 착수를, 2010년부터 2019년까지는 2단계로 기본 인프라 구축을, 2020년부터 2029년까지는 3단계로 역사문화도시로서의 정체성 확보를, 마지막 4단계가 2030년부터 2034년까지로 경주의 국제적 위상을 확보한다는 것이다.

그렇다면 이러한 계획이 신라 왕경 연구와 어떠한 관계가 있는가를 살펴볼 필요가 있는데, 그것은 경주역사문화도시 만들기 사업의 추진계획에서 확인할 수 있다. 발표문에 따르면 이 사업의 추진방향은 크게 歷史的 都心의 再生志向, 文化遺産의 資源性 提高, 그리고 古都 正體性(identity)

---

56 백상승, 2005, 「경주 역사 문화도시 조성사업」, 『역사도시의 오늘과 내일』(제9회 세계역사도시회의 자료집).

의 確保라는 3개의 틀로 정해졌는데, 그 중 고도 정체성의 확보라는 부분에는 신라 왕경의 골격 복원과 중창 · 재현 등 창조적 복원계획이 포함되어 있다. 이러한 사업은 사실상 향후 경주에 있어서 왕경에 대한 기본적 인식을 변화시킬 수도 있는 것이다. 여기에는 세부적으로 신라 왕경의 구조를 파악하기 위해 많은 지역의 발굴조사가 예정되어 있고 그 중에서는 신라의 궁궐이 위치하고 있을 것으로 여겨지는 月城지역도 포함되어 있다. 신라 왕경의 정확한 복원을 위해서는 이 지역에 대한 발굴조사가 필수적이라고 할 수 있다. 그러나 기존의 경험을 통해서도 알 수 있듯이 개발사업과 연계된 발굴조사는 자칫 문화유적의 훼손을 인정하는 방향으로 진행될 가능성도 염두에 두어야 한다. 따라서 왕경 복원을 위한 노력과 동시에 현실에서 만들어지는 복원 계획의 의미에 대해서도 다시 검토할 필요가 있는 것이다. 같은 회의에서 '역사문화도시의 보존과 복원' 이라는 주제의 학술세미나를 통해 다루어진 보존과 복원의 문제점과 신라 왕경이 가지고 있는 상징적 의미 등에 대한 검토는 그 시작이라는 점에서 의미가 있다.

지금까지 고대 이래 지속적으로 신라의 왕경 경주에 대한 개발계획과 사업이 존재하였음을 살펴보았다. 이 과정에서 근대적 의미의 면적에 대한 인식의 한계로 인해 더 이상 연구가 진행되기 어려운 상황이었음을 알게 되었다. 따라서 신라 왕경에 대한 본격적인 연구는 어쩔 수 없이 地籍이라는 개념이 만들어지게 된 토지조사사업의 완료와 더불어 시작할 수밖에 없었고, 당시 조선총독부의 기사인 藤島亥治郎가 그 역할을 맡게 되는 과정도 살펴보았다. 이후 왕경에 대한 연구는 이때 만들어진 지적도 중심으로 이루어져 하나의 계보가 만들어지게 되는데, 이러한 연구에도 사실은 한계가 있을 수밖에 없었다. 기본적으로 지적은 토지소유의 경계를 나타내는 수단일 뿐이다. 지적도에서 쉽게 파악할 수 있는 전반적인 양상과는 달리 세부적으로는 경주가 왕경으로서의 역할이 폐기된 이후 지속적으로 변화해 온 개별지역의 소유와 경영의 변화과정과 더불어 그 외곽선도 변화하였다는 점은 파악하기 어려운 것이다. 이러한 변화가 바로 시기의 흐름에 따라 이루어진 퇴적의 변화양상이기도 한데, 이것이 바로 체계적이고 본격적인 발굴조사가 필요한 이유이기도 한 것이다.

한편 1970년대에 들어서 경주관광개발계획과 그에 따른 경주시종합개발사업이 이루어지게 된다. 이 과정에서 관광개발계획을 진행하기 위한 여러 가지 연구가 이루어졌는데, 그 중 하나가 尹武炳의 논문이었다. 그는 당시 관광개발계획으로 초래될 수 있는 문제점에 대한 지적과 더불어 신라 왕경에 대한 새로운 복원안을 제기하였는데, 이는 이후 왕경에 대한 인식의 방향전환을 가져 왔다. 바로 통일기 신라 왕경에 당 장안성에 존재하였던 주작대로와 같은 남북대로가 존재하였다는 것이다. 이 연구 이후 신라 왕경 연구에 본격적인 계획(plan) 개념이 들어오게 된다. 그러나 이 개념 중심의 연구 역시 약간의 문제점을 안고 있었는데, 그러한 플랜이 과연 발굴조사 등을 통해 실제적으로 확인되었는가 하는 점이 그것이다. 이러한 문제는 동일한 관광개발계획 아래에서 이루어진 황룡사지에 대한 전면적인 발굴조사가 마무리될 때부터 본격적으로 제기되기 시작하였다. 바로 경주가 신라의 왕경이었던 시기의 도로유구가 확인되었기 때문이다. 이후 경주 전역에서 이루어진 개별적인 개발사업에 따른 구제발굴조사에서 같은 시기의 도로유구가 다수 확인됨으로써 이전까지 지적도와 개념으로만 이해되어 오던 왕경의 실체가 조금씩 밝혀지게 되었다. 朴方龍은 이러한 성과를 정리하여 그의 박사학위논문을 제출하였다. 최근 들어서 지난 10여 년 동안 발굴 조사되어 온 신라 왕경의 한 부분에 대한 성과가 『新羅 王京 發掘調査報告書 I』이라는 이름으로 발간되었다. 이는 앞으로 도로 중심으로 이해되어 온 기존의 왕경 연구를 그 내부에서 생활하였던 사람들에 대한 연구로 바꿀 수 있는 계기가 될 것으로 생각한다.

현재 새롭게 시작하게 되는 '역사문화도시 경주 만들기' 사업은 이렇게 오랜 기간 동안 많은 과정을 거치면서 만들어진 신라 왕경으로서의 연구 성과와 그에 대한 인식을 어떻게 변화시킬 것인지 기대와 걱정을 교차하게 한다. 이는 역으로 바로 이전에 있어 왔던 다양한 개발사업에 의해 경주지역의 유적이 어떻게 조사되고 보존되고 또는 훼손되었는지 그 과정에 대한 연구가 필요함을 이야기하는 것이기도 하다. 이를 통해 앞으로 지속적으로 있을 수밖에 없는 경주에 대한 각종 개발이 가져올 수 있는 왕경에 대한 변화, 변질, 혹은 훼손을 어느 정도라도 방지할 수 있을 것이기 때문이다.

VI. 都城制에 대한 두 가지 視覺
: 新羅 王京과 日本 藤原京

　　불과 십여 년 전만하여도 몇몇 연구자에 의해 명맥을 유지해 오던 신라 왕경에 대한 연구는 현재 이전과는 비교도 되지 않을 정도로 많은 연구자들에 의해 다양한 각도에서 이루어지고 있다.[1] 이러한 변화는 최근 들어 보고된 왕경유적 발굴조사의 성과에 힘입은 바도 있겠지만, 더불어 신라의 역사와 문화에 대한 인식의 기준이 기존의 고분과 부장유물 중심에서[2] 당시 정치와 문화의 중심무대였던 왕경 그 자체로 옮겨지고 있다는데 기인한다.[3] 나아가 이는 문헌자료를 통해 당시의 상황을 일정 수준으로 이해하고 있는 시기에 있어서 고고학적 연구가 어떠한 방향으로 나가야 할 것인가에 대해 인식론적 접근방식에 변화가 생겼음을 의미하는 것이기도 하다.

　　필자 역시 이러한 부분에 대한 문제의식을 공유하면서 신라 왕경을 중심으로 그 구조와 조영계획에 대한 비교사적 검토를 진행하여 보았다.[4]

---

1 朴方龍, 1985, 「新羅의 都城・城址」, 『韓國史論』15, 국사편찬위원회 ; 1997, 『新羅都城研 究』, 동아대 박사학위논문; 본서 5장 참조.
2 한국고고학회, 1996, 『신라고고학의 제문제』 창립20주년 기념 제20회 한국고고학전국대회.
3 양정석, 2006, 「신라고고학의 연구사적 검토」, 『한국고대사입문』2, 신서원.

그 과정에서 신라 왕경을 이해하기 위해서는 隋唐代 都城制가 들어오기 전 동북아시아의 도성제에 대한 이해가 선행되어야 함을 알게 되었다.[5] 이를 바탕으로 동북아시아에 있어서 도성제의 흐름을 살펴본 결과 북위에서 정형화된 도성제가 고구려의 궁궐을 조영하는데 수용되고,[6] 그것이 다시 신라 왕경의 조영과정에 받아들여졌음을 확인할 수 있었다.[7] 나아가 이러한 신라의 도성제는 다시 수당대 도성제를 받아들여 조영한 平城京 이전에 만들어진 藤原京에 많은 영향을 주었던 것으로 보았다.[8]

일본 연구자들 중에도 비록 관점의 차이는 있지만 이미 1930년대 이래로 수당대 이전의 도성제와 신라 왕경의 관련성이라든가[9] 藤原京과 신라 왕경의 유사성을[10] 언급한 사례가 없는 것은 아니다. 이들의 연구는 수당대의 장안성과 일본 평성경에 대한 인식을 기반으로 신라의 도성제를 이해하려고 하는 경향에 대한 반성이라는 점에서 필자의 논지와 궤를 같이 한다고 생각한다. 물론 대부분의 일본 연구자들이 이러한 견해를 수용하는 것은 아니며, 오히려 한국 고대의 도성제와 관련성 보다는 중국과의 직접적인 관계를 중심으로 이해하고자 하는 경향성이 일반적이었다고 할

---

4 양정석, 2004,『皇龍寺의 造營과 王權』, 서경; 2007,「新羅 王京人의 住居空間 -『三國史記』屋舍條와 王京遺蹟의 關係를 중심으로-」,『新羅文化祭學術論文集』27 ; 2007,「營繕令을 통해 본『三國史記』屋舍條」,『韓國史學報』28.

5 梁正錫, 1999,「皇龍寺 中金堂과 丈六尊像」,『先史와 古代』12; 2000,「新羅 皇龍寺・北魏 永寧寺 그리고 日本 大官大寺 -5~7세기 동아시아 都城制와 관련하여-」,『韓國史學報』9.

6 본서 1장 참조.

7 본서 2장 참조

8 梁正錫, 2005,「신라 왕경 경주의 복원 -도성내 二重太極殿制의 提唱-」,『역사문화도시의 보존과 복원』, 경주시; 2005,「金堂と太極殿の比較からみた東アジア都城制」,『橿原考古學 研究所紀要 考古學論攷』28.

9 藤島亥治郎, 1930,「新羅王都復元論」,『朝鮮建築史論』; 梁正錫, 2006, 앞의 논문.

10 齋藤忠, 1936,「朝鮮都城と藤原京」,『夢殿』15; 千田稔, 1991,「古代朝鮮の王京と藤原京」,『古代の日本と東アジア』; 田中俊明, 1991,「朝鮮三國の都城制と東アジア」,『古代の日本 と東アジア』.

수 있다. 그럼에도 불구하고 동아시아 도성제의 흐름을 전제로 한다는 면에서는 향후 연구가 진행됨에 따라 일본의 도성제를 한국과의 관계라는 점에서 검토할 수 있는 여지를 남겨 놓았다는 것은 분명하다.[11]

그런데 1996년 이래 일본의 연구자들 사이에서 논의되고 시작한 '自生說' 이라고 할 수 있는 藤原京의 조영에 대한 새로운 인식은[12] 위와 같은 동아시아 도성제의 흐름에서의 논의를 원천적으로 차단하여 버렸다. 게다가 이 설은 초기의 비판적 시각이 사라지면서 점차 일본 도성제 연구에 있어서 정설화 되고 있다. 이러한 인식의 변화는 단순히 일본 도성제만의 문제로 끝나지 않고, 동아시아 도성제의 흐름을 전혀 다른 방향으로 이해하게 만들었다. 즉 더 이상 등원경 조영에 있어서 동아시아 삼국 중 한국 고대의 도성, 그 중에서도 신라 왕경과의 비교를 전제로 할 필요가 없어진 것이다.

필자 역시 이들의 이룬 고고학적인 성과는 일본 뿐 아니라 동아시아 도성제를 이해하든데 충분히 반영되어야 한다고 생각한다. 그러나 그들이 제기한 등원경 조영플랜의 '자생설' 은 도성 유구가 가지고 있는 의미를 해석하는데 있어서 근본적인 문제가 있다고 생각하여 이에 대한 비판을 지속적으로 제기하여 왔다. 이 장은 1999년 이래 기존의 논문에서 다루었던 등원경에 대한 필자의 견해를 중심으로 일부 빠졌거나 새롭게 확인된 부분을 추가하여 하나의 흐름으로 정리한 것이다. 이를 통해 신라의 도성에 적용된 플랜이 어떤 부분에서 일본 등원경에 받아 들여졌는가 하는 점을 명확히 하고자 한다. 나아가 기존 도로 중심의 도성제 인식과는 달리 도성내 중심건축물들의 상징성이 가지고 있는 의미를 중심으로 도성을 이

11 岸俊男, 1993, 『日本の古代宮都』, 岩波書店.
12 中村太一, 1996, 「藤原京と 『周禮』王城 プラン」, 『日本歷史』582 ; 小澤毅, 1997, 「古代都市『藤原京』の成立」, 『考古學研究』44 · 3.

해할 필요가 있음을 밝히고자 한다.

1. 最近 日本 藤原京 認識의 問題點

일본 등원경에 대한 인식은 이 지역에서 이루어진 발굴조사의 성과와 궤를 같이 하여 오랜 기간에 걸쳐 상당히 많은 변화가 있었다. 따라서 최근 새롭게 제기된 등원경 인식을 명확하게 이해하기 위해서는 먼저 이에 대한 연구사적 검토가 필요한데, 이를 간단하게 정리하면 다음과 같다.

明治時代이래로 조금씩 논의되던 藤原宮과 京에 대한 연구는 1913년 喜田貞吉이[13] 지형과 지명, 고대의 도로, 문헌사료 등을 다각적으로 검토하여 京域의 복원을 포함한 등원궁의 所在地論을 전개하면서 본격적으로 시작되었다. 이후 1933년 田村吉永이 실지답사를 기초로 「藤原京考定圖」를 통해 새로운 등원경복원설을 발표하였다. 더불어 그해 6월에는 奈良縣 史蹟調査會에서 大宮土壇 북쪽의 일부에 대한 최초의 시굴을 실시하였다. 이어 새롭게 만들어진 日本古文化硏究所에 의해[14] 1934년 12월부터 1943년 藤原宮址調査終業報告式이 거행될 때까지 약10년 간의 藤原宮에 대한 본격적인 발굴이 진행되었다. 이를 통해 이루어진 성과는 이후 하나의 도면으로 집성되었는데, 등원궁연구에 있어서 가장 기본적인 자료가 된 「藤原宮址平面圖」가 바로 그것이다.[15]

한동안 중지되었던 등원궁과 경에 대한 발굴조사가 1966년 재개되었고 그 성과가 1969년 『藤原宮 -國道一六五號線バイパスに伴う宮域調査』

---

13 喜田貞吉, 1979, 『喜田貞吉著作集』5 都城の研究, 平凡社.
14 日本古文化硏究所 관련 연구사정리는 木下正史, 2003, 『藤原京』, 中央公論新社 참조.
15 黑板勝美, 1953, 『古文化の保存と研究』.

사진 1 _ 일본 등원궁 대극전지 전경

라는 이름으로 간행되었다. 여기에서 나온 성과는 같은 해에 발표된 岸俊
男의 글을 통해 정리되었고[16] 이를 통해 京域과 條坊地割를 중심으로 한
본격적인 논의가 시작되었다. 이후 岸俊男에 의해 등원경의 기본모델이
唐 長安城이 아니라, 北魏의 洛陽城이라는 견해가 제시된 후[17] 이에 따른
복원안이 지속적으로 나오게 되었다. 이 복원안의 핵심은 궁궐이 북쪽에
치우쳐 있었다는 점인데, 이를 바탕으로 岸俊男은 平城京이 藤原京을 확
대 · 재편한 것에 지나지 않는다고까지 했다.[18] 이러한 지적은 몇 차례의
반론이 있었지만,[19] 일본학계의 정설로 이해되어 왔다.

16 岸俊男, 1969,「京域の想定と藤原京條坊制」,『藤原宮』, 奈良縣教育委員會.
17 岸俊男, 1988,『日本古代宮都の研究』.
18 岸俊男, 1984,『古代宮都の探索』.
19 王維坤, 1991,「平城京の模倣原型」,『古代の日本と東アジア』.

그러나 최근 등원경의 발굴을 통해 몇 가지 새로운 문제점들이 부각되었다. 그 중 가장 대표적인 것은 기존에 통설시된 도성복원안이 잘못되었을 가능성과 그에 따른 도성제의 기본모델이 무엇인가 하는 점이다.

1979년 이후 기왕에 상정되어있던 京域 외의 條坊地割遺構가 검출되었는데[20] 이는 기존 京域論에 대한 반론의 근거가 되어 京域 자체에 대한 다양한 설이 나오게 되었다.[21] 1996년에는 橿原市土橋遺跡과 櫻井市上之庄遺跡이 조사되었고, 일부 연구자들은 이것을 기존 복원안의 밖에 위치한 藤原京의 京極을 보여주는 條坊道路遺構로 이해하기도 했다.[22] 이러한 견해가 제기되면서부터 등원경 복원에 대한 새로운 가능성이 나타나게 되었다. 藤原京은 주변지역에 대한 발굴이 진행될수록 점차 그 규모가 커지고, 또 宮의 위치도 북쪽이 아닌 중앙으로 이해하는 경향이 대두되었다.[23] 이는 기존의 통설과는 전혀 다른 도성플랜이 존재함을 의미하는 것이며 기존의 복원안과는 전혀 다른 복원안을 상정하는 계기가 되었다.

한편 이러한 등원경의 새로운 복원안의 등장은 기존에 등원경의 모델로 논의되었던 당 장안성도 아니고, 북위 낙양성도 아니라면 무엇을 모델로 하였는가 하는 점으로 논의의 초점이 넘어가게 된다.

새로운 복원안은 기본적으로 등원경역은 처음부터 10條×10坊(10里四方)의 정방형으로 설정되어 있었으며 남북의 경극 또한 이전의 복원안과는 달리 궁의 위치에서 사방으로 같은 거리를 두고 만들어졌다고 본

---

20 中井一夫·松田眞一, 1980, 「藤原京關聯條坊遺構の調査」, 『奈良縣遺跡調査概報 1979年』.

21 八木充, 1996, 『研究史 飛鳥藤原京』, 吉川弘文館.

22 中村太一, 1996, 「藤原京と『周禮』王城 プラン」, 『日本歷史』582 ; 小澤毅, 1997, 「古代都市『藤原京』の成立」, 『考古學研究』44·3.

23 藤原宮이 京의 중앙에 위치할 가능성은 이미 秋山日出雄에 의해 제기된 바 있다(1980, 「藤原京の京城考-內城と外京の想定」, 『考古學論攷』4.

다.[24] 이러한 형태는 경역의 북단에 궁을 두는 평성경 이후의 도성과는 큰 대조를 보이며, 궁이 경의 중앙에 있는 마치 『周禮』의 考工記 匠人營國條 를 방불케 한다고 한다.

따라서 기존의 등원경의 모델이 되는 도성을 중국에서 구하려는 수 많은 시도는 유사한 형태의 도성을 찾을 수 없으며 오히려 양자의 차이점 만 현격하게 나타낼 뿐이라는 것이다.[25] 결론적으로 이들은 등원경은 실 재의 중국도성을 직접모델로 한 것이 아니라 『周禮』에 보이는 중국도성의 이상형에 기초하여 설계된 소위 이념선행형의 도성이라고 주장하고 있 다. 그리고 그렇게 된 가장 중요한 원인으로 당시 일본은 중국 도성에 대 한 정보가 부족했다는 점을 들었다.

즉 견당사의 파견이 天智 8년(669)부터 大寶 2년(702)까지 장기간에 걸쳐 중단되어, 그 사이 중국으로부터의 직접적인 정보의 입수가 어려웠 다는 것이다. 이외에도 등원경의 朱雀大路가 平城京의 1/3에 지나지 않아 朱雀大路라는 이름에 걸맞지 않다거나 구릉과 飛鳥川 등으로 인해 실제적 인 중심 대로로서 기능이 어려웠다는 점, 그리고 지형으로 보아 남단에 羅 城門도 없었을 것이라는 점 등을[26] 들어 平城京과도 전혀 다른 도성제임 을 주장하고 있다.

이는 한편으로 일본의 등원경이 중국도성제의 영향에 의해 돌연히 출현한 것이 아니라 내부에서 지속적인 변화과정이 있었던 것으로 보는 관점과[27] 연결되어 藤原京 바로 직전의 도성으로 생각되는 飛鳥淨御原宮

---

24 小澤毅, 1997, 앞의 글, 64~66쪽.
25 물론 이러한 설과는 달리 大寶令制에서의 國郡制의 시행과 京域의 관계가 명확하지 않다 는 점, 즉 경역이 확장되는 것과 동시에 등원경과 인접한 高市郡과 十市郡의 郡域이 줄어 들며 동시에 里가 존재할 여지가 없어지는 문제점을 지적하여 기존의 견해의 타당성을 주장하는 연구자도 있다(仁藤敦史, 1999, 「「藤原京」の京域と條坊」, 『日本歷史』619).
26 小澤毅, 1997, 앞의 글, 65쪽.

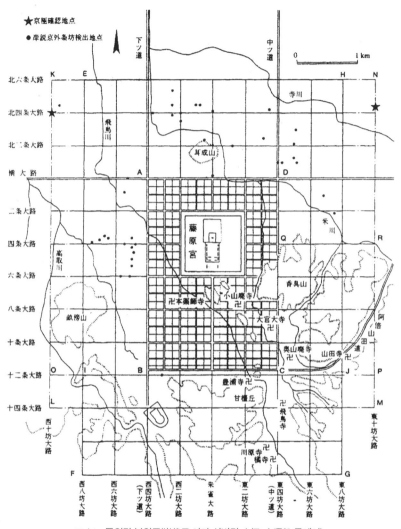

도면 1 _ 등원경 복원도(岸俊男 안과 신발견 京極, 小澤毅 글에서)

에 대한 관심이[28] 증가하기도 했다.

　이와 같이 등원경이 일본의 독자적인 도성계획에 의해 조영되었다는 '自生說'은 현재 일본학계의 신설로 부각되고 있다.[29] 필자 또한 도로 유

구에 대한 조사를 바탕으로
한 京極의 확인을 통해 만들
어진 새로운 등원경의 복원
안이 동아시아 도성제 연구
에 있어서 하나의 틀로서 중
요한 의미가 있음을 제기한
바 있다.[30] 그러나 등원경의
모델에 대한 이들 연구자들
의 주장에 문제가 없는 것은
아니다.

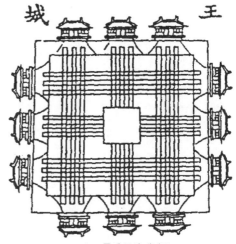

도면 2 _ 주례 도성 개념도

　　우선 이들은 北魏의 洛
陽城을『周禮』考工記의 도성제와 전혀 다른 것으로 보고 있지만, 외형상
의 차이점에도 불구하고 기본적으로는 동일한 플랜임을 강조한 견해가 이
미 나온 바 있다.[31] 여기서는 北魏의 洛陽城이 이전과 차이점이 있었던 원
인을 北魏가 행한 漢化政策으로 인해 오히려 이전의 漢人들이 조성한 도
성보다 훨씬『周禮』에 가까울 수 있었다고 주장했는데, 이는 최근의 藤原
京을『周禮』와 연결시키는데 들었던 근거와 유사하다.

　　게다가 당시 하나의 사찰 내에 금당을 조성할 때에도 設計圖를 필요
로 했던 것을 보면[32] 거대한 도성을 아무런 자료 없이 대강 만들어 낸다는

27　仁藤敦史, 1998,『古代王權と都城』, 吉川弘文館, 3쪽.
28　林部均, 1998,「飛鳥淨御原宮の成立 -古代宮都變遷と傳承飛鳥板蓋宮跡-」,『日本史硏究』
　　434 ; 1998,「飛鳥淨御原宮から藤原京へ -傳乘飛鳥板蓋宮跡と藤原宮跡-」,『古代學硏究』
　　144.
29　小澤毅, 2005,「初期の宮と都 -飛鳥·藤原京-」,『日本考古學』下.
30　양정석, 2004, 앞의 책, 187~188쪽.
31　賀業鉅, 윤정숙 역, 1995,『중국도성제도의 이론 : 周禮考工記의 도성제도』, 이회문화사.

것은 기본적으로 불가능한 것이다. 따라서 기존의 일본학계가 동아시아 도성제에 대해 논의하였던 다양한 방법론을 고려한다면 이러한 도성계획들이 언제 어디서 전래되었으며, 그것이 어떻게 수용되어 도성을 조영하게 되었는가에 대해서 살펴보는 것이 더 타당하다고 할 수 있다. 이렇게 볼 때 등원경 조영 플랜의 원형을 찾을 수 없다고 하는 이들의 주장에서 한 가지 빠진 부분이 있는데, 바로 고대 한국의 도성제와의 비교이다.

2. 新羅 王京과의 關係에 대한 再檢討

앞에서 살펴 본 등원경에 대한 새로운 견해를 제시하는 연구자들은 고대 한국, 특히 신라 경주의 왕경과의 비교를 시도해 보지 않았다는 공통점을 가지고 있다. 물론 일본 등원경을 전론으로 하고 있기 때문에 검토의 필요가 없다고 할 수도 있을 것이다. 그러나 그들이 등원경 조영플랜의 '자생설'을 주장한 배경으로서 동아시아에 있어서 비교의 대상이 없다는 점을 들고 있기 때문에 문제점을 지적하지 않을 수 없다. 사실 이전에도 1930년대 이래로 藤原京은 景觀에 있어서 신라의 도성과 매우 유사하다고 지적되어 왔음에도[33] 정작 등원경의 도성플랜을 연구하는데 있어서는 이러한 논의가 고려의 대상이 되지 않았다는 점은 오히려 의문이다. 田中俊明도 명확하게 밝히고 있지 않지만 이러한 경향성이 가지고 있는 문제점을 지적한 바 있다.[34]

---

32 『元興寺緣起』에는 崇峻天皇元年 百濟로부터 '金堂本樣'이 보내졌다라고 하는 기사가 나오는데, 여기서 '本樣'은 設計圖의 의미를 가지고 있는 것이다. 사실 불상 역시 雛型(model)이 있었을 것으로 생각된다(紺野敏文, 2000, 「請來 '本樣'の寫しと佛師[1] -飛鳥佛の誕生と止利佛師-」, 『佛敎藝術』248, pp.74~75).

33 齋藤忠, 앞의 글 ; 1978, 「朝鮮都城と藤原京」, 『考古學からみた古代日本と朝鮮』에 재수록.

앞 장에서도 보았듯이 이들은 등원경을 『周禮』에 보이는 중국도성의 이상형에 기초하여 설계된 소위 이념선행형의 도성이 된 주요 원인으로 일본이 중국 도성에 대한 정보가 부족하였다는 점을 들고 있다. 더불어 이후의 당 도성제의 직접적인 영향을 받은 것으로 생각되는 평성경과 전혀 다른 도성제임을 등원경의 주작대로가 협소하고, 지형적으로도 중심대로로서 기능하기 어렵다는 점이라든가, 남단에 나성문도 없었을 것이라는 점 등을 들어 설명하고 있다.

그렇다면 이 두 가지 부분부터 신라 왕경과 관련되는 점이 없는지 검토해 보는 것이 순서일 것으로 생각된다.

우선 등원경 연구자들이 위와 같은 독자적 都城制가 나오게 되는 시대적 배경의 근거로 가장 먼저 唐과의 國交斷絶을 들고 있다. 즉 당과의 대립관계로 인해 일본은 대륙과의 모든 관계가 단절되었으며, 이에 따라 일본은 어쩔 수 없이 전해진 자료만을 바탕으로 새롭게 도성제를 창안하였다고 보았던 것이다. 그런데 이들 연구자들은 당과 관계가 끊어졌다는 바로 그 기간이 신라와의 관계가 극도로 밀접해지는 기간이라는 점에 대해서는 주목하고 있지 않다.[35]

『日本書紀』에는 일본에서 遣新羅使를 파견한 것이 668년 · 670년 · 675년 · 676년이며, 신라에서 使者를 보낸 것이 668년 · 669년 · 671년 · 672년 · 673년으로 나오고 있다. 이러한 왕래는 신라와 일본과의 관계가 긴밀하지 않았다면 있을 수 없는 일이다.[36]

그럼에도 불구하고 이 부분에 대하여 전혀 논의가 없었던 것은 일본 문헌사학계의 기본적인 시각을 무비판적으로 따르고 있기 때문이다. 즉

---

34 田中俊明, 1991, 「朝鮮三國の都城制と東アジア」, 『古代の日本と東アジア』.
35 田中俊明도 향후 이 부분에 대한 논의가 필요함을 언급한 바 있다(1991, 「앞의 글」).
36 양정석, 2004, 『앞의 책』, 191~192쪽.

종래 일본학계에서는 당이 백촌강 싸움의 主敵이었고 국교 재개의 시기가 앞섰다는 사실을 근거로 일본의 대륙관계 재개문제를 당과의 관계를 중심으로 정리하고 있다. 이에 따라 신라와의 관계는 부차적인 것으로 취급하는 경향이 있었던 것이다.

그러나 당시 정황을 전론으로 한 연구에 의하면 그 내용은 전혀 다르게 해석될 수 있다. 우선 백촌강 싸움이 끝난 뒤 신라도 일본과 마찬가지로 당의 위협아래 놓이게 되었고, 당의 침입을 저지하기 위해 일본과 신라가 손잡지 않을 수 없는 처지에 놓이게 되었다고 보는 견해[37]는 앞의 사료가 가지고 있는 의미를 명확하게 하기에 충분하다. 더불어 676년에 이루어진 신라와 당과 전쟁 종결이 실질적으로는 休戰상태였으며, 따라서 신라는 당의 재침에 적극적으로 대응했던 것으로 보는 견해[38]는 그 이후로도 신라와 일본의 관계가 어떻게 진행되었는지에 대한 재논의가 필요함을 말해주는 것이다.

이와 같은 연구는 당시 신라가 일본과의 관계를 개선하려고 했던 원인과 그 방향을 자연스럽게 보여준다. 즉 唐의 침입이라는 공유된 위기의식을 바탕으로 시작된 양국의 교류가 당을 대상으로 정보를 교환하는 본격적인 상호협력관계로 발전하게 되었을 것이다. 더불어 이러한 상황을 이용하여 일본은 신라로부터 많은 문화적 지원을 얻게 되었을 것으로 여겨진다.

이 문제는 당시 일본의 새로운 율령체제의 정비와 관련지어 이해할 수도 있다. 일본의 律令은 651년된 제정된 당의 永徽율령을 白雉 4년(653)부터 天智 8년(669)에 걸쳐 제 2차부터 제 6차의 遣唐使가 가져 왔으며, 그

37 金鉉球, 1998, 「白村江싸움 직후 일본의 大陸關係의 再開-신라와의 관계를 중심으로-」, 『日本歷史研究』8, 5쪽.
38 서영교, 2000, 「九誓幢완성 배경에 대한 新考察 -羅唐戰爭의 餘震-」, 『한국고대사연구』18.

것을 모범으로 만들어졌다고 하는 것이 일반론이라 하겠다. 그러나 이 시기는 앞에서도 살펴보았듯이 당과 일본과의 교전상태에 있었기 때문에, 당이 交戰國인 일본에 율령을 가져가는 것이 허용되지는 않았을 것이다. 이후 天智 末年부터 大寶 元年까지 약 30여년에 걸쳐 당과 일본의 교섭은 완전히 단절되었는데, 그 사이에 일본에서 율령체제가 성립했던 것이다. 따라서 天武朝에 편찬이 개시되었다는 淨御原令은 唐율령의 직접적인 영향을 고려할 필요가 없다는 견해[39]는 당시의 정황을 통해 볼 때 타당하다고 할 수 있다. 오히려 당시 밀접한 외교관계를 유지하고 있던 율령에 있어서도 신라의 영향이 더 蓋然性이 있다고 할 수 있다.[40]

이러한 관점에서 볼 때 飛鳥지역에서 발굴조사를 통해 天武가 즉위했던 飛鳥淨御原宮으로 추정되는 傳承飛鳥板蓋宮跡에서 새롭게 太極殿 형태의 건물이 부가되고 있음이 확인되었다는 점은[41] 시사하는 바 크다.

일반적으로 太極殿은 그 명칭이 北天中央의 북에 빛나는 太極星에서 유래한 황제의 거처로 알려져 있으며, 궁궐의 중심에 위치하여 卽位와 元日의 朝賀등에 사용되었던 가장 중요한 건물이었다고 한다.[42] 한편 일본에 있어서 內裏는 조정에서 상징적으로 존재했던 일왕이 현실에서 정치적 판단을 내리는 등의 일을 했던 장소로 여겨지고 있다.[43] 즉 일왕이 평상시의 업무를 관장하면서 실제적으로 머물러 있던 곳이라는 의미이다. 朝堂(院)은 중국의 경우 前漢代부터 그 명칭이 보이기 시작하여 後漢代에 가면 국가의 중대사항을 최고위의 고관들에 의해 討議가 이루어지는 곳으로 고정되어지는데, 남북조시기에 이르면 각종의례도 역시 이곳에서 행하여졌

39 倉本一宏, 1997, 『日本古代國家成立期の政權構造』, 吉川弘文館, 286~289쪽.
40 양정석, 2004, 앞의 책, 192쪽.
41 小澤毅, 1987, 「傳承板蓋宮跡の發掘と飛鳥の諸宮」, 『橿原考古學研究所論集』9.
42 鬼頭淸明, 1978, 「日本における太極殿の成立」, 『古代史論叢 中』, 吉川弘文館.
43 吉田歡, 1999, 「天皇聽政と太極殿」, 『日本史研究』446, 48쪽.

사진 2 _ 비조궁역 모형 전경

사진 3 _ 비조궁 발굴조사 현장

다고 한다.[44]

藤原京의 궁궐은 이러한 의미를 갖고 있는 朝堂院, 太極殿, 內裏가 그 안에서 하나로 연결된 구조를 갖게 된 일본 최초의 예라고 할 수 있다.[45]

그런데 앞에서 언급한 새롭게 발굴된 태극전형태의 건물은 太極殿이 단순히 원래 있던 內裏 前殿, 즉 이전 왕의 正殿에서 자연적으로 발전하여 성립된 것이 아니라, 태극전이라는 새로운 기능을 가진 건물이 새롭게 조성되어 이전의 大殿과 연결되었다는 견해가 나오는 계기가 되었다.[46] 즉 그 이전의 궁궐에는 太極殿이 없었기 때문에 단순히 朝堂院과 內裏로만 구성되어 있었으나, 이후 소위 飛鳥淨御原宮 바깥쪽에 태극전과 유사한 형태의 건물이 새롭게 조성되고[47] 후에 藤原京으로 천도하면서 이들 건물이 모두 동일한 공간으로 합쳐졌다는 것이다.

林部均 역시 태극전이 前期 難波宮의 內裏前殿이 발전하여 성립한 것이 아니라, 새로운 건물로서 飛鳥淨御原宮에서 內廓의 남쪽에 부가되면서 비로소 조영된다고 생각했다.[48] 그리고 내곽과 별도로 독립되어진 에비노코郭이 그 구조와 규모, 전사배치로 볼 때 이후 등원궁의 태극전으로 발전했다고 했다.

일본 고대의 도성제와 관련하여 매우 큰 변화의 하나로 이해되는 비조궁의 太極殿 形態의 건물 역시 중국과의 교류가 단절되고 신라와의 교류가 빈번하던 바로 天武代에 비로소 조영되었다는 점은 의미하는 바 크

---

44 山岐道治, 1996,「漢唐間の朝堂について」,『古代都城の儀禮空間と構造 -古代都城制硏究集會第1會報告集』, 奈良國立文化財硏究所.

45 吉田歡, 1999, 앞의 글, 50쪽.

46 今泉隆雄, 1993,「律令制都城の成立と展開」,『古代宮都の硏究』, 吉川弘文館.

47 小澤毅(1997,「飛鳥淨御原宮の構造」,『堅田直先生古稀記念論文集』)에 의해 飛鳥淨御原宮의 エビノコ郭 正殿(SB7701)이 태극전에 상당한 것이라는 견해가 제기되었다.

48 林部均, 1998,「飛鳥淨御原宮の成立・古代宮都變遷と傳乘飛鳥板蓋宮跡」,『日本史硏究』 434, 29쪽.

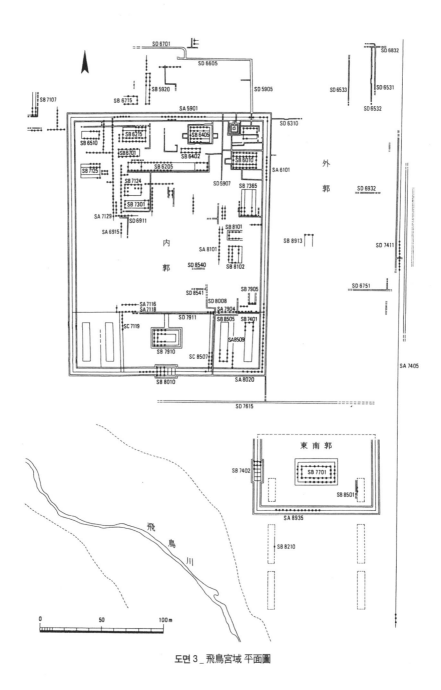

도면 3 _ 飛鳥宮域 平面圖

도면 4 _ 藤島亥治郎의 왕경복원안

다. 그리고 天武에 의해 계획되고 조영이 진행되었던 새로운 도성인 등원
경에 본격적으로 太極殿이 正殿으로 채용되었던 것이다. 즉 견당사의 파
견이 天智 8년(669)부터 大寶 2년(702)까지 장기간에 걸쳐 중단되어, 그
사이 중국으로부터의 직접적인 정보의 입수가 어려웠던 시기에 이와 같은
변화가 진행된 것이다.

한편 등원경에 대한 새로운 견해에서 당과의 외교단절 이외에 또 하
나 들고 있는 것이 등원경의 朱雀大路가 평성경의 1/3에 지나지 않아 주작
대로라는 이름에 걸맞지 않다는 점이다. 이를 궁궐의 위치와 더불어 등원
경과 평성경의 가장 큰 차이점이라고 보고 있기 때문이다. 그런데 이러한
주작대로의 존재와 관련된 문제는 신라의 왕경에 대한 연구사정리를 통해

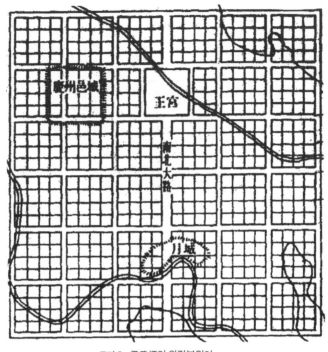

도면 5 _ 尹武炳의 왕경복원안

서도 확인할 수 있다.[49] 현재 신라의 王京復原案이 다양하게 나와 있는데,
가장 대표적인 것은 藤島亥治郎과[50] 尹武炳의[51] 案을 들 수 있다.

　　尹武炳의 안은 이전 藤島亥治郎이 설정한 복원안에 궁성의 위치를
月城 일대로 국한시킨 점과 남북대로를 月城과 황룡사의 중간을 통과한
것으로 추정한 점 등의 문제점이 있음을 지적하고, 남북대로는 궁성 정문
으로 연결되어야 함을 주장하여 이후 연구자들에 의해 많은 지지를 받은

49　본서 5장 참조.
50　藤島亥治郎, 1930,「新羅王都復元論」,『朝鮮建築史論』.
51　尹武炳, 1987,「新羅王京의 坊制」,『斗溪李丙燾博士九旬紀念韓國史學論集』.

바 있다.

그는 또한 통일신라를 거치면서 월성 중앙에서 북으로 연결된 폭 120m의 남북대로, 즉 주작대로를 중심으로 동서남북의 대소 도로망으로 좌우 대칭으로 이루어진 35坊의 도시형태를 이룬다고 보았던 것이다.

그러나 이후 신라 왕경에 대한 많은 발굴조사가 이루어지면서 윤무병이 상정한 주작대로가 신라 왕경에 존재하지 않았을 것이라는 견해가 제기되었다.[52] 특히 주작대로로 상정된 지역인 선덕여상 교사증축 예정부지 발굴조사에서[53] 일부 확인된 도로의 너비는 그다지 크지 않은 반면, 藤島亥治郎이 중앙 남북대로라고 부른 바 있는 국립경주박물관 전시 및 수장고 건물부지 발굴조사에 발견된 노면 너비 23m의 남북대로가 중심적 기능을 하지 않았을까 하는 견해까지 나오기도 하였다.[54] 이 견해는 향후 보다 많은 발굴조사가 진행되어야만 정확히 알 수 있는 것이기는 하지만, 어떠한 경우든 현재까지 확인된 남북대로라는 것이 그다지 크지 않았을 것이라는 점은 분명한 것 같다.

藤原京에서도 확인된 것 중 가장 큰 중심 남북대로, 소위 주작대로의 경우도 약 25m를 넘지 않고 있는데, 이 역시 16m의 일반 偶數條坊大路를 일부 확장한 것에 지나지 않는다는 견해를[55] 고려하면 기본적으로 도로의 너비에 있어서 신라 왕경의 대로들과 매우 유사함을 확인할 수 있다.[56] 즉

---

52 김창호, 1995, 「고신라 도성제 연구」, 『新羅 王京 硏究(신라문화제학술발표회논문집16)』, 95쪽 ; 朴方龍, 1998, 앞의 책, 184쪽.
53 慶州文化財硏究所, 1998, 「慶州市 仁旺洞 556番地 善德女商 校舍 增築敷地內 遺蹟 發掘調査 指導委員會 會議資料」.
54 朴方龍, 1998, 앞의 책, 184쪽.
55 黑崎直, 1997, 「藤原京六條大路の幅員について」, 『奈良國立文化財硏究所年報1996』, 26~27쪽 ; 小澤毅, 1997, 앞의 글, 61쪽.
56 박방룡의 분류에 따를 경우 大路의 너비는 15.5m~23 m 내외라고 한다(1998, 앞의 책, 178쪽).

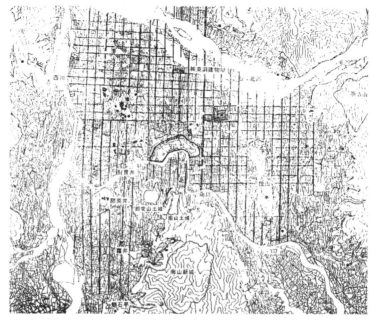

도면 6 _ 朴方龍의 왕경복원안

등원경 도로의 특징을 이해하기 위해서는 신라 왕경과의 비교가 더 필요한 것이다.

더불어 등원경 조영플랜 '자생설'에서는 등원경이 동아시아의 다른 도성들의 플랜과 차이가 가는 가장 큰 특징 중 하나로 경역의 북단이 아닌 중심에 궁역이 조성되어 있다는 점을 들고 있다. 그런데 이러한 형태와 유사한 복원은 신라의 왕경 복원에 대한 여러 설 중의 하나로 이미 제기된 바 있다.

박방룡은 후지시마의 신라 왕경복원안을 도로를 중심으로 한층 더 발전시켜 새로운 대안을 제시하였는데, 월성을 왕경의 중심에 놓는 견해가 그것이다.[57] 또한 구릉과 飛鳥川 등으로 인해 실제적인 중심 大路로서 기능이 어려웠다거나 지형으로 보아 남단에 羅城門도 없었을 것이라는 점

들도[58] 경관에 있어서는 平城京과는 전혀 다른 오히려 신라 왕경과 유사한 것임을 알 수 있다.[59]

3. 日本 藤原京 營造計劃과 二重太極殿制 採用

앞 장에서는 최근 등원경 연구자들에 의해 '자생설'의 배경으로 제시된 두 부분을 신라 왕경과의 관계를 중심으로 재검토한 결과, 등원경 조영플랜이 신라 왕경과 관련되었을 가능성이 높음을 살펴보았다. 그리고 검토 과정에서 天武代에 이루어진 새로운 율령체제의 수용과 飛鳥宮에 새롭게 태극전형태 건물의 조성 등도 이러한 신라와의 관계를 통해 받아들여졌을 가능성을 검토해 보았다.

물론 그렇다고 하여 신라로부터 등원경 도성플랜의 모든 부분이 들어왔다고 볼 수 있다는 것은 아니다. 신라는 기본적으로 한 지역에 지속적으로 왕경을 발전시켜 왔는데 비하여 일본의 등원경은 원래 飛鳥京에서 새롭게 자리를 옮겨 체계적으로 조영된 것이기 때문이다. 따라서 신라 왕경의 도성제도가 등원경에 수용되었다면, 어떤 부분을 중심으로 이루어졌는지 살펴볼 필요가 있다. 이 장에서는 이를 위해서 등원경의 도성제도가 가지고 있는 의미를 말해 줄 수 있는 도성내 주요 건물의 구조 및 배치와 관련된 도성플랜을 중심으로 검토해 보고자 한다.

우선 中村太一은 사료에 전하는 藤原京에 대한 異稱을 가지고 시기구분을 시도하였다.[60] 즉 天武朝에 조영이 개시되면서 여러 가지 사정으

---

57 朴方龍, 1998, 앞의 책.

58 小澤毅, 1997, 앞의 글.

59 田中俊明, 1991, 앞의 글.

로 중단되었던 것을 '新城', 持統朝에 조영이 재기되어 飛鳥淨原令制下에 운영된 것을 '新益京', 大寶令制下에 운영된 것을 '藤原京'으로 등원경과 관련하여 이렇게 3시기로 나누어 이해하고 있다. 이와 더불어 먼저 京의 區劃設定과 造成이 宮의 조성에 선행한다는 것을 들어 宮域이 당초부터 결정되어 있었을 가능성을[61] 제기했다.

이렇게 볼 경우 藤原京은 장기간에 걸쳐 조성되었으며, 동시에 宮域 또한 당초부터 결정되어 있었던 것으로 이해할 수 있게 된다. 그렇다면 비록 設計단계와 造成단계, 그리고 각 건물의 建築단계가 측량 및 시공기술의 미숙성 등으로 인해 모두 동일할 수는 없을 것이지만[62] 藤原京에 들어서게 될 각종 건물들의 공간이 도성계획에 맞추어 구획되어지고 그것을 기준으로 道路가 놓여 졌다고 보는 것이 가능하다.[63]

한편 藤原京의 중심부에 위치하는 宮域은 가장 먼저 조사가 된 지역으로서 1933년의 시굴이후 日本古文化研究所에 의해 1934년부터 약10년간에 걸쳐 본격적인 발굴조사가 이루어졌다. 이 과정에서 藤原宮의 正殿인 太極殿의 구조도 확인되었는데[64] 9칸×4칸에 內陣高柱 6개를 생략한 통간의 구조였다고 한다.[65] 그 위치와 규모를 통해 볼 때 현재까지 확인된 등원경에서 가장 높은 수준의 권위건축물이라고 할 수 있다.

그런데 천무에 의해 계획되고 지통이 이어 조영을 추진하였던 등원경에는 궁궐의 정전인 태극전과 동일한 규모와 형태를 갖고 있는 건축물이 하나 더 조성되었다. 바로 등원경의 중심대사인 大官大寺의 태극전 형

---

60 中村太一, 1999,「藤原京の「條坊制」」,『日本歷史』612, 1쪽.

61 中村太一, 1999, 앞의 글, 10쪽.

62 中村太一, 1999, 앞의 글, 7쪽.

63 양정석, 2004, 앞의 책, 185쪽.

64 花谷浩, 1996,「藤原宮」,『古代都城の儀禮空間と構造』, 奈良國立文化財研究所.

65 奈文研, 1976,『飛鳥・藤原宮發掘調査報告書』I , 奈文研學報 第27冊.

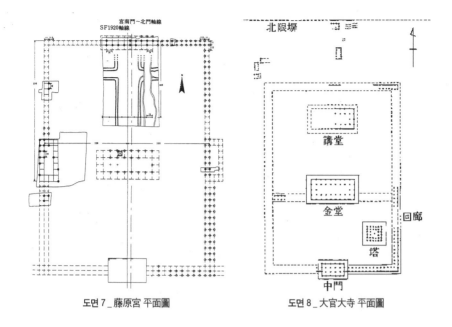

宮南門~北門軸線
SF1920軸線

北限塀

講堂

金堂

塔

回廊

中門

도면 7 _ 藤原宮 平面圖　　　　　도면 8 _ 大官大寺 平面圖

태의 金堂이다.

　　奈良國立文化財研究所를 중심으로 이루어진 大官大寺址에 대한 발
굴조사는 약 10년간(1973~1982)에 걸쳐 계획적으로 진행되었다. 대관대
사는 百濟大寺, 高市大寺, 大官大寺, 大安寺 등 시기와 장소에 따라 다양
한 이름으로 불리면서 변화했는데, 후에 東大寺가 건립될 때까지 官寺 중
최고의 지위를 점했던 것으로 여겨진다.

　　그러나 이 대관대사지의 발굴은 등원경 발굴계획의 일환으로 이루어
졌기도 하고 당시 나라지역에서 다양한 사지가 조사되었기 때문에, 사지
의 구조에 대해서는 그다지 큰 의미부여가 되지 않았던 것 같다. 다만『大
安寺伽藍緣起并流記資財帳』이나『日本書紀』,『續日本記』등의 사료를 통
해 그 역할의 중요성에 대해서는 어느 정도의 인식이 있었던 것으로 여겨
진다.

　　藤原宮跡 10차 조사가 진행되던 1973년에 대관대사 주변에 대한 조

사에서 시작된 대관대사지의 발굴은[66] 어느 정도 발굴이 이루어진 1977년
도까지도 그 구조의 특이성에 대해서는 별다른 고려가 없었던 것으로 생
각된다.[67] 가장 먼저 조사되었던 9×4칸 구조(기단: 정면53m×측면
28.5m, 건물: 정면 45.2m×측면 20.7m)의 건물을 당시의 조사 예에 비추
어 講堂으로 이해했던 것이다. 그런데 이 강당으로 이해된 건물지의 전면
에 위치하여야 할 금당이 확인되지 않았다. 이후 대관대사 5차 발굴을 통
해 사방 5칸의 구층탑 평면규모가 밝혀졌으며, 탑의 건물은 완성단계에
이르렀으나 기단의 外裝에 까지는 이르지 못하고 소실된 상황을 알 수 있
었다.[68] 그리고 6차 발굴을 통해 강당으로 추정했던 토단의 북방에 같은
규모의 강당유구가 조사되면서 비로소 이전에 조사된 강당으로 여겨진 건
물지가 금당임을 확인할 수 있었다.[69]

　　이후의 추가적인 조사를 통해 사역의 범위가 등원경 條坊에 합치하
는 것을 알게 되었다.[70] 즉 동서는 東三·四坊大路, 남북은 十條大路와 九
條間路에 둘러쌓여 있었으며, 사역과 도로와의 사이에 壖地(24.5m)의 존
재는 이 사지가 조방의 틀에 맞추어져 있음을 보여주는 것이다. 조사를 통
해 확인된 사지의 면적은 동서 2町, 남북 3町, 도합 6町에 이르는데, 또 하
나의 관영사원인 藥師寺가 4町이고, 귀족·관인의 택지 최대가 4町이었음

66　奈良國立文化財研究所, 1974,『飛鳥·藤原宮發掘調査槪報』4 ; 1974,『奈良國立文化財研
　　究所年報』.

67　奈良國立文化財研究所, 1975·1976·1977·1978,『飛鳥·藤原宮發掘調査槪報』4·5·
　　6·7 ; 1975·1976·1977·1978,『奈良國立文化財研究所年報』.

68　奈良國立文化財研究所, 1979,『飛鳥·藤原宮發掘調査槪報』9 ; 1979,『奈良國立文化財研
　　究所年報』.

69　奈良國立文化財研究所, 1980,『飛鳥·藤原宮發掘調査槪報』10 ; 1980,『奈良國立文化財研
　　究所年報』.

70　奈良國立文化財研究所, 1981·1982,『飛鳥·藤原宮發掘調査槪報』11·12 ; 1981·1982,
　　『奈良國立文化財研究所年報』.

사진 4 _ 등원궁역 중 대관대사 주변 모형

에 비교하면 그 규모가 어떠한지 알 수 있다.

　이러한 등원경 최대규모의 대관대사에 만들어진 금당의 평면구조나 규모가 같은 시기 만들어진 藤原宮의 太極殿과 동일하다는 점은[71] 주목할 필요가 있다. 그럼에도 불구하고 현재까지도 藤原京에 대한 논의는 매우 다양하게 진행된 상황에서도 大官大寺와 관련하여 都城制 혹은 都城計劃을 설명한 예는 필자의 견해를 제외하고는 확인하기 어렵다.[72] 현재 확인된 大官大寺址의 규모는 藤原宮을 제외하고는 藤原京내에서 단일 구획으로는 가장 큰 6町를 차지하고 있다.

　藤原京에 왜 이러한 양상으로 궁에는 태극전이 그리고 大寺에는 태

71　奈良國立文化財硏究所, 1985, 『大官大寺-飛鳥最大の寺』.

72　梁正錫, 2000, 앞의 글 ; 2005, 앞의 글.

극전형태의 금당이 조성되었는지를 이해하기 위해서 등원경이 조성되기 시작한 시기의 정치와 불교와의 관계를 검토해 보고자 한다. 사실 대관대사는 처음에는 聖德太子의 유지를 받들어진 百濟大寺에서 유래하는데, 이를 통해 가람 배치의 기본적인 방향이나 성격에서 백제의 사찰과 유사할 것으로 여겨져 왔다.[73] 그런데 이 사찰은 高市로 옮겨지면서 그 성격이 많이 바뀌는 것으로 생각된다.

672년 壬申의 亂을 계기로 천황의 자리에 오른 天武는 天皇權力의 强化와 中央集權國家의 확립을 목표로 다양한 새로운 정책을 실시했다. 官制의 改革, 律令法典의 도입 · 정비, 都城의 건설 등이 그것인데, 이러한 정치적 권위의 강화와 함께 종교정책에도 뜻을 두었다고 한다.

즉 불교를 국가체제의 가운데 위치 지워 불교통제의 주도권을 장악하기 위해서 寺院과 僧尼에 대한 다양한 규제를 했던 것이다. 그 과정에서 即位年인 673년에 造高市大寺司를 임명하고, 백제대사를 고시로 옮기면서 高市大寺로 이름을 바꾼 것이다. 天武 6년(677)에는 그 이름마저도 大官大寺로 개칭하게 된다.

이는 천황의 私寺로서의 성격을 가지고 출발한 고시대사가, 율령국가의 官寺로 바뀌게 되는 것을 의미한다.[74] 대관대사를 『日本書紀』의 古註釋書에는 'たいかんたいじ' 혹은 'おおつかさのおおてら'라고 訓讀하는데, 후자를 따를 경우 이 寺名의 유래가 大官=おおつかさ, 즉 天皇의 것이라는 데서 나왔다고도 볼 수 있다.[75]

이에 대해서는 唐의 수도 長安城의 大寺인 靑龍寺가 원래의 이름이

---

73 張慶浩, 1991, 『百濟寺刹建築』, 예경산업사.
74 奈良國立文化財研究所, 1985, 앞의 책.
75 'おおつかさ'는 사실 '大司'의 훈독으로도 읽을 수 있다. 그렇게 되면 '天皇의 것' 보다는 '大王의 것' 이 그뜻에 더 잘 부합한다. 여기서는 단지 奈良文化財研究所의 견해를 잠정적으로 따를 뿐이다.

大官道場이라고 불려 졌으며, 그것이 위치하는 新昌坊이 궁성의 東南, 都의 東邊에 있는 것과 상응했다는 것을 지적하기도 하였다.[76] 그러나 앞에서 살펴보았듯이 당시 일본은 당과 직접적인 교류를 할 수 있는 처지가 아니었기 때문에 그 원류를 당에서 찾는 것은 무리가 있다.

일본 불교학계에서는 이러한 百濟大寺에서 大官大寺로 변화하는 모습을 氏族佛敎에서 國家佛敎로 변화하는 과정에서 나타나는 모습으로 보고 있다고[77] 한다. 이는 가람의 명칭의 변화 뿐 아니라 天武代에 『仁王經』과 『金光明經』 등이 독송되기 시작했던 점에서도 국가불교의 시대가 되었음을 방증한다고 보았다. 그런데 이 때 독송되기 시작했던 『仁王經』이 인도가 아닌 북위에서 폐불을 경험한 5세기 이후에 저작된 것으로 추정된다는 점은[78] 흥미롭다. 이는 일왕의 불교에 대한 영향력과 관련하여 당시 일본에 '王卽佛' 인식이 수용되었을 가능성을 말해 주는 것으로 생각된다.

이와 같은 시대적 상황에서 대관대사의 금당이 당시 새롭게 조영된 藤原宮의 太極殿과 같은 형태로 조영되었다는 것은 天武 이래로 시행했던 다양한 정책과 더불어 시사하는 바 크다.

그런데 이러한 양상은 앞장에서 살펴 본 신라 왕경과 일본 등원경의 도성제에 있어서의 유사점만큼이나 도성내의 大官大寺가 차지하는 구역의 위치와 크기라든지, 이 사찰의 갖는 국가적 위상 등을 통해 볼 때 신라 왕경 내에 조영된 황룡사와 비교의 대상이 되기에 충분하다.

잘 알려져 있다시피 황룡사의 중건 금당지는 기본적으로 정면 9칸, 측면 4칸의 평면구조(55.3×304m)를 하고 있다. 그리고 건물 내부는 26개의 外陣柱礎石과 18개의 內陣柱礎石 등 총 44개의 초석이 배열된 外陣 9

---

76 奈良國立文化財硏究所, 1985, 『앞의 책』.
77 田村圓澄(노성환 역), 1997, 『고대 한국과 일본불교』, 울산대출판부, 197~201쪽.
78 鎌田茂雄, 1984, 『中國佛教史』4, 東京大學出版會, 247쪽.

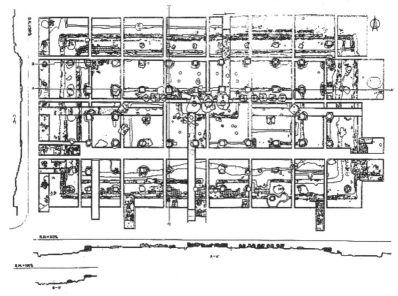

도면 9 _ 皇龍寺 中金堂 平面圖

칸×4칸, 內陣 7칸×2칸의 구조로 되어 있었다. 이는 등원경의 태극전과 대관대사의 금당의 규모와 형태와 거의 동일하다고 할 수 있다. 신라 왕경에 있어서 황룡사의 위치 역시 등원경에 있어서 대관대사의 위치와 유사하다. 더불어 일본의 天武代는 황룡사가 건립된 시기인 진흥왕과 진평왕대에 있어서 왕권 강화에 대한 의지나 신앙적인 면에 있어서도 유사한 점을 가지고 있다.[79]

앞에서도 언급하였듯이 수세기에 걸쳐 지속적으로 변화해온 신라의 도성과는 달리 藤原京은 짧은 기간동안 조영되다가 그 완성을 보지 못하고 폐기되었다는 점에서 서로 다른 길을 걸었던 도성이었음은 분명하다.

---

79 梁正錫, 1999, 앞의 글.

그럼에도 불구하고 도성을 조영하는데 있어서 황룡사 중금당의 구조, 그리고 도성 내에서 황룡사가 차지하는 위치와 동일한 방식으로 대관대사와 금당이 조성되었다는 것은 藤原京 造營의 意圖性과 연결하여 이해할 수밖에 없다.

즉 6세기 중엽이후의 신라, 7세기말의 일본에서는 모두 北魏佛敎系列의 釋迦信仰이 당시 집권한 왕들에 의해 信行되어 졌으며, 이는 기왕의 연구를 통해 國家佛敎 또는 國家中心的인 성격의 불교라는 이름으로 불려지기도 했던 것이다.[80] 이러한 불교적 특성을 갖고 있었던 신라와 일본이 都城 조영 또는 재정비하는 과정에서 태극전 형태의 금당이 조성된 사찰을 공통적으로 만들었다는 점은 주목할 필요가 있다.[81]

일반적으로 동아시아의 고대에 있어서 궁궐은 政權의 소재지인 동시에 支配力의 絶對性을 상징하는 공간으로 이해된다.[82] 그 중에서 太極殿은 궁궐 안에서도 가장 중요한 王權의 象徵物이라 할 수 있는데, 慶州의 皇龍寺와 藤原京의 大官大寺에서 釋迦佛을 모시는 佛殿이 皇帝가 상주하면서 정치를 관장했던 태극전 형태로 조영되었다는 것은 信仰的인 면에서 뿐 아니라 政治的인 면에서도 의미하는 바가 매우 크다.[83] 또한 전근대 동아시아 都城의 경우도 爲政者가 강력한 의지를 가지고, 국력을 결집하여 건설했던 계획적인 도시로서 극히 政治的인 産物로[84] 이해되고 있다.

이러한 모습 역시 황룡사와 대관대사가 모두 도성제와의 관계 속에서 조영되고 있음을 확인할 수 있는데, 그렇다면 이들 大寺들 역시 도성제

---

80 權奇悰, 2000,「隋唐時代의 佛敎思想과 政治權力 -仁王護國般若經을 中心으로-」,『歷史上의 國家權力과 宗敎』, 一潮閣.
81 梁正錫, 2000, 앞의 글, 45쪽.
82 林部均, 1998, 앞의 글, 12쪽.
83 梁正錫, 1999, 앞의 글, 226쪽.
84 小澤毅, 1997, 앞의 글, 53쪽.

와 연관되어 만들어진 정치적인 산물이었다고 볼 수 있는 것이다.

이는 당시 불교의 가장 중요한 특징이라고 할 수 있는 '天子卽如來' 의식과 관련하여 이해할 필요가 있을 것으로 생각된다. 즉 正殿으로서의 太極殿과 都城內 中心大寺 金堂의 太極殿 形態의 채용은 신라와 일본의 왕들이 비록 정도의 차이는 있다 하더라도 政治와 宗敎를 동시에 지배하고자 했던 意圖性을 象徵的으로 보여주기 위해 했던 것이 아닌가 한다. 따라서 당시 신라와 일본의 왕들은 正殿인 태극전에서 국가의 정책을 논의하여 결정했으며, 태극전 형태 중금당을 통해 신앙적인 면에서도 그 권위를 뒷받침 받을 수 있었다고 볼 수 있는 것이다. 필자는 이러한 내용을 가지고 있는 도성플랜을 都城내 二重太極殿制로 이해한 바 있다.[85]

따라서 일본의 등원경은 신라가 왕경 위치의 변경 없이 지속적으로 발전하는 과정에서 만들어졌던 도성의 구조가 일본의 당시 상황에 맞게 약간의 변경을 하여 신도성제의 전범으로 채택되었다고 이해할 수 있는 것이다. 大官大寺는 이러한 등원경의 도성계획과 함께 이해해야 되어야 함을 잘 보여주는 것이다. 즉 등원경이 『周禮』에 보이는 중국도성의 이상형에 기초하여 설계된 소위 이념선행형의 도성으로 보는 것은 문제가 있는 것이다.

등원경에 대한 연구는 최근 일본 도성제 연구의 중심에 있다고 해도 과언이 아니다. 이는 1996년 이래 새롭게 등원경의 소위 경극이 발견되면서 기존의 견해와는 전혀 다른 새로운 복원안이 나온데 기인하는 것이다. 이는 단순히 등원경에 대한 여러 가지의 복원안 중 하나가 새롭게 나왔다는 것만을 의미하지는 않는다. 그간 일본 도성제 연구의 기본이 되어 왔던 평성경중심의 도성인식이 더 이상 일본 고대 도성 전체를 이해하는 틀이

---

85 梁正錫, 2005, 앞의 글.

될 수 없음을 의미하는 것이기 때문이다. 그러나 조사 성과가 학계에 알려지고 제대로 정리되기도 전에 제기된 '자생론'은 현재 등원경을 이해하는데 중심이 되는 학설이 되었다.

필자 역시 지난 1997년부터 도성내 권위건축물의 하나로서 중심대사에 관심을 가지고 일본 등원경의 대관대사와 신라의 황룡사를 비교하기 시작하였다. 그 과정에서 당 장안성이나, 일본의 평성경과 다른 평면을 가지고 있는 등원경에 대한 이들의 새로운 해석이 동아시아 전체를 바라보는 시각에서의 분석이 없는 상황에서 이루어졌음을 확인하게 되었다. 이후 이에 대한 반성과 새로운 의미의 도성플랜을 검토하는 과정에서 신라 왕경과 등원경의 유사점이 상당히 많음을 발견하고 지속적으로 비교 검토하여 왔다. 따라서 본고는 기존에 수행해온 신라 왕경과 일본 등원경에 대한 연구를 신도성제의 수용이라는 관점에서 다시 한 번 정리해 본 것이라고 할 수 있다.

도성을 이해하는데 있어서 다양한 방식이 있을 수 있는데, 일반적으로 사용되는 방식은 가로구획에 대한 검토이다. 이는 도성을 어떻게 조영한 것인가 하는 계획을 이해하는 매우 중요한 대상임에는 틀림없다. 그러나 전근대의 도성은 단순히 도로를 중심으로 토지를 구획을 하기 위해 만들어진 것은 아니다. 오히려 도성을 만들 당시의 의도성이 어디에 있었는가를 살피는 것이 더 중요할 수 있기 때문이다. 계획된 도성에 있어서 대규모의 권위건축은 사실상 랜드마크로서 도성의 경관을 결정지으며, 이 도성이 무엇을 상징하는지 잘 보여준다. 그리고 등원경의 조영과정에 신도성제로서 이러한 이중태극전제가 채용되었다는 점에서 신라 왕경과 기본적으로 동일한 상징적 의미를 가지고 있는 도성플랜을 가지고 있었다는 점을 이야기 해준다.

VII. 日本의 渤海都城研究와 系譜

― 『東아시아의 都城과 渤海』에 보이는 『東京城』의 흔적들 ―

1. 東亞考古學會가 남긴 遺産의 再照明

靑山學院大學 名譽敎授인 田村晃一는 財團法人東洋文庫의 지원을 받아 총괄하는 前近代中國硏究班 소속의 '東アジア都城の考古學的調査・硏究'라는 硏究課題를 중심으로 모인 연구자들과 더불어 2005년 東洋文庫論叢 제64로 『東アジアの都城と渤海』를 발간되었다.

동양문고는 잘 알려져 있다시피 三菱 재벌의 총수 岩崎久彌가 1917년 북경에서 모리슨의 중국관계도서를 구입하고 여기에 각종 서적을 추가하여 1924년에 설립한 재단법인으로 일본 동양학 전문 도서관 및 연구소의 효시라고 할 수 있다. 설립이후 동양문고는 지금까지 동양의 역사와 문화에 관련된 다양한 분야에서 많은 연구를 지속적으로 지원하고 있으며, 이 책도 그 성과 중 하나다.

따라서 이 책의 의미를 명확하게 이해하기 위해서는 단순히 2005년에 나온 일회성 단행본이 아니라 참여 인원들이 체계적인 틀 안에서 연속적인 사업으로 만들어진 것이라는 점을 먼저 언급하지 않을 수 없다.

동양문고는 이 책의 발간 이전에 이미 2003년부터 발해를 중심으로 동아시아 도성의 비교연구를 행하는데 후원을 하였으며, 그 결과 2004년에 『渤海都城の考古學的調査』라는 보고서를 발간한 바 있다. 그리고 이들의 연구는 이 책의 발간 이후에도 추가적으로 진행되었다. 이 연구의 사실상 중심이라고 할 수 있는 渤海上京龍泉府址(東京城)出土遺物의 調査・研究가 예상 이상의 많은 양의 유물로 인해 정리하는데 더 많은 시간이 소요되었기 때문이다.

이와 더불어 渤海 中京 顯德府와 東京 龍原府 등과의 비교라는 방향에서 조사의 범위가 확대되었으며, 또 종래에 주로 중국 중원과의 관련성에 주목하였던 것에서 벗어나, 발해와 깊은 관계가 있는 遼・金의 都城과의 관련성도 새롭게 검토하고 있다. 이에 따라 연구원의 일부는 中國 吉林大學에 가서 遼・金・蒙元期의 都市에 關한 심포지움에 참석하기도 하고 吉林省 白城市와 陝西省 西安市 소재의 遼代에 건설된 土城 2개소, 黑龍江省 阿城市 所在의 金의 上京 會寧府 유적등을 답사하기도 하였다.

여기에 이들 연구자들이 초기 답사가 주로 발해 상경성에 대한 조사에 그쳤던 것에서 나아가 陝西省 西安市를 방문하여 中國 社會科學院 考古學研究所 西安研究所에서 唐 大明宮 太液池 출토 기와를 조사하여 渤海上京龍泉府의 기와와 비교하는 등 발해 고고학의 새로운 모색을 진행하였다. 그리고 그 성과의 일부가 『渤海都城の考古學的研究 II』(2007, 東洋文庫)라는 이름으로 간행되었다. 여기에는 앞에서 언급한 조사 내용 중 東京城 출토 유물 가운데 塼에 대한 보고라든지 遼・金時代의 都城 답사기 등이 수록되어 있다.

이러한 일련의 발해의 도성에 대한 연구조사를 하게 된 계기는 東京大學에 남아 있는 '東亞考古學會에 대한 고고학적 연구 조사', 즉 대륙고고학을 추진하는 것을 목적으로 설립된 官學系團體이다. 이 학회는 京都帝國大學과 東京帝國大學의 고고학 관련 교관을 회원으로 하여 소위 '外地' 조사를 위한 조직을 만들어 조선반도와 만주 등 당시 식민지에 대한 조사를 전문으로 하였다. 이러한 동아고고학회는 1926년 일후 關東州, 지

금의 요령성 남부 지역에 소재
한 유적을 차례로 조사하였다.
1931년 소위 만주사변이 일어
나고 다음해 만주국이 성립되
자 1933 · 1934년 2차에 걸쳐
동아고고학회는 原田淑人을 중
심으로 상경용천부지의 조사를
실시할 수 있게 되었다. 제1차
조사는 1933년 6월 6일부터 6월
25일까지, 제2차 조사는 1934년
5월 20일부터 6월 19일까지 실
시되었는데, 이때 획득된 유물
은 東京大學으로 옮겨, 정리 ·
조사되었으며 1933년 『東京城』
이라는 제목으로 보고서가 간
행되었다. 田村晃一는 이 책의
제2부 서언에서 『東京城』보고
서의 서언에 따르면 "유물은 이
미 만주국으로 반환되어 봉천국립박물관에 진열되어 있다." 라는 내용이
있음을 지적하였다.

東方考古學叢刊 甲種第五冊

東 京 城

渤海國上京龍泉府址 の 發掘調査
TUNG-CHING-CH'ÊNG

Report on the Excavation of the Site of
the Capital of Po-hai

ARCHAEOLOGIA ORIENTALIS SER. A. VOL. V.

東 亞 考 古 學 會

THE TOA-KOKOGAKU-KWAI

OR

THE FAR EASTERN ARCHAEOLOGICAL SOCIETY

昭 和 十 四 年

사진 1_동경성 보고서

　　그러나 보고서의 내용과는 달리 그 전모를 알 수없는 동경성 출토 유
물의 상당수가 東京大學에 아무런 조치 없이 수십 년간 창고에 보관되어
있었다는 것이다.

　　마침 東京大學 출신의 田村晃一는 2000년도에 靑山學院大學에서 정
년퇴임을 하고, 당시 관심을 가지고 있던 발해의 와당 문양에 대한 2001년
첫 논문을 집필하였다. 그리고 얼마 후 東京大學의 발해 유물을 직접 확인

하고 이를 정리 할 필요성을 느끼게 되었다고 한다.

이에 동양문고의 지원을 받아 우선 동경성 출토 유물 100상자분, 약 2,100점을 정리하여 2004년에 발간한 『渤海都城の考古學的研究』에 그 내용을 실었다. 발해 상경지의 유물에 대한 정리는 주로 東京大學과 青山學院大學의 대학원생들에 의해 이루어졌다. 이후 남아있는 나머지 100상자분에 대해서도 조사를 실시하여 이 책에 그 내용을 수록하였으며, 이제까지 정리된 동경성 출토 유물은 약 4,770점에 이른다고 한다.

따라서 이 책이 나오게 된 직접적인 원인은 田村晃一라는 東京大學 출신의 연구자가 있고, 그가 속해 있던 대학이 青山學院大學이었으며, 동아고고학회에서 조사한 자료가 東京大學에 보관되어 있었다는 것이라고 할 수 있다.

2. 渤海都城研究와 새로운 研究者들

그런데 이 책은 田村晃一와 관계유물을 정리하는 연구자만이 아니라 발해 관련 연구의 전문가와 동아시아 도성제에 대한 전문가들도 같이 참여하고 있다. 이제 이 책의 저자들이 어떠한 분야를 전공하였으며, 어떠한 이유로 참여하게 되었는지를 살펴보고자 한다.

동양문고 홈페이지에는 이들의 연구 분야를 다음과 같이 밝히고 있다. 우선 田村晃一은 동양문고의 전임연구원으로 연구과제는 '東北アジアの考古學研究'라고 되어 있다. 飯島武次는 동양문고의 겸임연구원으로 '殷周時代の考古學研究'가 전공인 것으로 분류되어 있다. 井上和人 역시 동양문고의 객원연구원으로 '東アジア古代都城制度の比較研究'가 연구과제로 되어 있다. 小嶋芳孝도 동양문고의 객원연구원으로 '渤海文化の考古學的研究'가 전공으로 되어 있다. 早乙女雅博도 객원연구원으로 '東

アジア考古學の研究'가 전공으로 되어 있다. 青水信行은 객원연구원으로 '古代の日本·大陸交流史'가 전공으로 되어 있다. 妹尾達彦은 객원연구원으로 '中國古代·中世都市史'가 전공으로 되어 있다.

이는 이 책의 발간에 발해의 도성과 관련하여 다양한 전공의 학자가 참여하는 것을 보여주기도 하지만, 정확하게 어떤 부분을 담당하고 있었는가에 대해서는 그다지 명확하지 않기 때문에 좀 더 살펴보도록 하겠다.

먼저 田村晃一은 1932년생으로 東京大學 大學院을 나와 青山學院大學에서 교수로 지내다 2000년도 말에 정년퇴직하였다.[1] 이후 동양문고의 연구원으로서 이 책의 출간을 총괄하게 되었다. 그는 『東北アジアの考古學』(1990, 六興出版)과 『樂浪と高句麗の考古學』(2001, 同成社)이라는 유명한 저서에서도 알 수 있듯이 고구려를 중심으로 한 동아시아고고학 연구자라고 할 수 있다. 그런 田村晃一이 발해 고고학과 관계를 맺게 된 것은 1989년 三上次男의 遺著,『高句麗と渤海』를 편집하면서부터라고 할 수 있다. 이후 북방유라시아학회 사업의 일환으로 1992년에 러시아 연해주의 발해시대 유적잡사를 하게 되고, 1996년 이후로는 거의 매년 크라스키노를 중심으로 발해시대 유적에 대한 발굴조사를 하게 되었다. 2001년에는 발해의 와당 문양에 대한 논문을 쓰면서 본격적으로 발해 기와에 대한 연구도 함께 하였다.

駒澤大學 교수인 飯島武次는 동양고고학, 그중에서도 주로 중국의 青銅器時代에 대한 연구를 진행하였는데, 이는 夏·殷·周 3대의 연구를 고고학적으로 하는 것이라고 할 수 있다. 저서로는 『中國考古學槪論』(同成社, 2003)이 있으며, 주요 논문 가운데는 「中國古代の都市遺跡について」(2000, 『中國古代都市の形成』),「古代國家誕生時期的城郭都市與宗廟遺

---

1 青山考古學會, 2001.3, 「田村晃一先生の年譜」, 『青山考古』18 -田村晃一先生退休記念號-.

跡」(2003,『中央研究院第三屆國際漢學會議論文摘要集』台灣),「古代國家 誕生時的城郭都市與宗廟遺跡」(2003,『史前與古典文明』台灣),「洛陽西周 時代的遺址與成周・王城」(2003,『考古學研究』五),「二里頭文化の大型建 築址・夏王朝時代の宮殿區・宗廟區」(2005,『駒澤史學』64) 등을 통해 중 국 고대의 도시유적에 대한 관심을 집중하였다는 점을 알 수 있다. 그러나 그의 연구는 주로 하・은・주 3대의 도성과 궁궐을 중심으로 진행되었기 때문에 발해와 관련이 있는 당의 도성에 대한 연구는 거의 없었던 것으로 보인다. 이번 책자의 발간과 거의 비슷한 시기에 나온 「唐代長安城の遺 跡」(2005.5,『東アジアの古代文化』123)만이 당대 장안성에 대한 연구로서 확인될 뿐이다.

奈良文化財研究所 平城宮迹發掘調査府 제1연구실장인 井上和人은 『古代都城制條里制の實証的研究』(2004, 學生社)의 저자로서 유명한데, 나라와 아스카지역에 대한 발굴성과를 토대로 일본의 고대도성에 대한 새 로운 지견을 지속적으로 발표하고 있다.

그러던 井上和人가 동아시아에 대한 집중적인 논문을 내기 시작한 것은 「妹尾達彦著『長安の都市計繪』(2003.9,『法史學研究會會報』8) 이라 는 서평과 「唐代長安の諸門について -『唐律疏議』における「門」字の分析- 」(2004.12,『法史學研究會會報』9) 에서 부터라고 할 수 있다. 이는 일본 도 성제의 원류로서 중국 당의 장안과의 비교에 많은 관심을 가지게 되었음 을 말해주는 것인데, 이는 2003년 이후의 동양문고의 프로젝트와 밀접한 관련이 있는 것으로 여겨진다. 그는 이번 프로젝트를 통해 발해의 도성에 새롭게 관심을 갖게 되었으며 이때 나온 성과를 정리하여 「渤海上京龍泉 府形制の再檢討 -古代都城造營と國際關係-」(2005,『東アジアの古代文 化』125-特集　新發見資料から見た古代東アジア)라는 제목으로 발표하기 도 하였다.

이에 비하면 小嶋芳孝는 지속적으로 발해에 관심을 가지고 있었던

것으로 생각된다. 그는 同志社大學을 졸업하고 石川縣 敎育委員會, 石川縣立鄉土資料館, 그리고 (財石川縣立埋藏文化財센터에서 근무하다가 2005년에 金澤學院大 美術文化學部 文化財學科 교수로 부임하였다. 전공은 고고학으로 동북아시아의 고대사회의 형성, 고대북부대륙과 환동해제국과의 교류를 연구의 테마로 삼고 있는데, 그 중에서도 발해와 일본의 관계가 중심이라고 할 수 있다. 그의 주요 저서와 논문으로는「日本海を越えてきた渤海使節」(1986,『日本の古代』3 -海をこえての交流-, 中央公論社),「日本海の島々と靺鞨・渤海の交流」(1997,『境界の日本史』, 山川出版社),「渤海の佛敎遺跡」(2003,『日本と渤海の古代史』, 山川出版社),「渤海使の往來」(2005,『文字と古代日本』2 -文字による交流-, 吉川弘文館),「日本海対岸世界との交通 -七世紀の越と日本海対岸世界-」(2005,『日本海域歷史大系』1-古代篇 I) 등이 있다.

한편 비록 이번 책에는 논고를 게제하지 않았지만 연구원으로 같이 참여한 早乙女雅博은 東京大學을 졸업하고 東京國立博物館 학예사로 한국부분을 담당하다가 1996년 東京大學의 교수로 취임하였다. 전공은 한국고고학, 그 중에서도 고고자료와 문헌자료가 있는 고구려・신라・백제・가야의 시대인데, 묘제와 고분으로부터 출토되는 금속기, 토기의 분석을 통해 고대사회의 구조와 지역간 교류의 해명을 시도하고 있다. 나아가 한국뿐 아니라 일본・중국과의 비교를 통해 한국의 고대사회를 동아시아세계의 가운데 위치 짓고자 하는 시도를 하고 있다. 저서로는『朝鮮の歷史』(共著, 1995, 三省堂),『朝鮮半島の考古學』(2000, 同成社) 등이 있으며 특히 신라에 대해 많은 관심을 가지고 있었다. 이는「新羅の考古學調査「100年」の研究」(2001,『朝鮮史研究會論文集』39)을 통해 확인할 수 있다. 그러던 상황에서 2004년의 都市史研究會의 심포지움「東アジア古代都市論」에서「渤海の都城」을 발표하고 이후 2005에는「東京城發堀遺物に基づく渤海都城研究」(2004,『高梨學術獎勵基金年報』)라는 논문을 제

출하고 있다. 이를 통해 볼 때 그 역시 이번 프로젝트를 통해 발해에 대한 본격적인 연구를 시작한 것이 아닌가 한다.

清水信行은 1988년에 青山大學 문학부 사학과에 취임하였는데, 전문분야는 고고학으로 관심분야는 일본의 역사시대, 그 중에서도 고대 일본과 대륙의 문화교류이다. 장기연구테마는 일본의 須惠器와 기와가마를 중심으로 고대 생산활동의 양상을 명확하게 함으로써 당시의 사회구조를 해명하는 것을 들고 있다. 일본 내의 요업생산의 개시는 대륙, 특히 한반도와의 관계가 밀접하기 때문에 대륙의 요업생산도 관심분야에 넣어 연구하고 있다. 이러한 연구를 통해 대륙과의 교류를 명확하게 하여 일본의 고대국가의 성립에 대해서도 생각하고자 하는 것이다. 이를 위해 한국의 역사시대 고고학(1998, 「韓國論山郡開泰寺出土軒平瓦の製作技法について」『青山史學』16; 1998, 「韓國論山郡開泰寺出土銘文瓦についての一考察」『日本考古學』5)에 많은 관심을 표방하였다.

그런데 최근에는 여기서 한걸음 나아가 러시아 연해주 발해시대의 고고학에 관심을 두기 시작하였다. 「1999年ロシア沿海地方におけるシニェリニコヴォI山城の調査」(2001, 『青山考古』18)를 번역하고 『「日本道」關連渤海遺跡の考古學的調査(平成11・12年度科學研究費補助金(基盤研究(B)(2))研究成果報告書』(2001)의 제2장 「測量調査」 제1절 「1999年度」편을 담당하기도 하였던 것이다.

이후에도 V.I.볼딘, Yu.G.뉴기친, E.I.겔만, 「1998年ロシア沿海地方におけるシニェリニコヴォI山城の考古學的調査」(2002, 『青山考古』19), V.I.볼딘, E.I.겔만, A.L.이브리에프, Yu.G.뉴기친, 「クラスキノ土城・4年間の調査集成 2001」(2003, 『青山史古』21) 등을 번역하고 『2002年度ロシアークラスキノ土城?掘調査?要報告』(2003, 『青山史古』21)의 「第1章 調査の經緯と經過」와 「第2章 計測調査」를 작성하였다. 그런데 이는 사실상 그의 지도교수라고 할 수 있는 田村晃一 青山大學 명예교수의 지정기부금으

로 이루어진 크라스키노 토성에 대한 발굴과 밀접한 관련이 있는 것이다.

　妹尾達彦는 1952년생으로 大阪大學과 立命館大學을 졸업하고 2000년에 中央大學의 교수가 되었다. 동양문고와는 그 이전인 1997년부터 이미 연구원으로서 관계를 맺고 있었다. 주된 관심은 중국의 도시와 환경의 역사인데, 그가 집필한 『長安の都市計劃』(2001.10, 講談社)는 중국 중세 도성에 대한 대표적인 저서이다. 뿐만 아니라 1984년과 2005년 두 차례에 걸쳐 당대 장안성과 관련된 논저의 목록을 체계적으로 정리하기도 하고, 수당 장안성의 고고학적 발굴성과를 상세히 검토하는(1998, 「唐開元末年 長安城圖復元試論」, 『歷史人類』26) 등 당 장안성에 대한 기초적인 정리에도 힘쓴 연구자로 유명하다. 그는 2003년 발해도성의 고고학연구회에서 「中國の王都と東アジア世界」라는 주제로 학술강연을 하기도 하였다.

3. 東아시아 都城制에 대한 日本 硏究者들의 認識과 上京城

　이렇게 볼 때 小嶋芳孝 등을 제외한 상당수의 연구자가 이 프로젝트에 참여하면서 비로소 발해에 관심을 기울이고 있다는 점을 확인할 수 있다. 그렇다면 田村晃一을 중심으로 많은 연구자가 같이 참여하여 이와 같은 새로운 작업을 하게 된 계기는 무엇일까 하는 의문이 든다. 어쨌든 여기에서는 이러한 의문을 바탕에 깔고 이 책에서 논문집에 해당하는 분야인 제1부를 중심으로 그들의 견해를 좀 더 살펴보도록 하겠다.

　우선 田村晃一는 이 책의 서문에 이어 제1부에서 「동아시아의 도성과 발해」라는 서언을 실었는데, 기본적으로 제1부에 대한 개략적인 리뷰라고 할 수 있다. 이렇게 동아시아의 도성, 그 중에서도 발해 이전 또는 동시대의 도성에 대하여 그 개요를 정리한 것은 이 책에는 당 장안성과 일본의 평성경을 제외하면 그 외의 도성을 설명하는 장이 별도로 마련되어 있지 않기 때문이다.

또한 여기에서는 田村이 가지고 있는, 나아가 이 책자가 가지고 있는 발해사인식의 기본적인 특징을 확인할 수 있다.

첫 번째는 고구려의 도성에서 안학궁을 배제함으로써 關野貞 이래의 청암리토성의 전기평양성론을 답습하고 있다는 점이다. 그렇게 될 경우 고구려에서는 당이나 발해, 심지어는 일본의 도성에서 보이는 궁궐체제를 확인할 수 있는 방법이 원천적으로 사라지게 된다. 두 번째 일본의 경우는 중국 王都의 존재, 즉 수당의 왕도 모습 혹은 중국고전과 역사에 대한 지식의 증대에 따라 정연한 왕도의 존재를 바라게 되면서 광대한 藤原京을 건설하였다고 보았다. 즉 일본은 당시 중국과의 교류가 끊어져 있었기 때문에 도성에 대한 아무런 사전 지식이나 설계 조영 계획도 없음에도 불구하고 등원경을 조영한 것이 된다. 이러한 논리는 당시 30년 이상 밀접한 정치적 관계를 바탕으로 진행되어 온 신라와의 문화적 교류를 아무런 의미가 없는 것으로 전락시킨다. 마지막으로 발해를 말갈출신의 대조영에 의해 건설되었던 것으로 정의내림으로서 발해의 문화를 고구려의 문화와 직접적인 관련이 있는 것으로 볼 필요성을 상실하게 하였다.

이러한 인식은 발해를 고구려에서 벗어나 당과 일본과의 관계를 중심으로 볼 수밖에 없는 상황으로 만들기에 충분하다.

따라서 2장 이후로는 자연스럽게 중국의 도성, 그중에서도 발해의 도성에 많은 영향을 주었다고 이해하고 있는 당 장안성에 대한 개괄적인 연구 성과를 정리하는 논고가 나올 수 있는 것이다.

飯島武次는 「당 장안성의 발굴성과와 출토유물 1·2」라는 제목의 글을 통해 기존의 당 장안성에 대한 발굴성과를 정리하고 그곳에서 출토된 유물에 대한 논의를 통해 발해 상경성과의 관계를 유추할 수 있는 단서를 만들고 있다. 그는 본서에서 당 장안성에 관한 글이 갖는 의미는 발해 도성의 모범이 당의 도성에 있었다는 전제를 명확하게 하는 것이라 하며

1949년 이후의 당장안성에 관한 발굴보고부터 현재까지 판명된 당 장안성 유적이 상황을 소개한다고 하였다. 즉 여기에서는 기본적으로 발해 도성에 대한 고고학적인 해명을 위한 당 장안성에 대한 연구사적 검토임을 분명히 하고 있다. 이러한 그의 기본적인 시각은 발해의 상경용천부가 일본 평성경과 더불어 조영의 기본이 중국 수당의 대흥성·장안성에서 유래하였다는 것이다.

나아가 그의 논지는 결국 당과 일본과의 관계를 바탕으로 발해사를 보고 있음을 이글의 말미에서 분명히 밝히고 있다. 이 글의 9장에서 그는 2004년의 답사에서 당시 새롭게 발견된 734년 일본에서 건너와 장안에서 생을 마감한 일본인 井眞成의 墓誌에 대한 정보를 알게 되고 그것과 興化坊으로 추정되는 곳에서 출토된 은제 和同開珎와의 관련성을 면밀하게 검토하였다. 이를 통해 일본의 견당사, 그리고 이를 통한 일본과 당과의 교류에 대한 시론을 정리하여 본고에 실고 있다. 나아가 이를 발해상경 용천부에서 발견된 동제 和同開珎과 일본 국내에서 대량 보급용으로 만들어진 동제 和同開珎이 같은 의미로 보기에는 비교의 방향이 벗어난 것이 아닌가 한다.

이에 비해 妹尾達彦은 「당 장안성 연구와 韋述『兩京新記』」라는 글을 통해 문헌을 중심으로 한 장안성 연구의 일례를 보여주고 있다.

妹尾達彦는 앞에서도 언급하였듯이 당대 장안성에 대한 일본의 대표적인 연구자이다. 그는 이미 2000년 일본의 중국사학회에서 「韋述『兩京新記』と8世紀初頭の中國社會」라는 제목으로 발표하였으며, 2003년에는 이를 다시 중국어로 공간한 바 있다(「韋述『兩京新記』與八世前葉的長安」, 『唐研究』9). 본고에서는 그 후의 연구성과를 배 이상 더하여 증보하여 최근의 수당 장안사 연구의 성과를 가능한 한 세밀하게 참고하여 『兩京新記』를 주요 제제로 현시점에서 수당사 연구의 프론티어의 개척을 시도하였다고 한다.

이와 같이 妹尾達彦가 유적지의 현지조사와 문헌조사를 통해 확인된 새로운 자료들을 결합하고 지속적으로 확인된 것을 추가하여 8세기 전반 장안의 모습을 풍부하게 복원하는 과정은 당시 사회를 이해하는데 중요하다고 할 수 있다. 물론 이는 『兩京新記』가 開元 10년(722) 麗正殿에 근무하고 있던 위술(?-757)에 의해 그가 삶을 영위하였던 8세기 전반의 장안과 낙양, 兩京의 정경을 세밀히 기록한 동시대 사료라는데 기인하는 것이다. 이 『兩京新記』의 원본 자체는 이미 소실되었고 일본의 前田育德會尊經閣文庫에 『兩京新記』 권3 잔권으로 권3의 앞부분 글을 결실한 초본이 남아 있다. 이 초본은 鎌倉時代 초에 書寫되었다가 江戸時代에 林述齊가 편찬한 『佚存叢書』에 삽입된 것으로 알려져 있다. 이후 많은 연구자에 의해 그 내용이 복원되는데, 그 중 한명이 妹尾達彦인 것이다.

이러한 『兩京新記』의 내용은 문헌학적인 방향에서 당대 장안성의 도로와 각종 건축물의 입지에 대한 상당한 수준의 복원을 가능하게 해 주었다. 여기에 더하여 『兩京新記』의 또 다른 특징은 각각 개별의 건축물에 관한 설화와 전승의 종류를 풍부하게 인용하고 있다는 점을 들 수 있다. 이에 妹尾達彦는 "7세기 후반에 이르면 황제, 관료, 시민이 함께 우주와의 결합을 추구하는 상징적인 고시 플랜을 중시하기보다 기능적인 거주환경을 충실하게 하고자 하는 욕망이 강하게 나타나며 당시 상업활동의 활발함을 배경으로 도시구조는 기능적인 분화를 진행해 갔음"을 보여주는 자료로 이해하였다. 이를 통해 그는 8세기 전반의 장안이 이전 시기와는 다른 새로운 분위기였음을 제시하였던 것이다. 이러한 당 장안 도성의 사회변동에 대한 인식은 당시 다양한 방면에서 밀접한 관계를 갖고 있던 발해의 도성을 이해하는 데 새로운 시각을 제공한다는 점에서 의미를 찾을 수 있다.

이책의 주제인 발해 도성의 본격적인 연구는 井上和人과 田村晃一에 의해 이루어졌다. 먼저 井上和人는 「발해 상경 용천부 形制新考」라는 글을 통해 기존 도성구조에 대한 인식과는 조금 다른 방향에서 새롭게 정리하고 있다. 그는 이미 평성경에 대한 다양한 논문을 통해 동아시아 도성제에 대한 기본적인 시각을 가지고 있다고 할 수 있다. 이러한 견지에서 도시 구획과 가로에 대한 구체적인 명칭이 확인되지 않는 발해 도성의 경우 일본의 평성경과 같이 條坊制라는 용어를 바로 쓰는 것의 문제점을 지적하고 새롭게 도성 조영의 설계에 관한 기본적인 제도, 이념을 포괄하는 개념으로서의 '形制'라는 용어를 사용하고 있다.

井上和人는 우선 상경 용천부의 형제에 대한 연구사를 정리하여 기존 연구의 문제점을 적출하고 이들 모두 아직 공인된 확실한 복원안이 아님을 강조하였다. 이러한 문제점을 해결하기 위해 그는 1964년에 촬영된 위성사진과 이전 보고서의 도면을 참고하여 상경 용천부 주변에 대한 假地形圖를 작성하였다. 더불어 도성 유적의 조사연구에서 형제의 실태를 규명하기 위해서는 당시 영조기준척을 확인하는 것이 필수적임을 지적하고, 개별건축유구의 주간 거리와 기단 규모의 설정 기준을 검토하여 1척이 29.34cm라는 영조척을 복원하였다. 이 복원된 영조척을 기준으로 상경용천부 외성 구역의 지형 구획과 내성의 설계 규격의 분석을 시도하였고, 부분적인 면을 제외하면 대부분 매우 정연한 배치계획 아래 조영이 이루어진 것으로 보았다. 이를 바탕으로 그는 기존의 상경 용천부의 단계적 조영설이 가지고 있는 문제점을 비판적으로 검토하였다.

이후 그는 상경 용천부 도시계획의 기본 단위가 평성경과 공통점이 있다고 지적하면서 평성경의 설계방식에 대한 설명을 진행하였다. 물론 이는 상경용천부의 구조를 평성경과 연결하여 이해하기 위한 것이라고 할 수 있다. 그러나 그 역시 지적한 대로 차이점 또한 매우 많다. 특히 궁성 내에 제1호 궁전에서 제5호 궁전까지 증축선상에 남북으로 늘어선 배치는 평성경과는 전혀 다른 양상이며, 오히려 당장안성의 태극궁의 배치와 유사함이 부각된다. 더불어 중심대로인 상경 용천부의 소위 주작로와 평

사진 2 _ 일본 평성궁 태극전지 전경

성경의 주작대로의 경우에도 규모의 차이가 분명하다. 그런데도 그는 상
경 용천부의 형제에 평성경적인 요소가 보인다는 점을 재차 강조하고 있
다. 즉 명확하게 하지 않고 있지만 결국 평성경의 조영이 시기적으로 상경
용천부에 선행하고, 상경 용천부에서 평성경의 모습이 일부 확인된다면
이는 조영계획을 입안할 때 평성경을 典範으로 삼았던 것을 의미하는 것
이 아닌가 하는 점을 지적하고 있는 것이다.

　　이러한 그의 논지는 상당 부분에서 발해 도성에 대한 새로운 인식을
가능하게 하는 것이기는 하지만 문제점도 노정하고 있다. 우산 기존의 한
국, 북한 그리고 중국의 연구성과에 대한 종합적인 검토가 없었다는 점을
들 수 있다. 예를 들어 상경 용천부의 경우 1척=29.34㎝이라는 井上和人
의 도량형에 대한 인식도 북한의 연구자들과 비교한다면 사실 1자
=0.294m설을 제시한 중국의 장철령(張鐵寧, 1994, 「渤海上京龍泉府宮殿

建築復元」『文物』)과 큰 차이가 나는 것은 아니다. 북한의 연구자인 장상렬은 상경돌 등을 기준으로 발해유적의 척도기준을 새로이 구명하고, 발해 당시 건축에 쓴 1자의 크기가 35cm 안팎이라고 하였다(1992, 「발해의 건축」『발해사연구론문집(1)』, 과학백과사전종합출판사). 따라서 여기에 대해서는 보다 많은 논의가 필요할 것으로 생각하는데, 井上和人은 이러한 논의에 대해서는 전혀 언급조차 하고 있지 않다는 점은 의아하다.

아무래도 그는 일본 평성경연구가 중심이기 때문에 발해에 대한 인식이 일본 연구자들의 성과를 중심으로 이루어진 것에 기인하는 것이 아닌가 한다. 결국 그는 평성경의 설계방식에 대한 그의 인식을 바탕으로 상경성을 바라 볼 수 밖에 없었던 것이다. 그러나 발해의 입장에서 볼 때 기존의 견해와 마찬가지로 일본의 평성경보다는 고구려의 평양 도성이나, 당의 장안성을 소위 '刑制'의 전범으로 삼았을 가능성이 더 높지 않을까 생각한다.

이와 달리 田村晃一는 발해 상경 용천부지의 고고학적 검토를 통해 최근 중국 고고학계에서 이루어진 발굴성과를 기존의 일본고고학자들에 의해 구성된 발해도성인식과 연결하여 발해 도성의 중심권역, 그중에서도 중심건물지에 대한 설명을 심도 있게 진행하였다.

우선 그는 발해 왕도의 변천과 지금까지의 조사성과를 검토하고 기존의 각종 보고서 등에 나오는 내용을 종합 정리하여 서로 비교하여 볼 수 있도록 발해 상경용천부지에 대한 총괄적인 정리를 시도하였다. 즉, 주요 텍스트를 1933·1934년에 東亞考古學會에서 조사하고 1939년에 간행된 『東京城』, 1963·1964년에 북·중 합동고고학발굴대에 의해 이루어진 성과를 북한에서 1966년에 발간한 『중국동북지방의 유적발굴보고 1963~1965』와 동일한 유적내용이지만 그 설명방식에서 중국 측의 인식이 반영되어 1997년에 발간된『六頂山과 渤海鎭』, 그리고 최근에 발간된 朱國枕·朱威의 『渤海遺蹟』으로 하여 비교하고 있다. 여기에 2003년과

2004년 2회에 걸쳐 상경 용천부지를 방문하여 성벽의 각 부분을 직접 답사하여 얻은 지견을 바탕으로 검토하고 재정리하고 있다.

이를 바탕으로 그는 外城에 대한 기존의 자료에서 나오는 각각의 측량 결과를 정리해 본 결과 각 자료마다 너무 큰 차이가 있다는 점을 지적하고 외성 성벽의 평면 플랜과 크기를 명확하게 하기 위해서는 재측량이 필요함을 강조하였다. 이는 앞에서 井上和人가 발해 도성 연구를 위해서는 우선 정확한 지형도가 필요함을 말한 것과 같다. 그리고 외성 성벽의 구조와 외성 성문에 대해서는 새롭게 조사된 11호 성문을 중심으로 논의를 진행하였다. 여기에서 그는 11호 성문이 상경성의 커다란 문제점으로 외성 성벽의 방어력이 불안함을 잘 보여 준다고 지적하고 있다. 같은 11호 성문을 가지고 한국에서는 성문의 개수를 중요시하여 상경성이 당 장안성과 같은 용문제를 시행한 것으로 보는 것과 대조적이다(임상선, 2005, 「중국의 발해 도성 연구와 복원」, 『고구려연구재단 기획연구 5 -중국의 한국 고대문화연구 분석-』).

이 외에 외성의 道路와 里坊을 다루면서 방을 나눌때 사용된 돌담이 러시아 크라스키노 토성 내의 사원 앞에서 확인된 돌담과 공통점이 있음을 강조하기도 하였다.

궁성과 황성이 있는 내성의 경우 가장 남쪽에 있는 내성 남문부터 검토하여 추가적인 조사가 필요함을 언급하였다. 이후『동경성』의 저자들이 제1궁전으로 불렀던 유구인 궁성 남문에 대해 설명하고, 1933·1934년 조사에서 太極殿에 상당하는 것으로 생각한 제1궁전지(『동경성』의 제2궁전)의 특징에 대하여 검토하였다. 특히 일본의 평성궁의 제1차 大極殿 앞의 宮庭과 비교하여 제1궁전지의 궁정이 평성궁에 비해 두 배 이상의 크기임을 밝히고 있다. 제2궁전지의 경우 1999년에 조사된 내용을 새롭게 소개하면서도 그 현상과 위상에 대해서는 기존『동경성』의 존지를 존중하고 있어 앞으로 많은 논의가 이루어져야 할 것으로 생각된다. 한편 제4궁

사진 3 _ 발해 상경성 제1궁전 전경(『동경성』)

전지 서측실의 북쪽단에서 발견된 일본의 和同開珎을 특기하고 있다. 제5
궁전지의 경우 다른 궁전과는 달리 總柱式 건물로 보는 것에 반대하여 일
종의 창고로 이해하고 있다. 이 외에도 궁성 서구역 침전지, 금원지, 그리
고 황성 내 건물지에 대하여 소개하고 있다. 마지막으로 도성 내부에 존재
하였던 다양한 사원지에 대한 조사성과에 대해서도 간략하게 정리하였는
데, 기존의 조사가 주로 금당유구에 집중되어 사지 전체에 대한 조사가 실
시되지 않은 것에 대한 문제점을 지적하기도 하였다.

　　한편 이와는 조금 다른 방향에서 이루어진 논고도 있는데, 小嶋芳孝
의 「圖們江유역의 발해도성과 瓦當-齋藤優씨의 조사자료에 근거하여」가
바로 그것이다. 이 글은 이전에 齋藤優에 의해 조사된 자료를 중심으로 정
리하고 있는데, 齋藤優의 자료를 바탕으로 小嶋芳孝의 연구는 이미 1995

년에 시작되었고 그 성과는 2000년에 보고되었다고 하였다(田村晃一 編, 『「日本道」關聯渤海遺蹟の考古學的調査』, 靑山學院大學部史學科). 그러나 小嶋芳孝의 자료를 중심으로 한 연구성과는 이미 1997년부터 나오기 시작하였다(小嶋芳孝, 1997, 「中國吉林省和龍縣西古城周邊の航空寫眞」, 『古代學硏究』138). 여기에서 그는 齋藤優가 제시한 서고성 주변에 몇 개의 조방구획이 존재했을 가능성이 높다는 견해를 1940년대의 항공사진의 해석을 통해 보강하였다. 이후 2000년에 田村晃一 編으로 이루어진 보고서에서 齋藤優의 유물 컬렉션에 대한 정리된 성과를 일정수준으로 보고한 것이다. 어쨌든 이번 논고는 기존의 齋藤優의 자료를 중심으로 한 정리를 기와를 중심으로 재정리한 것이라고 할 수 있다. 이는 이번에 같이 이루어진 대부분의 연구에서 동일하게 나타나는 문제라고 할 수 있다.

그런데 小嶋芳孝 역시 약 10년전 田村晃一과 더불어 크라스키노성유적의 발굴조사에 참여한 적이 있다. 이후에도 그가 교수로 있는 金澤學院大學 文化財學科를 통해 러시아과학아카데미 극동지부와 공동조사의 협정을 체결하고 지속적으로 조사에 임하고 있다.

따라서 그의 주된 관심은 러시아 연해주에 있는 발해 鹽州城의 항구도시유적인 크라스키노성유적 뿐 아니라 石川縣立歷史博物館에 근무했던 그의 경력을 통해서 알 수 있듯이 일본의 金澤市에 있는 加賀郡 郡津의 畎田・寺中유적 등 발해와 일본 간의 교류를 확인할 수 있는 유적과 유물의 관계에 있다고 할 수 있다.

위에서 다룬 논고들과는 달리 제2부에서는 발해 上京 龍泉府址(東京城)에서 이전에 출토되었던 유물에 대한 정리와 이를 중심으로 한 고고학적 고찰이 이루어졌다. 우선 田村晃一에 의해 이러한 작업이 가지고 있는 의미를 기술한 서언은 1930년대 조사된 상경 용천부지의 유물이 가지고 있는 의미가 매우 높음을 다시 한 번 주장하였다.

淸水信行는 「발해 상경 용천부출토의 平瓦와 丸瓦」를 통해 평기와에 대한 전반적인 정리를 시행하였다. 이후 2007년 明治大學古代學研究所 주최하는 제1회 공개연구회에서 「渤海の遺跡と瓦」라는 제목으로 보고하기도 하였다. 田村晃一은 「상경 용천부지 출토 와당의 연화문에 관한 고찰」을 통해 연화문 와당의 편년과 분류의 변천을 개괄하고 개별건물별로 수습된 와당의 형식을 분류하였다. 나아가 연화문와당의 변천이 가지고 있는 의미를 검토하였다. 더불어 「상경용천부지출토의 押印瓦에 대한 일고찰」을 통해 압인와에 대한 고고학적 검토를 바탕으로 압인와가 보여주는 것이 공납자인지 아니면 공인인지에 대한 논의도 전개하였다. 한편 笹田朋孝은 비록 소고이기는 하지만 그동안 연구에서 그다지 언급된 바 없는 철제품에 대하여 「상경 용천부지 출토의 금속제품」이라는 글을 통해 정리하였다.

마지막으로 이 책에서는 발해 도성연구의 기본 자료라고 할 수 있는 각종 문헌자료를 발해도성관계 기초사료라는 이름으로 정리하여 付篇의 1편으로 삼았다. 더불어 山本守의 「敖東城」과 鳥山喜一의 「東京城寺址調査略報告」를 실어 이 책이 지속적으로 간행되고 있는 동양문고의 발해도성에 대한 자료집으로서의 가치를 높였다.

4. 日本의 渤海史 研究 認識의 出發點, 『東京城』

이상에서 살펴본 바와 같이 동양문고에서 나온 발해에 대한 다른 2권의 보고서들과는 달리 이 책은 기본적으로 발해의 도성에 대한 일부 일본 연구자의 특정한 시각이 두드러지게 만들어졌음을 확인할 수 있다. 즉 기존의 발해 도성 연구에서 논의의 한 부분을 차지하던 고구려 도성은 거의 고려되지 않고 당의 고성 장안을 중심으로 이해하고 있다는 특징을 이 책에서는 전반적으로 찾을 수 있는 것이다. 여기서 한걸음 나아가 동시대 신라의 도성 역시 논의에서 배제된 채 일본 평성경을 발해 상경 용천부 조영의 전범으로 이해할 수도 있다는 가능성까지 열어 놓았다.

이러한 발해 도성에 대한 인식이 어디에서 출발하였는지를 이해하는 것은 쉽지 않다. 다만 田村晃一이 이 책의 서문에서 제시한 발해사 인식의 기본적인 방향을 통해 일부 확인할 수 있을 것으로 생각된다.

우선 그는 기존의 발해사 연구가 가지고 있는 사료상의 제약이라는 근본적인 한계에 대한 새로운 대안을 모색해야 함을 제기하였다. 즉 발해를 구성했던 기본적인 민족은 누구인지, 발해의 최초 도시였던 동모산은 어디인지, 두 번째 도시인 편주는 어떤 곳인지, 흔히 말하는 5경은 언제 제도화된 것인지, 상경 용천부의 당당한 도성은 무엇을 의미하는 것인지, 나아가 발해 문화의 본질은 어떤 것인지, 발해는 수렵채집민이었는지, 유목민이었는지, 혹은 농경을 기본적인 생업으로 했는지 등 발해사에서 가장 기본적인 의문점들은 현재 문헌사료에서는 어떠한 해답도 얻을 수 없다고 보았다.

그런면에서 발해 문화의 해명은 반드시 고고학적 조사결과를 충분히 반영해야 올바르게 얻을 수 있다는 전제를 제시하고 그 하나의 예로 발해의 도성을 고고학적으로 검토해 보는 것에 주목하고 있다.

다음으로 발해사는 동아시아 세계 가운데에서의 발해라고 하는 관점에서 보아야 할 필요성도 제기하고 있다. 이는 단순히 발해 관련 자료가 독자적인 모습으로 바라보기에 부족하다는 뜻만은 아니다. 그 보다는 '중국이라는 큰 우산 아래'라는 표현으로 상징되는 동아시아 세계 가운데 존재하였다는 점을 부각시키고자 하는 것이다. 당연히 당시 동아시아의 중심인 당 문화의 영향을 받았다는 점이 또 다른 전제라고 할 수 있는 것이다.

마지막으로 이 책의 출발점은 최근에 이루어진 중국의 발해 도성에 대한 고고학적 성과를 중심으로 한다고는 하지만 사실상 일본인에 의해 이루어진 1933, 1934년의 상경성지에 대한 조사결과인 『동경성』임을 분명히 밝히고 있다.

　田村晃一에 따르면 이 세 가지는 이 책을 편찬하는 데 있어서 기본적인 전제라고 할 수 있다. 그런데 위 두 가지 전제, 즉, '고고학적 연구조사' 와 '동아시아세계에 대한 인식'은 바로 동아고고학회가 만들어진 표면적인 이유이기도 하다. 그리고 동아고고학회의 대표적인 성과 중의 하나가 이 책에서 말하는 세 번째 전제인 것이다. 결국 이 책은 이들 연구자들이 바라보는 발해 인식의 기원이 『동경성』 보고서에 있음을 잘 보여주는 종합보고서이다. 이를 위해 동아시아 도성을 중심으로 다양한 방면에서 연구를 진행하였던 연구자들이 모여서 지금도 이러한 방향으로 발해사 인식이 가능한가를 검토하는 계기가 바로 이 책의 발간이라고 할 수 있다.

┃결 론┃

韓國의 古代 도성제 연구 중 궁궐에 대한 부분은 아직 시작 단계라고 할 수 있다. 그 중에서도 궁궐의 中心部라고 할 수 있는 正殿은 그 중요도에 비하여 기초적인 이해 수준에 머물러 있는 것이 현실이다. 본서는 이러한 문제가 발생하게 된 원인 중 하나로서 일본학계에 의해 주도되었던 長安城 등 隋唐 都城制를 중심으로 동아시아 도성제를 이해하고 있는 방법론을 무비판적으로 수용하였던 것에 기인하고 있다고 보았다. 그리고 이를 극복할 수 있는 대안으로 한국 고대의 도성제에 수당대 이전의 특징적 요소가 있는지를 검토하여 보았다.

그 과정에서 安鶴宮을 후대의 건축물로 보는 견해에 기반을 둔 다양한 研究가 사실상 명확한 근거가 없이 이루어져온 것을 확인하였다. 이는 건축고고학에 있어서 유구에 대한 종합적인 이해가 없는 상태에서 단순히 기와와 같은 유물만을 통해서 이루어지는 것에 문제가 있음을 잘 보여주는 것이다. 安鶴宮의 南宮에 위치한 正殿廓의 경우 발해와의 유사점을 중심으로 논의하였던 기존의 인식과는 달리 魏晉南北朝 시기의 都城에서 보이는 宮闕構造와 밀접한 관련이 있었던 것이다. 즉 남궁에서 병렬적으로 위치한 3동의 대형 건축물들을 太極殿과 東西堂으로서 이해할 때 비로소 正殿으로서의 의미를 명확하게 할 수 있다. 이는 수당대 궁궐에서는 이미 사라진 양식이기 때문이다.

安鶴宮 南宮에서 확인되는 正殿廊의 이러한 構造는 新羅 皇龍寺의 重建伽藍에서 확인할 수 있는데, 바로 中金堂과 左右金堂의 존재이다. 이러한 특징은 단순히 고구려계통 가람의 삼금당 구조라고 보기에는 그 규모나 배치구조에서 차이가 크며, 오히려 황룡사가 조영될 당시 정치적, 종교적인 문제와 연결하여 검토하는 것이 필요함을 잘 말해준다. 게다가 高句麗 安鶴宮의 正殿廊에서 조영시기를 이해하는데 기준이 된 바 있는 東西堂 중 '西堂'이라는 건축물의 명칭이 『三國史記』新羅本紀에서 확인된다. 이는 신라의 궁궐구조를 기존의 수당대 도성제의 흐름으로만 이해할 수 없으며, 新羅 中古期이래로 都城制와 관련하여 고구려의 영향을 고려할 수 밖에 없음을 분명히 해주는 것이다.

이와 같은 흐름 속에서 기존에 한국 고대 궁궐의 구조와 관련하여 중심적으로 논의되어온 渤海 宮闕構造에 대한 재검토가 필요할 수밖에 없었다. 왜냐하면 일본에서는 상경성의 배치구조의 특징을 안학궁이 고구려 궁궐이 아닐 수 있다고 보는 주요한 근거로 들고 있으며, 중국에서는 발해 상경성의 정전이 당대 궁궐과 비교해 볼 때 제후국의 수준으로 이해하는 경향이 있기 때문이다. 물론 渤海 上京城의 宮闕構造에는 唐 長安城의 宮殿과 比較되는 면도 있고, 安鶴宮과 비교되는 면도 있음은 분명하다. 그러나 궁궐 역시 시대의 흐름에 따라 지속적으로 새로운 요소가 가미되면서 변화하기 때문에 무엇을 중심으로 이해할 것인가 하는 認識의 問題가 더 중요하다고 할 수 있다. 上京城의 正殿는 당시 동아시아 권위건축물 중 最高의 단계인 太極殿形態를 하고 있으며, 이는 당시 발해가 독자적 천하관을 가지고 있었음을 건축물을 통해 가시적으로 보여주는 것이다.

그러나 이러한 정전의 특징을 공유하는 고구려, 신라, 그리고 발해와는 달리 高麗의 宮闕에서는 이전의 正殿구조에 變化가 나타나고 있다. 이는 기존의 연구가 滿月臺와 安鶴宮의 正殿廊 構造에서 공통점을 부각하였던 것과는 차이가 있다. 따라서 滿月臺에 위치한 宮闕 正殿인 會慶殿은 다른 방향에서 그 意味를 찾아야 할 것이다. 즉 시간이 흐름에 따라 고려가 차지하는 대내적, 대외적 상황의 변화에 따라 궁궐 내 정전의 구조도 같이 변화하고, 이는 宮闕內 二重正殿이라는 고려만의 독특한 구조로 남게 되는 것이다. 더불어 기존의 동서당제가 채용되었던 병립적 구조가 하나의 건축구조 안으로 정리되고, 그 역할을 便殿이 이어 받는 새로운 양상이 나타나게 되었던 것이다. 본서에서는 이러한 궁궐내 정전구조의 변화과정을 통해 고대에서 중세로의 변화라고 하는 시대적 분위기를 읽을 수 있지 않을까 하는 가능성을 제기하고 한다.

한편 이러한 궁궐 내 정전 구조의 계보와 관련하여 좀 더 명확하게 이해하기 위해서는 도성제 전반을 어떻게 보는가 하는 기본적인 인식의 문제를 검토하지 않을 수 없다. 이는 都城制를 바라보는 다양한 시각이 사실상 몇 가지 觀點과 연결되어 있기 때문이다. 우선 가장 많은 연구가 이루어진 新羅 王京의 경우, 근대적인 의미의 연구는 土地調査事業에 바탕으로 둔 地籍圖를 바탕으로 시작하였다고 할 수 있다. 이는 사실상 동일한 방식으로 지적도가 만들어져 있던 일본의 도성제 연구와 연동되는 계기가 된다. 따라서 지적도가 가지고 있는 기본적인 한계도 역시 같이 노정될 수밖에 없는 것이다. 이후 慶州지역에 대한 觀光開發計劃이 실행되면서 또 다른 계획상의 概念인 朱雀大路가 신라 왕경을 이해하는 키워드가 되기도 한다. 한편으로 이를 통해 신라 왕경 연구를 당 장안성과 일본 평성경 사이에서 이해하고 있는 인식이 형성되기도 한다. 그러나 최근 이루어진 都市開發에 따른 救濟發掘을 통해 실제 존재하였던 王京내의 여러 道路유구와 도성관련유적들이 확인되고 있어 향후 왕경에 대한 새로운 이해가 가능할 것으로 생각된다. 그러나 전근대의 도성은 단순히 도로를 중심으로 토지를 구획을 하기 위해 만들어진 것은 아니다. 오히려 도성을 만들 당시의 의도성이 어디에 있었는가를 살피는 것이 더 중요할 수 있는 것이다.

그리고 계획된 도성에 있어서 대규모의 권위건축은 사실상 랜드마크로서 도성의 경관을 결정지으며, 이 도성이 무엇을 상징하는지 잘 보여준다고 할 수 있다.

그런데 이러한 상황과는 별도로 최근 동아시아도성제에 대한 전혀 다른 인식이 일본 연구자들에 의해 만들어져 통설화되고 있다. 즉 일본 藤原京의 경우 중국과 관계가 단절된 상황에서 새로운 도성이 만들어지고 있었기 때문에 외부적인 영향이 아닌 독자적인 방향에서 조영이 이루어졌다는 것이다.

이는 藤原京을 新羅 王京과의 關係를 중심으로 이해하였던 필자를 비롯한 기존의 연구자들이 가지고 있던 인식과는 너무나 상이한 것이다. 藤原京의 營造計劃과 관련하여 가장 핵심적인 것은 궁궐 내부의 太極殿과 중심 대사 내부의 태극전형태 금당이 하나의 세트관계로 이루어진 二重太極殿制의 採用이라고 할 수 있다. 그리고 이는 北魏 洛陽城과 新羅 王京, 그리고 일본의 藤原京에서 모두 확인되는 것으로 그 계보를 미루어 짐작할 수 있는 것이다.

더불어 이러한 인식은 일본의 渤海都城에 대한 硏究에서도 간취될 수 있다. 최근 출간된 『東아시아의 都城과 渤海』라는 보고서는 日本의 渤海史 硏究 認識의 出發點으로 滿洲國시기에 출간된 『東京城』를 어떻게 인식하고 있는지 잘 보여준다. 이와 더불어 보고서 내에는 발해 上京城의 조영에 일본 平城京의 영향이 있었을 가능성을 제기하는 견해도 있다.

이는 평성경과 같은 일본 도성의 조영을 기준으로 할 때, 발해의 경우도 당의 영향을 같이 받았거나 그것이 아니면 당의 영향을 받았던 일본의 영향을 다시 발해가 받았다고 보는 것으로 東아시아 都城制에서 일본의 도성제가 가지고 있는 의미를 어떻게 확대 재생산하고 있는지를 잘 보여준다.

결국 이는 본서에서 비판적으로 검토하였던 기존의 도성제에 대한 당 중심의 연구는 일본중심의 사유체계를 배경으로 하고 있음을 보여주는 것이다. 따라서 이에 대한 극복을 위해서는 새로운 방식의 도성제 이해가 필요한 것으로 그 중 하나가 여기에서 다루었던 수당대 이전 도성제의 특징을 한국 고대 도성에서 확인하는 것이었다. 본서에서는 이를 바탕으로 고구려에서 확인되는 이러한 특징이, 신라에서는 어떻게 발현되고, 발해에서는 어떤 부분을 이어 받았으며, 그리고 고려에서는 어떠한 새로운 변화가 이루어졌는지에 대하여 系譜라는 이름으로 검토해 보았다.

┃참고문헌┃

1. 사료

『三國史記』, 『三國遺事』, 『周禮』, 『史記』, 『三國志』, 『晉書』, 『宋書』, 『陳書』, 『南史』, 『北史』, 『隋書』, 『通鑑』, 『日本書紀』, 『續日本記』, 『太平御覽』, 『續高僧傳』, 『洛陽伽藍記』.

2. 국문문헌

|논문|

강태호, 1993, 「경주시 도시특성 및 도시개발 규제 실태에 관한 연구」, 『사찰조경연구』2, 동국대 부설 사찰조경연구소.

高永璟, 1963, 「朝鮮土地調査事業에 대한 小考」, 『經營論叢』.

權奇悰, 2000, 「隋唐時代의 佛教思想과 政治權力 - 仁王護國般若經을 中心으로」, 『歷史上의 國家權力과 宗教』, 一潮閣.

金東賢, 1984, 「宮室建築의 變遷과 特性」, 『韓國의 美⑭-宮室・民家』, 中央日報社.

金杜珍, 1988, 「新羅 眞平王代의 釋迦佛信仰」, 『韓國學論叢』10.

金秉模, 1984, 「도시계획」, 『역사도시 경주』.

金聖雨, 1987, 「북위 영령사와 삼국시대의 불사 -5~6세기의 배치계획의 변화를 중심으로-」, 『大韓建築學會論文集』3-4.

金聖雨, 1988,「三金堂 形式의 起源」,『大韓建築學會論文集』4-1(通卷15).

金煐泰, 1987,「新羅佛教 護國思想」,『新羅佛教研究』.

金正基, 1984,「皇龍寺 伽藍變遷에 關한 考察」,『皇龍寺 發掘調查報告書』Ⅰ.

金鎬詳, 1999,「新羅王京의 金城研究」,『慶州史學』18.

김교년, 2003,「신라 왕경의 발굴조사와 성과」,『新羅王京調查의 成果와 意義』文化財研究 國際學術大會發表論文 12.

김동욱, 1997,「11, 12세기 高麗 正宮의 건물구성과 배치」,『建築歷史研究』6-3.

김봉건, 2002,「궁궐」,『北韓文化財解說集』Ⅲ.

陶剛·姜玉珂, 2003,「渤海上京龍泉府考古發現與研究」,『해동성국-발해 특별전기념 국제학술대회 발해고고학의 최신성과』, 서울대학교 박물관.

柳泳秀, 1989,『朝鮮時代 客舍建築에 관한 研究』, 고려대 석사학위논문.

林相先, 1988,「渤海의 遷都에 대한 考察」,『淸溪史學』5, 韓國精神文化研究院.

閔德植, 1989,「新羅王京의 都市計劃에 관한 試考」(上)(下),『史叢』35, 36.

_____, 1989,「高句麗의 中期都城」,『韓國史論』19.

_____, 2003,「高句麗 平壤城의 都市形態와 設計」,『高句麗研究』15.

_____, 2003,「高句麗의 中期都城」,『韓國史論』19.

박석두, 1997,「土地調查事業에 대한 地主家의 認識과 對應」,『朝鮮土地調查事業의 研究』, 민음사.

朴銀卿, 1988,「高麗瓦當文樣의 編年研究」,『考古歷史學志』4.

방학봉, 1992,「발해수도의 변화발전과정에 대한 연구」,『발해사연구』3, 연변대학출판사.

方學鳳, 2000,「발해의 상경성과 당나라의 장안성에 대한 비교 연구」,『渤海史의 綜合的 考察』.

송기호, 1989,「발해 城址의 조사와 연구」,『韓國史論』19, 443-444쪽.

_____, 1994,「발해의 초기 도읍지와 천도과정」,『于江權兌遠教授定年紀念論叢』.

_____, 2002,「발해 5京制의 연원과 역할」,『강좌 한국고대사』제7권 촌락과 도시.

_____, 2004,「발해의 천도와 그 배경」,『한국고대사연구』36.

申昌秀, 1995,「中古期 王京의 寺刹과 都市計劃」,『新羅王京研究』新羅文化祭學術發表會論文集16.

_____, 2002, 新羅의 王京, 강좌 한국고대사 7권 -촌락과 도시-, 가락국사적개발연구원.

梁正錫, 1999,「皇龍寺 中金堂의 造成과 丈六尊像」,『先史와 古代』12.

_____, 2000,「新羅 皇龍寺·北魏 永寧寺 그리고 日本 大官大寺 -5~7세기 동아시아 都城制와 관련하여-」『韓國史學報』9.

_____, 2001,「皇龍寺 伽藍變遷過程에 대한 再檢討 -東·西建物址의 土層分析을 中心으로-」,『韓國古代史研究』24.

_____, 2001,「皇龍寺址 調査와 研究의 推移」,『新羅文化祭學術論文集』22.

_____, 2002,「新羅 宮闕構造에 대한 試論 -東西堂制의 採用問題를 중심으로-」,『韓國史研究』119.

_____, 2005,「安鶴宮 南宮 正殿廊의 構造를 통해 본 高句麗 都城制」,『고구려의 국제관계』.

_____, 2005,「신라 왕경 경주의 복원 -도성내 二重太極殿制의 提唱-」,『역사문화도시의 보존과 복원』, 경주시.

_____, 2005,「金堂と太極殿の比較からみた東アジア都城制」,『橿原考古學研究所紀要 考古學論攷』28.

_____, 2006,「신라고고학의 연구사적 검토」,『한국고대사입문』2, 신서원.

_____, 2006,「新羅王京研究와 慶州의 開發」,『신라왕경의 구조와 체계』新羅文化祭學術論文集 27.

_____, 2006,「高麗 宮闕 正殿廊의 構造와 意味 -安鶴宮 南宮 正殿廊과의 比較를 중심으로-」,『釜大史學』30 -石軒 鄭澄元教授 停年紀念論叢-.

_____, 2007,「궁궐유적을 통해 본 발해의 도성」,『발해 5경과 영역 변천』동북아역사재단 연구총서 25.

_____, 2007,「新羅 王京人의 住居空間 -『三國史記』屋舍條와 王京遺蹟의 關係를 중심으로-」,『新羅文化祭學術論文集』27.

_____, 2007,「營繕令을 통해 본『三國史記』屋舍條」,『韓國史學報』28.

_____, 2008,「新羅 王京과 日本 藤原京 -日本 藤原京의 新都城制 수용을 중심으로-」,『동아시아 도성과 신라왕경의 비교연구』新羅文化祭學術論文集 29.

_____, 2008,「『동아시아의 도성과 발해』해제」,『동아시아의 도성과 발해』동북아역사재단 번역총서 12.

余昊奎, 2002,「新羅 都城의 空間構成과 王京制의 성립과정」,『서울학연구』18.

吳英勳, 1992,「新羅王京에 대한 考察」,『慶州史學』11.

魏存成, 최무장 편역, 1988, 「발해성지의 발견과 시기구분」, 『발해의 기원과 문화』, 예문
  출판사.

尹武炳, 1972, 「歷史都市 慶州의 保存에 對한 調査」, 『文化財의 科學的 保存에 關한 研
  究』(1), 科學技術處.

_____, 1975, 「光復三0年 韓國考古學界의 反省과 方向」, 『제18회 全國歷史學大會 發表
  論文集』.

_____, 1987, 「新羅 王京의 坊制」, 『斗溪李丙燾博士九旬紀念韓國史學論叢』.

尹晶玹, 2001, 『朝鮮時代 宮闕 中心空間의 構造와 變化』, 서울대 박사학위논문.

李康根, 1998, 「韓國 古代 佛殿建築의 莊嚴方式에 관한 연구」, 『美術史學』12.

이남석, 2005, 「유적으로 본 계승관계」, 『고구려와 발해의 계승관계』.

이병건, 2005, 「발해 건축유적 현황 및 발해건축 연구동향」, 『발해건축의 이해』, 백산자
  료원.

李相俊, 1997, 「慶州 月城의 變遷過程에 대한 小考」, 『嶺南考古學』21.

李恩碩, 2003, 「新羅王京の都市計劃」, 『東アジアの古代都城』, 奈良文化財研究所.

_____, 2004, 「왕경의 성립과 발전」, 『통일신라의 고고학』, 2004년 전국고고학대회 발표문.

_____, 2005, 「신라 왕경 발굴의 과제」, 『新羅史學報』5, 新羅史學會.

이창우, 1998, 「국토종합개발계획의 평가 및 제언」(상), 『국토』98-12.

이한상, 2000, 「국립경주박물관 공동구부지 발굴조사의 성과」, 『제3회 국립박물관 동원
  학술전국대회 발표요지』.

李熙濬, 1988, 「統一新羅以後의 考古學」, 『韓國考古學報』21.

임상선, 2005, 「중국의 발해 도성 연구와 복원」, 『중국의 한국고대문화연구 분석』, 고구
  려연구재단.

張順鏞, 1976, 「新羅王京의 都市計劃에 關한 硏究」, 서울대 環境大學院 環境計劃學科 碩
  士論文.

전제헌, 1964, 「대성산성 못 발굴 중간보고」, 『고고민속』64-3.

_____, 1985, 「안학궁유적에 대한 연구」, 『고구려력사연구』.

鄭雲龍, 1994, 「5·6세기 新羅, 高句麗 關係의 推移: 遺蹟·遺物의 해석과 관련하여」,
  『新羅文化祭學術發表會論文集』15.

정찬영, 1966, 「평양성에 대하여」 『고고민속』66-2.

_____, 1989, 「만월대유적에 대하여」(1), 『조선고고연구』89-1, 사회과학원 고고학연구소.

조석곤, 1997, 서평 - 대한제국의 토지조사사업, 經濟史學 19.

趙由典, 1994, 「皇龍寺 三金堂考」, 『石堂論叢』20.

주남철, 1999, 『한국의 목조건축』, 서울대출판부, 119쪽.

周裕興, 2002, 「南朝 六朝都城의 研究」, 『古代 東亞細亞 文物交流의 軸 -中國 南朝, 百濟,
　　　　그리고 倭-』, 개교50주년기념 백제연구소 한ㆍ중ㆍ일 학술세미나 발표문.

주종원, 1972, 「이달의 이슈 -경주관광종합개발계획-」, 『도시문제』, 대한지방행정공제회.

채태형, 1990, 「발해 동경룡원부 - 훈춘 팔련성설에 대한 재검토」, 『력사과학』90-3.

채희국, 1957, 「평양부근에 있는 고구려시기의 유적」, 『문화유산』57-5.

_____, 1965, 「평양성(장안성)의 축성과정에 대하여」, 『고고민속』65-3.

최희림, 1967, 「고구려 평양성(장안성)의 성벽축조형식과 시설물의 배치산태」, 『고고민
　　　　속』67-3.

최희림, 1967, 「평양성을 쌓은 년대와 규모」, 『고고민속』67-3.

韓圭哲, 1998, 「渤海의 西京 鴨淥府 研究」, 『한국고대사연구』14.

韓再洙, 1991, 「AD 10世紀 高麗時代 建築史의 時代的 特性에 관한 研究」, 『大韓建築學
　　　　會論文集』7-2.

황욱, 1949, 「고구려고도 -평양성잡고-」, 『문화유물』1.

黃仁鎬, 2004, 「慶州 王京 道路를 통해 본 新羅 都市計劃 研究」, 동아대학교 석사학위논문.

| 단행본 |

鎌田茂雄(章輝玉 역), 1996, 『中國佛敎史』3.

김동욱, 1999, 『조선시대 건축의 이해』, 서울대 출판부.

김창현, 2002, 『고려 개경의 구조와 그 이념』, 신서원.

리창언, 2002, 『고려유적연구』, 사회과학출판사.

朴方龍, 1997, 『新羅都城研究』, 동아대 박사학위논문.

朴龍雲, 1996, 『고려시대 開京 연구』, 一志社.

방학봉, 『발해의 강역과 행정제도에 관한 연구』.

_____, 1992, 『발해유적과 그에 관한 연구』, 연변대학출판사.

사회과학원 고고학연구소편, 1977, 『조선고고학개요』, 과학, 백과사전출판사.

양정석, 2004, 『皇龍寺의 造營과 王權』, 서경문화사.

연변박물관, 1989, 『연변문화유물략편』, 연변인문출판사.

張慶浩, 1991, 『百濟寺刹建築』, 예경산업사.

전제헌, 1994, 『동명왕릉에 관한 연구』, 사회과학출판사.

田村圓澄(노성환 역), 1997, 『고대 한국과 일본불교』, 울산대출판부.

정약용, 민족문화추진회 역, 1977, 『경세유표』, 고전국역총서.

趙由典, 1987, 『新羅 皇龍寺伽藍에 관한 研究』, 동아대 박사학위논문, 30~31쪽.

주영헌, 1971, 『발해문화』, 사회과학출판사.

채희국, 1964, 『대성산 일대의 고구려유적에 관한 연구』.

최희림, 『고구려평양성』, 과학백과사전출판사.

한국역사연구회, 1995, 『대한제국의 토지조사사업』, 민음사.

_____, 2002, 『고려의 황도 개경』, 창작과 비평사.

洪順敏, 1996, 『朝鮮王朝宮闕經營과 兩闕體制의 變遷』, 서울대 박사학위논문.

| 보고서 및 개보 |

고구려연구재단, 2006, 『고구려 안학궁 조사보고서 2006』.

고양시, 2000, 『고양 벽제관 건축유적지 발굴조사보고서』.

高裕燮, 1964, 『韓國建築美術史草稿』, 고고미술동인회.

국립경주문화재연구소, 1990, 『年報』창간호.

_____, 1993, 『年報』4.

_____, 1994, 『年報』5.

_____, 1997, 『年報』8.

_____, 1998, 『경주시 인왕동 556번지 선덕여상 교택증축부지내 유적 발굴사지도위원회회의자료』.

_____, 2002, 『新羅王京』發掘調査報告書 I.

_____, 2003, 『慶州 仁旺洞 556 · 566番地遺蹟 發掘調査報告書』.

국립경주박물관, 1981, 『경주 황성동유적 발굴조사 약보고서』(주공아파트건립부지 제2차지구).

_____, 2002, 『國立慶州博物館 敷地內 發掘調査 報告書』.

_____, 2000, 『국립박물관 공동구부지 발굴조사의 성과 지도위원회 회의자료』.

國立文化財研究所·國立慶州文化財研究所, 2003, 『新羅王京調査의 成果와 意義』, 文化
　　　財研究 國際學術大會 發表論文 第12輯.

국립문화재연구소, 2008, 『開城 高麗宮城』試掘調査報告書.

김일성종합대학출판사, 1973, 『대성산의 고구려유적』.

동국대학교 경주캠퍼스 박물관, 2004, 『慶州 皇南洞 376 統一新羅時代 遺蹟』.

_____, 1997, 『경주시 동천동 택지개발 사업지구내 유적발굴조
　　　사 현장설명회자료』.

_____, 1998, 『동국대 경주캠퍼스 개교 20주년 기념 발굴유물특
　　　별전』.

동국대학교 경주캠퍼스박물관·경주대학교박물관, 1998, 『동천동 7B/L 내 도시유적 발
　　　굴조사보고 지도위원회 회의자료』.

文化財管理局 文化財研究所, 1984, 『皇龍寺 發掘調査報告書』Ⅰ.

한국문화재보호재단, 1999, 『경주 황성동 537-2유적 발굴조사보고서』.

_____, 2003, 『慶州 北門路 王京遺蹟 試·發掘調査報告書』.

3. 외국문헌

| 중문 |

國家文物局 主編, 2002, 「吉林和龍西古城城址」, 『2001中國重要考古發現』, 文物出版社.

吉林省文物考古研究所 外, 2007, 『西古城』渤海國中京考古發掘報告.

單慶麟, 1960, 「渤海舊京城址調査」, 『文物』60-6.

蕭默, 1983, 「唐代建築風貌」, 『全國敦煌學術討論會會議材料』, 中國敦煌吐魯版學會成立
　　　大會.

孫玉良, 1983, 「渤海遷都淺議」, 『北方論叢』88-3.

孫進己·孫海, 1997, 「渤海的建築」, 『高句麗·渤海研究集成』6, 哈爾濱出版社.

宋玉彬·全仁學·王志剛, 2003, 「延邊和龍西古城城址發掘廓淸歷史懸案」, 『中國文物報』.

楊保隆 編著, 1988, 『渤海史入門』, 靑海人民出版社.

葉大松, 1977, 『中國建築史』下冊, 中國電氣技術出版社, 臺北.

王仲殊, 1982, 「中國古代都城概說」, 『考古』82-5.

王俠, 1982, 「琿春的渤海遺跡與日本道」, 『學習與探索』1982-4.

魏存成, 1982, 「渤海城址的發現與舊分期」, 『東北考古與歷史』82-1.

_____, 1984, 「渤海的建築」, 『黑龍江文物叢刊』84-4.

_____, 2004, 「渤海都城的布局發展及其與隋唐長安城的關係」, 『邊疆考古研究』2, 科學出版社.

劉敦楨, 1934, 「東西堂史料」, 『中國營造學社彙刊』5-2.

劉曉東 · 魏存成, 1987, 「渤海上京城舊營築時序與形制淵源研究」, 『中國考古學會第六次年會文集』.

劉曉東 · 魏存成, 1997, 『高句麗渤海研究集成』5(渤海二).

李强, 「渤海舊都卽敖東城置疑 -兼對敖東城周長的考訂-」, 『東北亞歷史与文化』, 遼沈書社.

李健才, 1985, 「琿春渤海古城考」, 『學習與探索』1985-6.

李殿福, 1989, 「渤海上京永興殿考」, 『北方文物』1989-4.

張博泉 · 魏存成 主編, 1998, 「渤海考古」, 『東北古代民族 · 考古与疆域』, 吉林大學出版社.

張鐵寧, 1994, 「渤海上京龍泉府宮殿建築復原」, 『文物』94-6.

鄭永振, 1983, 「和龍縣龍海古迹調查」, 『黑龍江文物叢刊』1983-2.

朱國忱, 1996, 『渤海故都』, 黑龍江人民出版社.

中國科學院考古研究所洛陽工作隊, 1973, 「漢魏洛陽城初步勘查」, 『考古』4.

中國社會科學院 考古研究所, 1994, 『北魏洛陽永寧寺 1979 · 1994 發掘調查報告』, 中國大百科全書出版社.

中國社會科學院考古研究所 編著, 1997, 『六頂山與渤海鎭—唐代渤海國的貴族墓地與都城遺址—』, 中國田野考古學報告集 考古學專刊 丁種 56號, 中國大百科全書出版社.

陳明達, 1993, 『營造法式大木作制度研究』, 文物出版社.

陳顯昌, 1983, 「渤海國史概要(二)」, 『齊齊哈爾師範學院報』.

黑龍江省文物考古研究所 外, 2000, 「渤海國上京龍泉府宮城第二宮殿遺址發掘簡報」, 『文物』2000-11.

| 일문 |

紺野敏文, 2000, 「請來 '本樣' の寫しと佛師(1) -飛鳥佛の誕生と止利佛師-」, 『佛敎藝術』 248.

鎌田茂雄, 1984, 『中國佛敎史』4, 東京大學出版會.

谷豊信, 2005, 「平壤遷都前後の高句麗瓦に關する覺書 -東京國立博物館收藏資料の紹介-」, 『MUSEUM』596.

關口廣次, 1987, 「瓦當文樣雜考-高句麗の瓦當文樣を中心として」, 『考古學ジャ-ナル』 285.

關野貞, 1941, 「高句麗の平壤城及び長安城に就いて」, 『朝鮮の建築と藝術』, 岩波書店.

龜田博, 2000, 「新羅の古城考」, 『日韓古代宮都の硏究』, 學生社.

宮川尙志, 1956, 「北魏孝文帝の洛陽遷都」, 『六朝史硏究-政治·社會篇』.

鬼頭淸明, 1978, 「日本における太極殿の成立」, 『古代史論叢 中』, 吉川弘文館.

今泉隆雄, 1993, 「律令制都城の成立と展開」, 『古代宮都の硏究』, 吉川弘文館.

木下正史, 2003, 『藤原京』, 中央公論新社.

吉田歡, 1997, 「隋唐長安宮城中樞部の成立過程」, 『古代文化』49-1.

_____, 1999, 「天皇聽政と太極殿」, 『日本史硏究』.

奈良國立文化財硏究所, 1974~1982, 『飛鳥藤原宮發掘調査槪報』4~12.

_____, 1975~1980, 『奈良國立文化財硏究所年報』.

_____, 1976, 『飛鳥·藤原宮發掘調査報告書』Ⅰ, 奈文硏學報第27冊.

_____, 1985, 『大官大寺-飛鳥最大の寺』.

渡辺信一郎, 1996, 『天空の玉座-中國古代帝國の朝政と儀禮』, 柏書房株式會社.

東亞考古學會, 1939, 『東京城 -渤海國上京龍泉府址の發掘調査-』.

東潮, 1997, 「高句麗における橫穴式石室墳の出現と展開」, 『高句麗考古學硏究』.

藤島亥治郎, 1930, 「朝鮮建築史論」其1, 『建築雜誌』532.

藤田元春, 1929, 「都城考」, 『尺度綜考』.

山岐道治, 1996, 「漢唐間の朝堂について」, 『古代都城の儀禮空間と構造 - 古代都城制硏究集會第1會報告集』, 奈良國立文化財硏究所.

三品彰英, 1961, 「高句麗王都考」, 『朝鮮學報』1.

小澤毅, 1987, 「傳承板蓋宮跡の發掘と飛鳥の諸宮」, 『橿原考古學硏究所論集』9.

_____, 1997,「古代都市『藤原京』の成立」,『考古學研究』44-3.

_____, 1997,「飛鳥淨御原宮の構造」,『堅田直先生古稀記念論文集』.

_____, 2005,「初期の宮と都 -飛鳥・藤原京-」,『日本考古學』下.

水谷昌義, 1983,「安鶴宮址發掘調査報告」,『朝鮮學報』109.

岸俊男, 1969,「京域の想定と藤原京條坊制」,『藤原宮』, 奈良縣教育委員會.

_____, 1988,「難波宮の系譜」,『日本古代宮都の研究』.

_____, 1993,『日本の古代宮都』, 岩波書店.

永島暉臣愼, 1981,「高句麗の都城と建築」,『難波宮址の研究』7 論考篇, 大阪市文化財協會.

仁藤敦史, 1998,『古代王權と都城』, 吉川弘文館.

_____, 1999,「「藤原京」の京域と條坊」,『日本歷史』619.

林部均, 1998,「飛鳥淨御原宮の成立 -古代宮都變遷と傳承飛鳥板蓋宮跡-」,『日本史研
        究』434.

_____, 1998,「飛鳥淨御原宮から藤原京へ -傳乘飛鳥板蓋宮跡と藤原宮跡-」,『古代學研
        究』144.

前間恭作, 1963,「開京宮殿簿」,『朝鮮學報』26.

田中俊明, 1991,「朝鮮三國の都城制と東アジア」,『古代の日本と東アジア』.

_____, 2004,「高句麗の平壤遷都」,『朝鮮學報』190.

田中俊明・東潮, 1988,『韓國の古代遺跡』-新羅編(慶州)-, 中央公論社.

田村晃一, 1976,「高句麗の山城-大成山城の場合-」,『考古學ジャナル』121.

_____, 1988,「高句麗の城郭について」,『百濟研究』19.

_____, 2001,「渤海の瓦當文樣に關する若干の考察」,『青山史學』19.

_____, 2002,「渤海瓦當論再考」,『早稻田大學大學院文學研究科紀要』47.

田村晃一 編, 2005,『東アジアの都城と渤海』東洋文庫論叢 64.

齊藤忠, 1938,「慶州における新羅統一時代遺構址の調査 -城東里の遺構址-」,『昭和十二
        年度古蹟調査報告』, 朝鮮古蹟研究會.

_____, 1936,「朝鮮都城と藤原京」,『夢殿』15.

_____, 1978,「慶州城東洞遺蹟再考」,『古代東アジア史論集』(上), 吉川弘文館.

酒寄雅志, 1998,「渤海の王都と領域支配」,『古代文化』50-9.

_____, 2001,『渤海と古代の日本』, 校倉書房.

中井一夫・松田眞一, 1980, 「藤原京關聯條坊遺構の調査」, 『奈良縣遺跡調査概報 1979年』.

中村圭爾, 1988, 「建康の'都城'について」, 『中國都市の歴史的研究』, 刀水書房.

中村太一, 1996, 「藤原京と『周禮』王城プラン」, 『日本歴史』582.

＿＿＿＿, 1999, 「藤原京の「條坊制」」, 『日本歴史』612.

倉本一宏, 1997, 『日本古代國家成立期の政權構造』, 吉川弘文館.

千田剛道, 1983, 「清岩里廢寺と安鶴宮」, 『奈良國立文化財研究所創立30周年記念 文化財論叢』.

＿＿＿＿, 1996, 「高句麗・高麗の瓦」, 『朝鮮の古瓦を考える』, 帝塚山考古學研究所.

千田稔, 1991, 「古代朝鮮の王京と藤原京」, 『古代の日本と東アジア』.

秋山日出雄, 1980, 「藤原京の京城考-內城と外京の想定」『考古學論攷』4.

＿＿＿＿＿, 1995, 「中國都城と日本 - 建康都城について」, 『激動の古代東アジア - 6・7世紀を中心に』, 帝塚山考古學研究所.

秋山進午, 1986, 「渤海"塔基"壁畵墓の發見と研究」, 『大境』10.

八木充, 1996, 『研究史 飛鳥藤原京』, 吉川弘文館.

花谷浩, 1996, 「藤原宮」, 『古代都城の儀禮空間と構造』, 奈良國立文化財研究所.

黒崎直, 1997, 「藤原京六條大路の幅員について」, 『奈良國立文化財研究所年報1996』.

黒板勝美, 1953, 『古文化の保存と研究』.

|찾아보기|

• ㄱ •

講堂 43
乾德殿 110, 129, 130, 131, 132
景福宮 34
京城 151
經世遺表 140
鷄林 158
考工記 179
古大城 71
高麗圖經 107, 108, 111, 115, 126, 128, 130
國內城 19
金堂 43, 60, 63, 67

• ㄴ •

洛陽 40, 47, 60, 61, 62, 63, 68, 133
洛陽伽藍記 36
洛陽城 175, 176, 179
難波宮 65, 122, 185
南高壘 152

南宮 15, 25, 28, 31, 32, 35, 43, 47, 48, 49, 50, 54, 102, 106, 112, 113, 115, 116, 117, 118, 123, 132, 133
南堂 51
南北大路 150, 151, 152, 153, 154, 155, 169
內裏 58, 59, 64, 185
內殿 34
內朝 34, 93, 95

• ㄷ •

堂 58, 59
大官大寺 60, 62, 63, 68, 193, 194, 195, 197, 199, 201
大極殿 122
大明宮 95, 96, 97, 98, 99, 104, 120, 131
大城山 18
大成山城 15, 16, 19, 22
大朝 47
大興宮 93

大興城 36, 93, 131

都城 28

東京 204

東京城 71, 72, 152

東京龍原府 84, 85, 88

東京雜記 141

東古城 81

東堂 50, 53, 54, 65, 67, 119

東西堂 41, 42, 43, 49, 50, 55, 56, 64, 68, 69, 133

東西堂制 40, 43, 46, 47, 56, 63, 64, 105, 133

藤原京 39, 58, 60, 62, 63, 68, 120, 172, 173, 174, 175, 176, 177, 179, 180, 181, 185, 187, 189, 191, 192, 194, 195, 198, 200

藤原宮 122

• ㄹ •

龍原府 204

裏內 58, 59

• ㅁ •

滿月臺 24, 107, 108, 109, 110, 111, 112, 113, 115, 116, 117, 118, 119, 122, 123, 125, 128

望德寺 147

門堂制度 34

文義客舍 125

味鄒王陵 150

• ㅂ •

渤海上京龍泉府址 204

普門寺 147

北宮 152

北魏 46, 47, 56, 60, 61, 63, 179

北魏佛敎 68

芬皇寺 60

飛鳥宮 191

• ㅅ •

四天王寺 147

上京 206

上京宮 95

上京城 20, 71, 72, 73, 74, 77, 80, 84, 89, 91, 92, 96, 98, 102, 105, 106, 204

上京城址 88

上京龍泉府 24, 25, 26, 72, 73, 80, 88, 93, 94, 101, 103, 104, 111, 112, 123, 205

西古城 72, 73, 80, 81, 82, 83, 85, 87, 92

西堂 46, 50, 51, 52, 53, 54, 56, 57, 65, 67, 119, 133

城東洞 殿廊址 151

崇禮殿 51

新增東國輿地勝覽 141

• ㅇ •

雁鴨池 156, 158

安鶴宮 15, 16, 18, 19, 20, 21, 22, 23, 25, 26, 28, 31, 33, 34, 35, 36, 43, 46, 47,

48, 49, 50, 54, 101, 102, 103, 104, 105, 106, 110, 111, 112, 113, 115, 116, 117, 118, 119, 120, 123, 132, 133

梁武帝 37

燕朝 34, 43

永寧寺 36, 39, 61, 62, 63, 68

永寧寺 37, 60

永勝遺址 73, 78, 79

營造法式 98, 99, 106, 122

禮記 64

敖東城 73, 75, 76, 77, 78, 79

溫特赫部城 84

王京 60, 139, 140, 141, 144, 145, 146, 147, 148, 150, 151, 152, 153, 154, 155, 156, 158, 160, 165, 166, 167, 168, 169, 171, 172, 173, 180, 181, 189, 191

王京遺蹟 59, 157

王道 153

外殿 34

外朝 34, 35, 43, 94, 95

月城 151, 152, 153, 154, 158, 188, 189

月精橋址 158

律令 182

律令體制 151, 154, 191

日本 60

日本書紀 181

• ㅈ •

將軍塚 16

長壽王代 19

長安城 16, 17, 36, 64, 93, 94, 98, 99, 104, 120, 131, 150, 151, 152, 154, 155, 169, 172, 175, 176, 201

前期難波宮 64

殿廊址 152, 153

定陵寺址 49

丁若鏞 140, 141

正殿 39, 40, 41, 51, 68, 92, 93, 95, 110, 120, 129, 132

貞惠公主墓 73

朝堂 35

朝堂院 58, 59, 64, 185

朝元殿 51

周禮 55, 64, 135, 177, 179, 181, 200

朱雀大路 92, 150, 153, 156, 169, 177, 181, 187, 189

中京顯德府 80, 81, 88

中朝 93, 95

增補文獻備考 141

• ㅊ •

天馬塚 148

瞻星臺 158

靑巖東土城 15, 19

治朝 43

寢殿 34

• ㅌ •

太極宮 93, 94, 95, 98, 99, 104, 120

太極殿 35, 36, 37, 38, 39, 40, 41, 42, 45,

46, 47, 49, 50, 54, 55, 56, 57, 58, 60,
61, 63, 67, 68, 100, 106, 119, 120,
124, 128, 132, 133, 185, 187, 199, 200
太極殿形態 122
太平御覽 38, 42

• ㅍ •
八連城 72, 73, 80, 85, 87, 92
八連城址 84
平城京 93, 146, 148, 151, 152, 153, 154,
155, 172, 175, 177, 181, 187, 191
平城宮 64
平安京 148
平壤城 15, 17
平議殿 51

• ㅎ •
河南屯古城 80, 81, 85
含元殿 95, 96, 98, 99, 105, 120
顯德府 204
皇龍 147
皇龍寺 43, 45, 46, 47, 48, 49, 59, 60, 62,
63, 66, 67, 68, 133, 152, 155, 156,
157, 158, 160, 165, 166, 169, 188,
199, 201
皇龍寺址 149, 151
皇城遺蹟 111
會慶殿 108, 110, 115, 116, 117, 118,
119, 120, 123, 124, 125, 126, 127,
128, 129, 131, 132, 133
孝文帝 36, 56
5京制 72, 81, 85